生态环境行政处罚类案精析

周永龙 著

法律出版社 LAW PRESS · CHINA
北京

方式出席开幕式并致辞。她表示,健康环境权的实现是可持续发展的关键,这其中,环境法治起着重要作用。法院通过依法对行为者追责以及执法,维护环境和气候领域的公平正义,中国法院在这方面取得了积极成果。

习近平总书记强调:"绿水青山就是金山银山。"建设生态文明是关系人民福祉、关乎民族未来的大计,是实现中华民族伟大复兴中国梦的重要内容。建设美丽家园是人类的共同梦想。法治是规则之治,要求运用既定规则和制度规范社会、治理国家。环境保护亦须在法治规则内运行。同样在 2021 年 5 月 26 日的世界环境司法大会上,中华人民共和国二级大法官、江西省高级人民法院院长葛晓燕向大会作专题发言时提出,要积极探索裁判规则,全面保护生态环境。

由此可见,这本书稿是多么的应时应景。当然,"问渠哪得清如许?为有源头活水来。"今日之恰到好处,正是长期之日积月累所得。国浩集团执委、南京办公室负责人马国强告诉我,本书作者在担任南京市生态环境局、南京市生态环境综合行政执法局法律顾问期间,通过梳理大量的执法/处罚类案件和典型法律问题,并将上述案件和问题汇总分类成书,编撰的初心是作为一线执法人员学习、培训之用。通过系统的总结和研究,本书作者及其团队最终决定提高层级,面向全国生态环境执法人员及更多的生态环境法律工作者、爱好者,并与更多的环境保护主体共同分享经验,以期为环境保护和生态文明建设在法治化、制度化、系统化、常态化的轨道上行稳致远作出法治人的绵薄之力。建设美丽中国、推进生态文明法治,你、我都有一份义务,也都有一份力量。

未来的律师将何去何从?牛津大学教授理查德·萨斯坎德在其《法律人的明天会怎样?法律职业的未来》(第 2 版)一书中写道,法律市场正处于史无前例的变动之中。未来 20 年间律师的工作方式将急剧转变,提供法律服务的全新方式会浮现,新的服务提供者将进入市场,法院的运作方式也会改变。若无法适应,那么很多传统的法律服务机构必将被淘汰出局。是的,法律市场走到今天,已经开始"法律服务产品化"了。"法律服务产品化"是律师行业专业化、品牌化发展的新趋势,除了传统的客户思维外,还需要极致思维,保持专注和追求极致;同时还要有迭代思维,不断循环,快速试错,促使产品专业化、流程化、模块化、可视化、可复制，最终打磨出好的产品。

国浩律师事务所非常重视“法律服务产品化”，2021年年初举办了“法律服务产品”竞赛等专题活动，希望通过以赛促学、以学促长达到互展互赢状态。本书作者及其团队经过一年多的准备，将生态环境领域执法中的典型案例尤其是全国法院典型发改案件，运用法理精析，厘清了执法中的重点难点，目标明确，需求关联明确，结构明确，是基于客户的需求提炼的，是从战略到结构再到表现的系统工作，是一本非常好的法律作品。“一花独放不是春，百花齐放春满园。”国浩的青年律师们，要秉持这种精神、这种态度。律师业的发展，需要一批又一批的工匠型律师、学者型律师。

法律服务是高度专业化的服务，客户更需要律师运用大数据和可视化技术创造最需要的价值，因此，我们必须“另辟蹊径”，掌握“独门秘籍”，来满足客户的心理预期，赢得客户对律师更多的信任，满足更大的期待，依法为客户提供优质高效的法律服务。所谓“功夫在法外”也许就是这个意思吧。周律师的这本专著当然还有不少值得打磨与精雕之处，可已是“小荷才露尖尖角，早有蜻蜓立上头”，期待着进一步完善达到完美，从而“接天莲叶无穷碧，映日荷花别样红”。

是为序。

全国政协委员

全国律师行业党委委员、中华全国律师协会监事长

国浩律师事务所首席执行合伙人

吕红兵

二〇二一年十月二十六日

自　序

于万千中或有所得

东西生日月，昼夜如转珠。

晨起暮落间，光阴渐行渐远。

法律之路，二十载学习，偶有所得，敝帚自珍。

初心、痴心，终不悔法学之心。

奋斗、奋进，始不负韶华之意。

尊法理、顺世情，求真谛、固正气、伸大义。

执着于事，探寻于物，不拘于形，不囿于质。

经验与逻辑，理智与情感，可研、可鉴，可珍、可贵。

故集59篇案例成册，内容简述如兹。

主体认定篇阐述了合伙、租赁、委托、诉讼、第三方运营单位等复杂关系中如何确定违法主体；

期限送达篇载明了特定情形下期限的延长与中止及送达方式的合法性；

处罚程序篇强调了轻微程序违法的处理及听证程序违法的法律后果；

事实认定篇论述了违法事实的认定标准，违法事实变更如何处理等问题；

调查取证篇阐明了证据的采集/采信、取证程序要求、自认规则的应用、证明目的等；

法律适用篇释明了一事不再罚、法条竞合、法律位阶、按日计罚、主观故意、过罚相当等问题的把握与认定标准；

行政许可篇分析了许可的程序、许可后的监管义务及逾期许可的法律后果等；

国家赔偿篇论述了行政（国家）赔偿中的精神损害赔偿及财产“直接损失”的理解；

强制执行篇阐释了公司注销后执行主体的确定、不准予强制执行的情形等；

信息公开篇叙述了滥用知情权申请信息公开的法律责任、信息公开的范围及形式、获知信息公开的方式及途径。

“文以载道，行稳致远。”诚谢南京市生态环境局和南京市生态环境综合行政执法局的支持、法院良友鼓励、团队密切配合。

文章合为事而作，与同仁共勉，为法治贡献。

周永龙

二〇二一年十月

目　录

第三部分
处罚程序篇

第四部分
事实认定篇

第五部分
调查取证篇

第一部分

主体认定篇

案例 1

合伙关系中违法主体的认定以“经营外观”为标准

——H 选矿厂暗管偷排被责令关停案[①]

【裁判要旨】

合伙关系中违法主体的认定应以违法项目的“经营外观”为主要标准，自然人通过与合伙企业签订合作协议的方式成为合伙人，使用合伙企业的证照、厂房、设施设备的，属于合伙企业经营方式的改变，不影响合伙企业作为独立的市场经营主体对外进行经营活动的客观事实。“经营外观”显示违法主体为合伙企业的，即使合伙企业未参与违法项目的投资、建设与经营，也应被认定为违法主体。

【基本案情】

H 选矿厂系普通合伙企业，股东为韩某、兰某和陈某三人。2010 年 10 月，三人将 H 选矿厂转让给马某，但未变更登记。2012 年 9 月 1 日，H 选矿厂与赵某平签订《合作协议》，约定由 H 选矿厂提供证照、厂房、设备和设施，由赵某平承包经营。2012 年 10 月 8 日，H 选矿厂与赵某阳签订《合作协议书》，约定由赵某阳为合作伙伴，由 H 选矿厂提供场地、设备，由赵某阳提供技术、流程管理。同日，H 选矿厂出具《授权书》授权赵某阳全权负责管理 H 选矿厂的生产、安全和一切经营活动。2013 年 7 月 6 日，H 江发生水污染事件，专家组认定 H 选矿厂负主要责任。2013 年 9 月 3 日，H 市工商局 P 管理分局以“违法转让营业执照”为由，吊销了 H 选矿厂的营业执照，并处以 10,000 元的罚款。

---

① 二审：广西壮族自治区高级人民法院（2016）桂行终 582 号行政判决书。
一审：广西壮族自治区贺州市中级人民法院（2015）贺行初字第 27 号行政判决书。

2013 年 12 月 30 日,H 市环保局报请 H 市政府同意作出处罚决定责令关闭 H 选矿厂。H 选矿厂提出行政复议申请,G 自治区政府经复议决定维持原行政处罚决定。H 选矿厂提起行政诉讼,一审法院认定赵某阳等人作为 H 选矿厂的合伙人,H 选矿厂系本案违法行为人,原处罚决定、复议决定认定事实清楚、证据确凿、程序合法,驳回 H 选矿厂的诉讼请求。H 选矿厂不服一审判决上诉至 G 自治区高级人民法院亦被驳回上诉。

【法理分析】

行政诉讼中违法主体的认定问题关系到调查取证的方向及案件事实的认定,是行政诉讼尤其是环境行政诉讼需要解决的首要问题。环境侵权违法方式具有多样性和复合性,侵害结果具有长期性和隐蔽性,违法主体也具有广泛性和复杂性。一般情况下,环境违法案件的违法主体是明确的,鉴定机构或污染原因调查专家组会在鉴定意见或专家意见中对违法主体进行初步认定,违法主体通常会对污染行为与损害结果之间的因果关系、损害金额的认定持有异议,而对违法主体的认定并不会存有异议。但当案件涉及合伙企业、个体工商户、个人独资企业、一人有限公司、股东借壳、内部承包、发承包、总分包、所有权分离、租赁关系、无照经营、委托第三方运营和委托代建等法律关系时,违法主体的认定就成为查处案件需要面临的首要问题。

合伙企业的合伙人之间是一种契约关系,合伙企业不具备法人的基本条件,通常被称为非法人组织,也被称为自然人企业。合伙企业具有"生命有限、责任无限、相互代理、财产共有、利益共享"的特点,也正是由于合伙企业的上述特点而导致合伙关系中违法主体认定较难。相比于企业法人,合伙企业的设立较为容易。根据《合伙企业法》第 14 条的规定,有两个以上合伙人、有书面合伙协议、有合伙人认缴出资或实际缴付的出资、有合伙企业的名称和生产经营场所并满足法律、行政法规所规定的其他条件即可设立合伙企业。合伙企业的入伙、退伙较为随意。通常合伙企业在签订合伙协议时,不会对入伙和退伙相关事宜作出比较细致的约定,实践中口头协商即入伙、退伙的情况比较常见。虽然法律规定了合伙人变更需要进行变更登记,但实践中很多合伙企业存在不及时履行变更登记义务的情形。合伙企业的合伙人通常是亲戚、朋友、同学等日常生活中关系较为密切的人，囿于法律知识欠缺或情面，所签订的书面合伙协议往往约定不明确，企业规章制度不健全，企业账目记载不规范，无法准确反映合伙人投资和参与经营情况。一旦发生违法行为，行政部门在依法查处和追究法律责任时，认定违法主体就比较困难。有些合伙企业的合伙人为逃避法律法规的制裁，会私下商定选派一名或两名代表接受行政部门的调查，由选派的代表承担法律责任。行政部门认定合伙企业选派的代表为违法对象并作出行政处罚决定后，违法当事人在法定期限内不仅不履行处罚决定，而且以退伙、转让等理由拒绝执行，即使向人民法院申请强制执行，因无法准确认定违法主体，行政处罚也很难执行到位。合伙企业作为一个整体，对债权人承担无限责任，尤其是普通合伙企业的合伙人需对合伙企业的债务承担无限连带责任。

因此，当违法行为涉及合伙关系或合伙企业时，违法主体的认定的难点就在于如何界定谁是具体的责任人。笔者认为，合伙关系中违法主体的认定应当根据违法项目的“经营外观”来判断，并适用法律推定规则来确定违法主体，即根据违法项目在对外经营时使用的是谁的证照、土地、厂房、设施设备，在对外宣传洽谈、签订合同、交付货物、缴纳税费、行政审批报备时使用的是谁的名义。如果违法项目以甲的各项经营外观对外经营，并使其他自然人、法人、社会组织对其对外公示的甲外观产生合理依赖，并以此从事相应的行为，即使实际是由乙负责违法项目的投资、建造和运营，外观事实与真实事实不一致，也应当依照外观事实认定行为的法律效力，认定甲为违法主体。

在合伙企业的经营过程中可能会存在合伙人的变更或经营方式的变化，如企业转让、新合伙人入伙、原合伙人退伙、执行合伙事务的合伙人的变更等情况。根据《合伙企业登记管理办法》的规定，合伙企业的名称、主要经营场所、执行事务合伙人、经营范围、企业类型、合伙人姓名或者名称及住所、承担责任方式、认缴或者实际缴付的出资数额、缴付期限、出资方式和评估方式、合伙期限等登记事项发生变更的，执行合伙事务的合伙人应当自作出变更决定或者发生变更事由之日起15日内，向原企业登记机关申请变更登记。只有完成法律规定的变更登记义务，才能使合伙企业的“经营外观”与实际经营状况保持一致。若合伙企业未完成变更登记，出现违法行为的，行政机关在作出行政处罚决定时可以依据违法项目的“经营外观”来认定违法主体，若违法项目的各项“经营外观”均能使人确信合伙企业为违法主体，即使合伙企业未参与违法项目的投资、建设与经营，合伙企业也应当承担相应的责任。

本案中,H选矿厂在行政处罚听证、行政复议、行政诉讼一审和二审阶段均坚持认为其并未实施行政违法行为,并非违法主体,不应当作为行政处罚的对象,造成H江水污染事件的金属铟生产线是赵某平与龚某在《合作协议》约定范围之外,在H选矿厂的业务和地域范围之外,独立购置、非法建设而成,赵某平和龚某才是本案违法主体及行政处罚对象。然而,韩某、兰某和陈某三人将H选矿厂转让给马某,赵某阳、赵某平成为合伙人,H选矿厂均未依法履行变更登记这一法定义务,从案涉违法项目即金属铟生产线的各项"经营外观"来看,韩某、兰某、陈某三人仍是H选矿厂的合伙人和股东,赵某平与H选矿厂签订《合作协议》,系H选矿厂经营方式的变化,企业经营权仍未改变,赵某平等人一直使用H选矿厂原有的厂房土地、营业执照、环评材料、排污许可证对外从事经营活动,投资新建金属铟生产线也是在H选矿厂原有的生产经营基础上进行扩大,所使用的供水、供电、污水处理设备也是H选矿厂原生产线的设备。综上,案涉违法排放废水项目的各项"经营外观"都表明H选矿厂系案涉违法排放主体,故应被认定为违法主体。

案例 2

建设项目违法主体的认定

——J 公司未批先建、未验先投案[1]

【裁判要旨】

建设项目仅仅发生主体变更,不需要重新报批建设项目的环境影响评价文件;但如果主体变更后,建设项目的内容也发生了变更,就需要重新报批环境影响评价文件。如果建设项目内容发生了重大变更而没有重新报批环境影响文件,此时构成违法,应查明责任者并给予处罚。

行政法意义上的共同违法行为,是指两个以上主体共同故意实施违反行政管理秩序的行为,行为具有实质一致性。建设项目违法行为中的主体之间如果存在不同的违法事实,即使涉及同一建设项目,也不应认定为共同违法行为。

【基本案情】

2006 年 7 月 22 日,J 公司拟建北京现代汽车零配件武汉生产基地,办理了立项备案、环评手续,并到国土规划部门办理了国有土地使用权出让手续,后 J 公司拟建设的汽车零部件项目因故终止。2007 年 10 月 31 日,J 公司与 C 公司签订租赁合同,约定 J 公司将自己具有使用权的土地 318.7 亩(含代征地)租赁给 C 公司用于建设石材加工车间,并约定 C 公司在承租期内进行的地面附着物的建设以 J 公司的名义进行并保证建设手续的合法性,其所有权归 C 公

---

① 再审:湖北省高级人民法院(2018)鄂行申 229 号行政裁定书。
二审:湖北省武汉市中级人民法院(2017)鄂 01 行终 586 号行政判决书。
一审:湖北省武汉市东西湖区人民法院(2016)鄂 0112 行初 71 号行政判决书。

司。但石材加工项目未重新报批环境影响评价文件就开始生产,配套建设的环境保护设施也未验收。2009 年 4 月 5 日,J 公司、C 公司、Y 公司签订关于变更租赁合同承租方的说明,C 公司将租赁合同的承租方权利义务转让给 Y 公司。

2016 年 5 月 31 日,E 环保局认为 J 公司变更了建设项目性质与内容,但没有经过重新审批就从事生产活动,属于违法行为。故根据《环境保护法》《环境影响评价法》的相关条款对 J 公司作出行政处罚。

J 公司提起行政诉讼,认为其并非该石材城项目建设用地的实际使用人,也不是该项目的建设单位和经营单位。一审法院判决撤销行政处罚决定。E 环保局不服提出上诉。二审法院认为,E 环保局行政处罚的理由是认定 J 公司是该项目的建设者,处罚部分是认定 J 公司是该项目的经营者,上述认定与 J 公司、C 公司、Y 公司所签订的租赁合同载明事实不符,还与 E 环保局此前作出另一份处罚决定书认定 Y 公司为石材城经营者相矛盾。故驳回 E 环保局上诉,维持原判。

【法理分析】

在建设项目环境影响评价制度中,存在建设单位的变更,也存在建设项目性质与内容等的变更,还存在建设单位、建设项目性质与内容等都发生变更的现象。仅仅是建设单位主体发生变更,一般不需要重新提交环境影响评价文件;而如果是建设项目的性质与内容等发生“重大变化”,则需要重新提交环境影响评价文件;如果是建设单位主体变更后,建设项目的性质与内容等也发生了“重大变化”,当然需要重新提交环境影响评价文件,但应该由哪一个主体进行申请,则是一个相对复杂的问题。特别是在本案中,存在租赁关系的建设项目性质和内容发生重大变化,应由哪一个主体承担提交环境影响评价文件的义务,则需要进行具体的判断。本案中,违法行为与违法责任都比较容易判断,但对于谁是责任者,存在争议。

(1)行政法意义上的共同违法行为问题。在共同违法方面,刑法与民法理论都比较完善,刑法表现为共同犯罪,而民法表现为共同侵权行为。但在行政法上,虽然共同违法是屡见不鲜的现象,但在理论与实务上的处理都还存在较多的问题。对于行政法上的共同违法行为，《治安管理处罚法》有所规定，如《治安管理处罚法》第 17 条第 1 款规定，“共同违反治安管理的，根据违反治安管理行为人在违反治安管理行为中所起的作用，分别处罚”。这就是典型的行政法意义上的共同违法行为。而在环境违法方面，也存在共同违法行为。例如，在一起海洋倾倒废物的案件中，一艘渣土运输船将渣土运输到长江口附近海域，由船用吊机实施渣土倾倒行为（两种运输工具分别属于不同的主体），就是典型的环境共同违法行为。行政法意义上的共同违法行为如何认定可从以下几个方面考量：

一是行政法意义上的共同违法行为的界定。我国立法和理论界都还没有明确，只是有一定初步的探索，《国土资源违法行为查处工作规程》第 9.2.1 条“违法责任主体认定”规定：“违法责任主体应当是实施违法行为并且能够独立承担法律责任的自然人、法人或者其他组织……（5）同一违法行为有两个以上当事人的，应当认定为共同违法责任主体。”而在本案中法院也加以认定：行政法意义上的共同违法行为，是指两人（自然人或单位）以上的主体，共同故意实施违反行政管理秩序的行为。

对于共同违法行为的处罚，有两种处罚模式，即“一事各罚”模式和“一事共罚”模式。

二是行政法意义上的共同违法行为的判断标准。由于立法与理论界对于行政法上的共同违法行为都很少涉及，司法实务界的界定也较为粗略，因此需要从共同违法行为的构成要件上对共同违法行为进行分析。

共同违法行为包括：主体要素，即存在两个以上的主体；客观要件，即客观上必须具有共同的行政违法行为，行为人直接实施了违法行为，当然每个人不必实施全部的违法行为，仅需与他人相互配合、参与分工、共同实施其中某一部分即可；主观要件，是指违法主体必须具有共同的违法故意。当然，也有学者认为，不需要考虑是否具有共同的故意，因为这种故意比较难以判断。

承上要件，本案中的 J 公司与 C 公司（由于 Y 公司和 C 公司之间存在概括转让的关系，这里和下文只讨论 C 公司）是否具有同一违法行为，则是判断的基本依据。E 环保局认为，根据《最高人民法院关于执行〈中华人民共和国行政诉讼法〉若干问题的解释》①第 97 条的规定，人民法院审理行政案件，除依照《行政诉讼

---

① 已失效。现行有效的是 2018 年 2 月 8 日生效的《最高人民法院关于适用〈中华人民共和国行政诉讼法〉的解释》。——编者注

法》和该解释外，可以参照民事诉讼的有关规定。而《民法通则》第130条规定："二人以上共同侵权造成他人损害的，应当承担连带责任。"①J公司明知其土地只能用于汽车零配件加工项目，擅自允许C公司将土地用于石材加工项目并对外以J公司名义进行建设和生产经营，私下变更项目建设主体、改变建设内容，在石材加工项目上违反行政许可和环评制度，J公司与C公司存在共同违法故意，应承担相应法律责任。这是从结果的角度来进行分析的，但这种解释是不准确的。因为《行政诉讼法》和相关司法解释只是规定人民法院在行政诉讼案件审理程序方面可以参照民事诉讼的规定，并未规定在案件实体处理方面也可以参照民事实体法律规定。E环保局根据《民法通则》(现为《民法典》)关于共同侵权的规定，类推认为J公司、C公司构成共同违法的理由不成立。

共同违法行为要求两个以上违法主体必须相互有意思联络，且为追求同一违法结果而实施相互联系、相互配合的行为，这些行为是违反同一行政法律规定的，本质上是一个违法行为。而从客观要件的角度看，共同违法行为在客观上必须具有共同的行政违法行为，要求行为人直接实施了违法行为，并且只要是与他人相互配合、参与分工、共同实施其中某一部分即可。在本案中，J公司出租给C公司土地经营权的行为是合法的，也在合同中约定了C公司应进行相应的变更义务。从这一点来说，J公司已经完成了出让土地经营权的行为，既没有"未批先建"的客观行为，也没有"未批先建"的主观故意。

因此，本案所涉行为并非共同违法行为，不能根据共同违法行为来加以处理。

(2)不同主体的义务问题。在本案中，存在不同的主体，这些主体的义务是其承担责任的前提。《环境影响评价法》第24条第1款规定："建设项目的环境影响评价文件经批准后，建设项目的性质、规模、地点、采用的生产工艺或者防治污染、防止生态破坏的措施发生重大变动的，建设单位应当重新报批建设项目的环境影响评价文件。"根据上述规定，如果建设项目发生了"重大变动"，需要重新报批环境影响评价文件。

在本案中，根据J公司与C公司签订的租赁合同只是约定C公司、Y公司以J公司名义进行地面附着物的建设，并未约定石材加工项目系J公司项目。按照该约定，C公司、Y公司是石材加工项目建设者，应向环保部门申报环评审批；Y公

---

① 《民法典》生效后，《民法通则》失效。本条现修正为《民法典》第1168条，内容实质相同。——编者注

司不是石材加工项目建设者,没有为石材加工项目申报环评方面的义务。双方签订的合同中虽约定地上附着物以J公司的名义进行并保证建设手续的合法性,但该建设只涉及厂房及办公用房的建设,并非生产经营项目的建设。所以,根据这一合同的约定,J公司和C公司的义务如下:

一是J公司的义务。J公司作为出租方,应承担相应的义务,但应是基于基本出租行为而承担的义务,即本案中出租的是土地经营权,而非建设项目本身。如果是建设项目本身,且没有进行环境影响评价的未批先建,则J公司应存在"未批先建"的违法行为。在本案中出租的是土地经营权,则只能具有与土地经营权的行为相应的注意义务。这种注意义务是一般性义务。

二是C公司的义务(包括后来的Y公司)。C公司是石材加工生产经营项目的建设主体,应知道与J公司从事了完全不一致的生产经营活动,所以应承担申报环境影响评价的义务。根据《环境影响评价法》第24条第1款"应当重新报批建设项目的环境影响评价文件"和《建设项目环境保护管理条例》①(1998年)第23条"建设项目需要配套建设的环境保护设施经验收合格,该建设项目方可正式投入生产或者使用",本案中实际的建设单位C公司应承担相应的重新报批环境影响评价文件的义务。

(3)建设项目未批先建的责任问题。行政处罚的违法主体确定的原则之一是"行为关联原则",即谁实施了违法行为,谁就是违法主体。这可以在一般意义上理解为"谁污染,谁治理"和《环境保护法》所确定的"损害担责"原则的体现。

就本案而言,构成建设项目违法的主体是"建设单位",这里的"建设单位"是指生产经营项目的建设单位。当立项报批的建设单位与实际建设单位不一致时,应查明实际建设单位并依法进行处罚。在涉及环境影响评价制度与"三同时"制度时,经常会发生类似的案件,即法律规定了不同主体的义务与责任。例如:在房地产开发活动中,存在工程施工单位和工程建设单位有不同的义务和责任的问题;在未批先建项目出租经营活动中,存在出租方和承租方的责任问题。这在原国家环境保护总局《关于企业租赁经营排污收费对象的复函》(环函〔2001〕222号)中规定为:"某单位承租另一单位的生产设施,若该承租单位在承租之后的生产经营活动中产生污染并向环境排放污染物,则该承租单位应当按照国家规定缴

---

① 已根据2017年7月16日《国务院关于修改〈建设项目环境保护管理条例〉的决定》修正,现为第19条。——编者注

纳排污费,并依法承担环境保护法律规定的其他义务。承租单位不得以租赁合同的约定为由,改变或者推脱环境保护法律规定的义务。”可见,本案中 C 公司具有报批环境影响评价文件的义务,其没有尽到相应的义务,则应承担相应的责任。

综上所述,本案虽然合同约定地上附着物以 J 公司的名义进行并保证建设手续的合法性,但石材加工项目并非 J 公司项目。J 公司是地面附着物(厂房及办公用房)的建设单位,不是石材加工项目即生产经营项目的建设主体,没有对石材加工项目重新报批环境影响评价文件的义务,不应对 C 公司所存在的未报批环境影响评价文件而擅自施工并投入使用的违法行为承担责任。C 公司是石材加工项目建设单位,应向环保部门申报环评审批。C 公司在合同权利义务概括转让后,相关法律责任应全部由 Y 公司承担。

案例3

租赁关系中违法主体的确定

——S公司偷排污水行政处罚案①

【裁判要旨】

出租方将营业执照、环保材料交给承租方使用,向生态环境主管部门执法人员出具加盖公章的授权委托手续,委托承租人处理行政执法过程中相关事宜的行为,应视为出租方认可承租方在租赁物范围内以其名义从事生产经营活动。生产经营活动中存在环境违法行为的,应当将出租方作为行政处罚相对人。

【基本案情】

2019年8月12日,B市生态环境局执法人员对位于T地民营工业区1号路的生产企业进行现场检查,发现造粒工段冷却水未经循环,直排车间西侧雨水道。同年8月19日,执法人员向老板史某进行调查询问并制作笔录,史某陈述其是承租民营小区S公司厂房的承租人,使用S公司的营业执照和环保手续,负责S公司的所有事务,可以代表公司处理环保相关事务。2019年8月29日,T市环境监测站出具对S公司最终排入河道排放口所取水样的监测报告,报告显示属于超标排放。2019年10月28日,B市生态环境局向S公司送达"行政处罚(听证)事先告知书",2019年12月6日作出X环行罚字(2019)85第120号行政处罚决定。S公司提起行政诉讼,认为其2019年6月1日已经终止了租赁关系,生产行为是案外人史某进行的。

---

① 一审:江苏省江阴市人民法院(2020)苏0281行初22号行政判决书。

法院认为，本案违法行为发生地系S公司营业执照载明的经营场所，S公司盖章的授权委托书也明确受委托人史某代理委托人办理相关事宜，史某以S公司受委托人身份接受环保执法人员调查时，提供了S公司营业执照副本复印件、法定代表人徐某的身份证复印件，史某承租厂房的同时还使用S公司营业执照及环保手续。所以，B市生态环境局确定S公司为违法行为的责任主体并无不当。

【法理分析】

本案涉及环境处罚责任主体如何认定的问题，行政处罚对象必须是行政违法责任主体，两者具有高度的同一性。在行政处罚过程中，必须确立行政违法主体，即行政处罚的对象。

一般认为行政处罚的对象就是违法行政相对人，包括公民、法人或其他组织。如《行政处罚法》第4条规定："公民、法人或者其他组织违反行政管理秩序的行为，应当给予行政处罚的，依照本法由法律、法规、规章规定，并由行政机关依照本法规定的程序实施。"而《环境行政处罚办法》第2条规定："公民、法人或者其他组织违反环境保护法律、法规或者规章规定，应当给予环境行政处罚的，应当依照《中华人民共和国行政处罚法》和本办法规定的程序实施。"可见，环境行政处罚的对象是违反环境法律的公民、法人和其他组织。

当然，由于公民、法人或者其他组织的形态是多样的，在主体认定方面，还需要考虑一些特殊的情形。其主要包括：

一是对无照经营者查处时的处罚对象问题。无照经营者，由于没有进行工商登记，不属于法人或者其他组织，但实际上是以组织形式存在。原国家环境保护总局《关于如何确认无照经营行政处罚相对人主体的复函》（环函〔2004〕434号）规定，"对既未取得工商营业执照，也未取得环保许可批准文件，擅自从事经营活动的，环保部门应当对实际经营者的环境违法行为，依照有关环保法律法规予以处罚，同时还应就其无照经营行为移送工商行政管理部门查处"。因此，对此类无照经营活动实施行政处罚时，应以实际经营者作为处罚对象。

二是对个体工商户查处时的处罚对象问题。个体工商户也具有不同的形态，与自然人存在一定的联系，同时又具有其自身特点。《最高人民法院关于适用〈中华人民共和国行政诉讼法〉的解释》第15条规定了个体工商户起诉时的主体名称要求。虽然这一司法解释是关于诉讼主体资格的认定规则,但与行政处罚对象的认定在法理上基本相同。在大量的案例中,法院都认可了这一做法。例如,在"黄某与自贡市市场监督管理局食品行政处罚、自贡市人民政府行政复议案二审行政判决书"[(2020)川03行终31号]中,自贡市中级人民法院认为,原老玩餐厅在行政处罚程序中变更工商登记字号为美炉茶餐厅。而《行政处罚法》《食品安全法》对于个体工商户的处罚对象没有作出明确规定。根据《最高人民法院关于适用〈中华人民共和国行政诉讼法〉的解释》第15条第2款"个体工商户向人民法院提起诉讼的,以营业执照上登记的经营者为原告。有字号的,以营业执照上登记的字号为原告,并应当注明该字号经营者的基本信息"的规定,自贡市市场监管局作出的处罚决定中,以美炉茶餐厅作为处罚对象,同时注明经营者并无不当。原告认为行政处罚对象错误的主张没有事实根据。从这个案件可以看出,法院是支持行政机关对个体工商户主体资格的认定的。

在环境行政处罚方面,2010年4月16日,原环境保护部印发了《环境行政处罚主要文书制作指南》,采用的是列明经营者姓名,随后标明其系个体工商户字号的负责人的模式。这一做法与最高人民法院的司法解释存在一定的不一致之处。今后如何处理,也值得关注。

存在租赁、委托关系时的行政处罚对象的确定问题。在现实生活中,存在租赁承包关系、委托代理关系从事生产经营活动的现象。此时,需要根据法律规定或者具体法律关系,来确定行政处罚的对象,以保证行政处罚的合法性。

一是租赁作业场所的责任主体即处罚对象问题,主要涉及土地经营权和企业厂房的租赁问题。在这种情形下,由于出租方往往只出租场地、不出租生产设施,承租人独立从事生产活动,也应独立地履行环境义务,保证生产经营活动符合环境法律规范。如果承租人没有取得营业执照,属于违法经营,就按前述的原国家环境保护总局《关于如何确认无照经营行政处罚相对人主体的复函》(环函〔2004〕434号)的解释进行处理。在最高人民法院发布的环境资源刑事、民事、行政十大典型案例中,"陈某龙诉成都市成华区环境保护局环保行政处罚案"就是这方面的实例。在该案中关于处罚对象的认定,一审、二审法院认为,尽管涉案生产点未办理工商登记,涉案厂房租赁者为陈某龙个人,但根据陈某龙系个体工商户德龙加工厂业主这一事实,以及涉案厂房生产加工的产品与德龙加工厂生产经营范围的关联性，可以认定涉案生产点的实际经营主体为德龙加工厂，违法行为的实施者和被处罚对象应为德龙加工厂。而在“广州市红棉长江化工涂料有限公司与佛山市顺德区应急管理局、广东省应急管理厅环境保护行政管理(环保)一案行政二审判决书”[(2020)粤06行终548号]中，法院认为，根据租赁合同的特点，出租人仅提供租赁物，而承租人必须确保使用租赁物的行为合法。红棉公司作为持有《危险化学品经营许可证》的企业，其违法使用普通仓库储存涉案危险化学品，可以成为《危险化学品安全管理条例》第80条第1款第4项的处罚对象。这说明在涉及租赁关系时，承租人具有保证其行为合法的义务，如果没有尽到这一义务，就是违法责任主体，成为行政处罚对象。

二是租赁生产设施时的处罚对象问题。实践中，还存在大量的承租人向出租人承租生产设施从事生产经营的行为。在这种情况下，与单纯地出租场地不同，出租人出租的设施是否合法也是一个重要的问题。出租人有保证其出租的生产设施符合环境法的义务，如果没有尽到这一义务，则会成为处罚对象；而如果承租人利用这一设施从事生产经营活动，也可能违法，从而成为行政处罚的对象。出租人出租不符合法律要求的设施，应承担责任的，如“三明市九牧木业有限公司、三明市三元生态环境局环境保护行政管理(环保)二审行政判决书”[(2020)闽04行终29号]中，法院认定三明市九牧木业有限公司在没有完成环保设施“三同时”验收，明显违反了环保“三同时”制度的情况下，将未配套环境保护设施的对环境有影响的设备及厂房出租给郑某祖使用并收取租金，且未对郑某祖的生产经营行为是否符合相关环保要求进行监督管理，造成烘干废气直接排放至外环境的污染后果。因此，出租人承担相应的责任。但承租人并非不承担责任，因为承租人使用的设施不符合环境法律要求，违反“三同时”的要求。此时，出租人存在“未批先建”违法行为和违反“三同时”要求的违法行为，而承租人在生产经营过程中违反了“三同时”的要求，也是违法责任主体，属于行政处罚对象。关于这一点，原国家环境保护总局在《关于企业租赁经营排污收费对象的复函》(环函〔2001〕222号)中指出：“某单位承租另一单位的生产设施，若该承租单位在承租之后的生产经营活动中产生污染并向环境排放污染物，则该承租单位应当按照国家规定缴纳排污费，并依法承担环境保护法律规定的其他义务。承租单位不得以租赁合同的约定为由，改变或者推脱环境保护法律规定的义务。”根据这一解释，承租单位不得以租赁合同的约定为由，改变或者推脱环境保护法律规定的义务。如果不承担这一义务，则其就是行政处罚的对象。

三是存在委托加工关系或者雇佣关系时的主体问题。在存在委托加工或雇佣关系的情形下，应根据委托、雇佣原理来加以处理，即在委托、雇佣关系中，委托方、雇佣方承担相应的法律后果。这在《国土资源违法行为查处工作规程》(2014年10月1日起施行)中也有相关的规定，即“受委托或者雇佣的自然人、法人或者其他组织在受委托或者雇佣的工作范围内，实施国土资源违法行为，并且能够证明委托或者雇佣关系及委托或者雇佣工作范围的，应当认定委托人或者雇佣人为违法责任主体”。

本案中，根据执法人员的调查，史某是承租S公司厂房的承租人，使用S公司的营业执照和环保手续，负责S公司的所有事务。从这些证据可以看出，史某与S公司存在租赁关系。根据前述原理，在租赁关系特别是仅仅租赁生产场所的租赁关系中，可以直接将承租人作为处罚对象。但由于S公司的一系列行为，史某与S公司之间又具有委托代理的特征。在生产过程中，史某使用S公司的营业执照和环保手续；在环保部门对史某调查时，S公司出具加盖公章的授权委托书，还提供了营业执照副本复印件、法定代表人的身份证复印件，应该认定S公司认可史某在案涉场所对外以S公司名义从事塑料造粒生产经营活动。因此，本案中无论是从实际的生产行为，还是从代理的形式要件来看，史某都与S公司之间具有委托代理关系。

即使如S公司所言，涉案排污行为系史某个人行为，S公司出具授权委托书、营业执照和法定代表人身份证复印件，是要求史某处理罚款事宜，并非认可违法行为系S公司造成。S公司与史某的行为，也构成了表见代理。《民法典》第172条规定：“行为人没有代理权、超越代理权或者代理权终止后，仍然实施代理行为，相对人有理由相信行为人有代理权的，代理行为有效。”可见，即使S公司仅仅是要求史某代理罚款事宜，S公司本身没有实际生产，但由于其一系列的委托行为，其与史某之间也构成了委托代理关系，对行政机关产生了表见代理的效果。

综上，S公司以单位名义办理了环保手续，就应当在生产经营过程中接受环境保护主管部门的监管，其存在违反环保法律法规的情形，环境保护主管部门有权对其进行处罚。虽然S公司陈述其2019年6月1日已搬离案涉厂房不再经营，但由于其对史某提交委托书和营业执照、环保手续等一系列的行为，双方之间形成了委托代理关系。因此，B市生态环境局确定S公司为违法行为的责任主体并无不当。

案例 4

派出机构能否作为处罚主体取决于有无法定授权

——N 区生态环境局超越职权作出行政处罚案[①]

【裁判要旨】

职权法定原则是行政法的基本原则，行政机关要做到依法行政，必须有法律明确授予的行政职权，必须在法律规定的职权范围内活动。未经授权行政机关不得作出行政处罚。超出法律授权范围，行政机关不享有对有关事务的管理权，否则都属于行政违法。生态环境机构改革后，派出机构是否具有处罚的主体资格取决于是否获得法定授权。

【基本案情】

2018 年 10 月 9 日，A 不锈钢剪折板店通过环评审批，主要从事金属门窗的加工制造。

2019 年 3 月 22 日，M 市 N 区生态环境局对 A 不锈钢剪折板店进行现场检查，发现 A 不锈钢剪折板店未办理竣工环保验收手续便擅自投入生产。同年 3 月 25 日，N 区生态环境局对 A 不锈钢剪折板店以涉嫌违反“三同时”制度予以立案受理，并于同日作出案件调查终结报告。

另查明，2019 年 3 月 30 日，中共 M 市委办公室、M 市人民政府办公室印发《关于〈M 市生态环境局职能配置、内设机构和人员编制规定〉的通知》，该

① 二审：福建省莆田市中级人民法院（2020）闽 03 行终 112 号行政判决书。
一审：福建省莆田市涵江区人民法院（2019）闽 0303 行初 116 号行政判决书。

通知第6条规定M市N区生态环境局是M市生态环境局的派出机构,且已经完成机构改革并履行法定职责。

2019年5月7日,N区生态环境局作出行政处罚决定,责令A不锈钢剪折板店在6个月内完成违法行为整改,罚款200,000元。A不锈钢剪折板店申请行政复议,M市生态环境局维持上述决定。A不锈钢剪折板店提起行政诉讼,一审法院认为,N区生态环境局对本辖区范围内的环境违法行为负有监督管理的职责,其经过查处认定A不锈钢剪折板店未办理竣工环保验收手续便擅自投入生产,事实清楚,证据充分,依据《建设项目环境保护管理条例》第23条的规定作出处罚,适用法律正确,程序合法,判决驳回A不锈钢剪折板店的诉请。A不锈钢剪折板店不服提出上诉。二审法院认为,2019年3月30日,M市生态环境局完成了机构改革,职责职能已调整到位。N区生态环境局在没有法律法规授权的情况下作出行政处罚决定,属超越职权行为,依法应予撤销。遂判决撤销一审判决,撤销行政处罚决定书、复议决定书。

【法理分析】

《行政处罚法》第17条规定:“行政处罚由具有行政处罚权的行政机关在法定职权范围内实施。”第18条第2款和第3款规定:“国务院或者省、自治区、直辖市人民政府可以决定一个行政机关行使有关行政机关的行政处罚权。限制人身自由的行政处罚权只能由公安机关和法律规定的其他机关行使。”以上规定均明确享有行政处罚权、能够实施行政处罚的机关必须有法定授权。

2016年9月,中共中央办公厅、国务院办公厅印发了《关于省以下环保机构监测监察执法垂直管理制度改革试点工作的指导意见》,该意见要求环境执法重心向市县下移,强化属地环境执法,调整市县环保机构管理体制。市级生态环境局实行以省级生态环境厅为主的双重管理,仍为市级政府工作部门。县级环保局调整为市级生态环境局的派出分局,由市级生态环境局直接管理。

派出机构与派出机关在法律上如何区分?派出机构是政府部门根据需要对特定事务设置的工作机构,在没有法律、法规、规章授权的情况下,没有独立的法律地位,不是独立的行政主体,如派出所等。在复议或诉讼中,派出机构的法律地位有所不同,《行政复议法》第15条第1款第2项规定,“对政府工作部门依法设立的派出机构依照法律、法规或者规章规定，以自己的名义作出的具体行政行为不服的，向设立该派出机构的部门或者该部门的本级地方人民政府申请行政复议”，即复议时向设立该派出机构的部门或者该部门的本级地方人民政府申请行政复议。《最高人民法院关于适用〈中华人民共和国行政诉讼法〉的解释》第20条规定：“行政机关组建并赋予行政管理职能但不具有独立承担法律责任能力的机构，以自己的名义作出行政行为，当事人不服提起诉讼的，应当以组建该机构的行政机关为被告。法律、法规或者规章授权行使行政职权的行政机关内设机构、派出机构或者其他组织，超出法定授权范围实施行政行为，当事人不服提起诉讼的，应当以实施该行为的机构或者组织为被告。没有法律、法规或者规章规定，行政机关授权其内设机构、派出机构或者其他组织行使行政职权的，属于行政诉讼法第二十六条规定的委托。当事人不服提起诉讼的，应当以该行政机关为被告。”即诉讼时，有授权但超越授权的，以实施该行为的机构或者组织为被告；没有授权的视为委托，以行政机关为被告。

派出机关是指县级以上人民政府经有权机关批准，在一定区域内设立的行政机关，能以自己的名义行使行政职权，实施行政行为，并能独立承担行政责任和其他法律责任，是独立的行政主体。其类型主要包括以下三类：一是省、自治区人民政府经国务院批准设立的行政公署，也称地区专员公署；二是县、自治县人民政府经省、自治区人民政府批准设立的区公所；三是市辖区、不设区的市的人民政府经上一级人民政府批准设立的街道办事处。

应当注意的是，《行政复议法》第12条第2款规定：“对海关、金融、国税、外汇管理等实行垂直领导的行政机关和国家安全机关的具体行政行为不服的，向上一级主管部门申请行政复议。”本条规定的几种实行垂直领导的行政机关和国家安全机关，其区县级机关虽被称为“分局”，但仍具有独立的行政主体资格。若行政复议，只能向其上一级主管部门申请。

具体到本案中，2019年3月30日，M市生态环境局已经完成机构改革并履行法定职责，N区生态环境局是M市生态环境局的派出机构。N区生态环境局作出行政处罚决定书的法律依据是《建设项目环境保护管理条例》第23条第1款规定的“违反本条例规定，需要配套建设的环境保护设施未建成、未经验收或者验收不合格，建设项目即投入生产或者使用，或者在环境保护设施验收中弄虚作假的，由县级以上环境保护行政主管部门责令限期改正，处20万元以上100万元以下的罚款……”该法条只授权给县级以上环境保护行政主管部门，没有对派出机构进行授权。在没有法律法规授权的情况下，N 区生态环境局没有独立的法律地位，其法律责任应由 M 市生态环境局承担，其作出的行政处罚决定超越了职权，构成违法。M 市生态环境局作为行政复议机关（无权作为复议机关），明知 N 区生态环境局属其派出机构，无权作出行政处罚决定，仍予维持处罚决定，属认定事实和适用法律错误，应一并撤销其复议决定。

案例5

行政诉讼原告主体资格的认定标准

——陈某诉Y区生态环境局行政不作为不予受理案[①]

【裁判要旨】

公民有权通过举报的方式参与行政管理,但举报人不因举报行为而必然享有行政诉讼原告资格。若举报人不认可行政机关对自己举报的处理结果,向法院提起行政诉讼,法院要根据举报人与举报事项是否具有利害关系来判断举报人是否具有原告资格。

【基本案情】

陈某1995年起与家人合伙承包本社堰塘进行渔业养殖。2019年5月24日,陈某发现承包的养殖区域存在水污染并向Y区生态环境局投诉,Y区生态环境局答复称由原Q乡属地管理,并联系Q镇政府查找污染源。经Y区生态环境局调查核实,陈某投诉地点附近有三处生猪养殖场,未发现有违法排污的情形,但不排除生猪散养户存在排污的可能性,应按属地监管原则由当地乡镇人民政府进行处理。2019年7月23日出现了大量死鱼,陈某再次投诉,Y区生态环境局答称非规模排污由当地政府跟畜牧局负责,陈某遂反馈给《市长信箱》。2019年7月25日,Q镇政府收到《市长信箱》转来陈某"督促污水管理"的信访材料,成立专项工作组,进行调查核实但仍未发现不按规定排污的情形。2019年7月28日,陈某以信函向原Q镇申请公开排污查处情况,但未得

① 二审:四川省资阳市中级人民法院(2020)川20行终21号行政裁定书。
一审:四川省资阳市雁江区人民法院(2020)川2002行初7号行政裁定书。

到答复。后陈某对于Y区生态环境局的行政行为向Y区人民政府申请行政复议,但行政复议未得到答复。

陈某以未履行法定职责为由,将Y区生态环境局诉至法院。一审法院认为,陈某的举报行为不属于人民法院受案范围,不予立案。陈某不服提起上诉。二审法院认为,陈某与行政行为有利害关系,有权提起诉讼,故裁决指令一审法院立案。一审法院重审后认为Y区生态环境局已经履行了法定职责,判决驳回陈某诉请。陈某上诉后被驳回。

【法理分析】

举报是公民、法人或者其他组织参与行政管理的重要途径,举报人不仅可以维护自身合法权益,而且可以监督行政机关依法行使职权。行政机关针对其投诉举报事项作出的处理包括作为和不作为,如果举报人不认同行政机关所作出的处理,并不当然地享有行政复议或者提起行政诉讼的权利,而要受到原告资格的限制。举报人是否具有原告资格,则要根据其与举报事项之间是否存在利害关系。如果举报人举报行为是为了维护自身的利益,则与举报事项之间存在利害关系,此时举报人具有原告资格;如果举报人举报行为不是为了维护自身利益,而是维护公共利益,则与举报事项之间没有利害关系,此时举报人没有原告资格。

1. 关于行政诉讼原告资格问题。

行政诉讼意义上的原告资格,指的是公民、法人和其他组织提起行政诉讼所应具备的条件,主要包括主观条件和客观条件。主观条件是认为自身的权益受到行政行为的侵害;客观条件是公民、法人和其他组织与该行政行为有利害关系。而行政诉讼受案范围,指的是人民法院可以受理审查的行政案件。行政诉讼原告资格解决的是"谁"可以提起诉讼的问题,而行政诉讼受理范围解决的是"什么"行政行为可以进行审查裁判的问题。两者既有紧密的联系,又存在一定的区别。

行政诉讼原告资格的发展,大体经历了从"直接利害关系标准"到"行政相对人标准",再到"法律上利害关系标准",直至现在的"利害关系标准"这样的过程。直接利害关系标准,主要是在1989年4月4日审议通过的《行政诉讼法》制定出来之前,根据1982年3月8日审议通过的《民事诉讼法(试行)》而具备原告资格的情形;1990年10月1日起施行的《行政诉讼法》中,直接规定了行政相对人的原告资格;2000 年 3 月 10 日起施行的《最高人民法院关于执行〈中华人民共和国行政诉讼法〉若干问题的解释》规定,“与具体行政行为有法律上利害关系的公民、法人或者其他组织”具有原告主体资格,其确定的是法律上的利害关系。而 2014 年 11 月 1 日修正后的《行政诉讼法》将原告资格确定为“利害关系”。该法第 2 条第 1 款规定,“公民、法人或者其他组织认为行政机关和行政机关工作人员的行政行为侵犯其合法权益,有权依照本法向人民法院提起诉讼”;第 25 条第 1 款规定,“行政行为的相对人以及其他与行政行为有利害关系的公民、法人或者其他组织,有权提起诉讼”。由此可知,我国当下对原告主体资格的判断依据为原告必须与行政行为具有利害关系并且认为行政行为侵犯了其合法权益。

“利害关系”主要是指法律上的利害关系。虽然我国目前的原告资格标准从原先的“法律上的利害关系”转变为现在的“利害关系”,但不能简单地认为只要与被诉行政行为有联系的当事人都是利害关系人。在“刘某明与张家港市人民政府行政复议再审案”[(2017)最高法行申 169 号]中,最高人民法院认为:“有利害关系的公民、法人或者其他组织”,不能扩大理解为所有直接或者间接受行政行为影响的公民、法人或者其他组织;所谓“利害关系”仍应限于法律上的利害关系,不宜包括反射性利益受到影响的公民、法人或者其他组织。同时,行政诉讼是指公法上的诉讼,上述法律上的利害关系,一般也仅指公法上的利害关系。根据这一案件来理解,2014 年 11 月 1 日修正后的《行政诉讼法》虽然将原来的“法律上的利害关系”变更为“利害关系”,但仍然主要是指“法律上的利害关系”。

利害关系具有不确定性,不仅要根据法律来进行判断,还需要结合具体案件和法律进行解释和适用。例如,在最高人民法院发布的典型案例“夏某官等 4 人诉东台市环境保护局环评行政许可案”中,陈某认为市环保局在没有召开座谈会、论证会以及征询公众意见的情况下,即作出新建洗浴服务项目《审批意见》,侵犯了其合法权益,故提起行政诉讼。《行政许可法》第 47 条规定,“行政许可直接涉及申请人与他人之间重大利益关系的,行政机关在作出行政许可决定前,应当告知申请人、利害关系人享有要求听证的权利”。对何谓“重大利益关系”,我国现行法律、法规、规章以及司法解释虽无具体规定,但法院认为,涉及民生利益的问题,不应排除在“重大利益关系”之外。第三人新建的洗浴项目投入运营后所产生的潮湿及热、噪声污染等,不能排除对夏某官等人的生活造成重大影响的可能。因此,法院支持了夏某官等人的诉讼请求。从这一案件可以看出,对于利害关系或者重大利益关系,需要进行具体的判断和分析。

2. 关于举报人的原告资格问题。

由于举报人的动机、目的不同,所要维护的利益不同,有的主要是维护自身利益,有的是维护公共利益。因此,举报人是否具有原告资格,仍然要根据我国目前《行政诉讼法》所确定的"利害关系标准"来加以判断。因为我国目前的行政诉讼仍然是一种主观诉讼(私益诉讼),而非客观诉讼(公益诉讼),主观诉讼的原告必须符合原告资格和受案范围的要求,即与行政行为之间存在利害关系;而客观诉讼则要符合法律的特别性规定,如原告的特别性和受案范围的特别性。

根据2018年2月8日起施行的《最高人民法院关于适用〈中华人民共和国行政诉讼法〉的解释》第12条"有下列情形之一的,属于行政诉讼法第二十五条第一款规定的'与行政行为有利害关系':……(五)为维护自身合法权益向行政机关投诉,具有处理投诉职责的行政机关作出或未作出处理的"的规定,将维护自身合法权益向具有处理投诉职责的行政机关投诉的当事人认定为有利害关系人。对于该利害关系的界定,应从以下两个方面去理解:

一方面,举报人所要保护的合法利益已经遭受损害或者存在较大的遭受损害的可能性。赋予举报人诉讼权的意义就在于通过行政诉讼使已经受到损害的权益获得某种损害后的补救或保护可能受损害的利益免受损害。如果起诉人权益并未受到损害,也不具有遭受将要发生的损害的可能性,那么行政诉讼就丧失了其功能和价值。

另一方面,举报行为是为维护举报人自身合法权益。只有公民、法人或其他组织主张的权利是受法律保护的权利或利益,才可能与被诉行政行为建立利害关系。举报人所维护的权益应当是具有特定性的个体利益,而不是一般性的公共利益,我们将其称为"私益举报"。只有举报是为了维护自身合法权益时,举报人对行政机关就举报所作出的处理行为,才享有行政诉讼的原告资格。与之相反的是公益举报,因为公益举报是为了维护社会公共利益,举报人通常与举报事项不存在利害关系,所以其不具有行政诉讼的原告资格。这可以从正反两个案例来加以说明。在最高人民法院第77号指导案例"罗某荣诉吉安市物价局物价行政处理案"中,其"裁判要点"指出:其一,行政机关对与举报人有利害关系的举报仅作出告知性答复,未按法律规定对举报进行处理,不属于《最高人民法院关于执行〈中华人民共和国行政诉讼法〉若干问题的解释》第1条第2款第6项规定的"对公民、法人或者其他组织权利义务不产生实际影响的行为”，因而具有可诉性，属于人民法院行政诉讼的受案范围。其二，举报人就其自身合法权益受侵害向行政机关进行举报的，与行政机关的举报处理行为具有法律上的利害关系，具备行政诉讼原告主体资格。这个指导案件说明，由于举报人与被诉行政行为具有法律上的利害关系，因此举报人具有原告资格，可以提起行政诉讼。在“湖州市蔬菜有限公司再审审查与审判监督行政裁定书”[(2019)最高法行申5885号]中，最高人民法院认为，本案中，蔬菜公司作为举报人，并非水污染查处行为的相对人，所提供的证据亦不能证明其与被诉行政行为之间有直接的、行政诉讼意义上的利害关系，故湖州市政府是否查处的行为对蔬菜公司的合法权益不产生实际影响，蔬菜公司不具备原告资格。从这两个案件可以清楚地看出举报人是否具有原告资格问题。

本案中，一审法院认为，陈某的起诉不属于人民法院受案范围，不符合起诉条件，裁定不予立案。二审法院认为，陈某的行为符合《最高人民法院关于适用〈中华人民共和国行政诉讼法〉的解释》第12条第5项“为维护自身合法权益向行政机关投诉，具有处理投诉职责的行政机关作出或者未作出处理”的规定，因而上诉人陈某与行政行为有利害关系，举报人陈某应当具有原告资格。二审法院的裁定依据在于：其一，根据《环境保护法》《水污染防治法》的规定，举报人陈某主张鱼塘的水免受污染的权利受法律保护；其二，举报人陈某养殖的鱼大量死亡，给其渔业养殖造成了财产损失，其合法利益已经遭受损害；其三，陈某的举报行为是为维护举报人自身合法权益，而不是为了维护公共利益。

综上所述，举报人陈某应当具有原告资格。因此，一审法院裁定不予立案是错误的。至于陈某的诉讼请求是否合法，则要待受理后，根据行政机关履行法定职责的情况来判断，而非不予立案问题。

案例6

责令限期拆除通知须由有权部门依法作出

——X 织染公司被责令限期拆除案①

【裁判要旨】

行政机关作出的责令限期拆除通知属于责令改正或限期改正违法行为的行政命令而非行政处罚决定，须由法定职权部门作出，并符合正当程序原则。

【基本案情】

1997年5月7日，X织染公司经J市工商行政管理局核准登记成立，主要从事生产经营布类织染。2014年4月8日，原J市环境保护局认定X织染公司实施纺织品制造项目没有办理环境影响评价文件及环保审批手续，配套的环境保护设施没有经环保部门验收合格就投入生产，决定对X织染公司作出行政处罚：责令X织染公司纺织品制造项目停止生产，直至验收合格；处罚款100,000元。

2016年6月，P区管委会根据上级部门通知，将X织染公司列为"批建不符"环保违法违规建设项目清理整治对象。2018年1月9日至6月7日，P区管委会下属环境保护局先后多次对X织染公司进行现场检查和日常巡查，并根据现场检查情况，要求X织染公司停止生产，完善有关环保手续，在环保竣工未验收前不得生产。2018年6月14日，P区管委会以X织染公司未按要求落实整改，并在完善有关环保手续并经环保部门验收合格前进行非法生产为

① 二审：广东省高级人民法院（2019）粤行终597号行政判决书。
一审：广东省揭阳市中级人民法院（2018）粤52行初15号行政判决书。

由作出《责令限期拆除生产设备的通知》,限令X织染公司于2018年6月17日前自行组织实施拆除生产设备,否则将实施强制拆除。X织染公司不服提起诉讼,要求撤销《责令限期拆除生产设备的通知》。

一审法院认为,P区管委会作出《责令限期拆除生产设备的通知》超越职权,属适用法律、法规错误,依法应予撤销。P区管委会不服一审判决提起上诉。二审法院审理后认为,X织染公司尚未被责令停业关闭,P区管委会即责令其拆除生产设备,不符合法定程序,遂维持一审判决。

【法理分析】

责令改正或限期改正违法行为,是指行政主体为维持法定秩序而责令违法行为人履行既有的法定义务或停止、纠正违法行为的行政行为,是行政机关在执法过程中对违法行为人发出的一种命令,不具有惩罚性。行政处罚是行政主体对违反行政管理秩序的行为依法定程序所给予的行政制裁,具有惩罚性。责令改正或限期改正并非行政处罚的前置程序。对于行政违法行为程度较轻的,可以当场纠正的应当场予以纠正;对于违法程度较重的,当场改正存在困难的,行政机关应当责令限期改正。责令停止或者改正违法行为是行政执法过程中一种独立的行政行为,一经作出便对行政相对人设定了义务,无论该行政行为是否合法,若行政相对人不执行行政机关的责令行为,就会被实施强制执行或者造成其他形式的不利后果。所以在司法实践中,行政相对人若对行政机关作出的责令停止或者改正违法行为不服,可对该行政行为申请行政复议或提起行政诉讼。

责令改正或限期改正违法行为因具体违法行为不同而表现形式也不尽相同,常见的有停止违法行为、责令退还、责令赔偿、责令改正、限期治理、限期拆除等。

就性质而言,责令限期拆除属于责令改正或者限期改正违法行为的行政命令的其中一种形式。《环境行政处罚办法》第12条第1款即规定:“根据环境保护法律、行政法规和部门规章,责令改正或者限期改正违法行为的行政命令的具体形式有:……(六)责令限期拆除;……”

责令限期拆除具有以下特征:其一,主体是行政机关;其二,依法作出,体现依职权性;其三,责令限期拆除的对象是违反法律规定增设或添加的项目设施等,拆除行为是对违法行为的纠正,具有补救性;其四,这种补救是行政机关因为相对人的违法行为而对其增设的一项义务；其五，责令限期拆除是行政机关对外积极主动的意思表示，而非默示或不作为方式，并指明了相对人的行为方式，具有指令性；其六，责令限期拆除的履行同行政命令一样需要相对人的配合，若相对人拒绝履行，只能采取进一步制裁措施。

责令限期拆除是一种行政命令而非行政处罚，故不适用行政处罚程序的规定。《行政处罚法》第 9 条规定的行政处罚的种类包括：警告、通报批评；罚款、没收违法所得、没收非法财物；暂扣许可证件、降低资质等级、吊销许可证件；限制开展生产经营活动、责令停产停业、责令关闭、限制从业；行政拘留；法律、行政法规规定的其他行政处罚。《环境行政处罚办法》规定的环境行政处罚的种类包括：警告；罚款；责令停产整顿；责令停产、停业、关闭；暂扣、吊销许可证或者其他具有许可性质的证件；没收违法所得、没收非法财物；行政拘留；法律、行政法规设定的其他行政处罚种类。由此可见，无论是《行政处罚法》还是《环境行政处罚办法》规定的行政处罚种类均未包含责令限期拆除。“责令限期拆除”与“责令停产停业、责令关闭”看似类似，但二者在行为内容上、适用对象和主体上均存在本质区别。需要特别说明的是，目前仅有《土地管理法》中明确责令限期拆除属于行政处罚，其第 83 条规定，对责令限期拆除的行政处罚决定不服的可向人民法院起诉。即除依照《土地管理法》作出的责令限期拆除决定或通知外，依据其他法律法规作出的责令限期拆除决定或通知都应属于行政命令。

行政机关在查处违法行为过程中以书面通知的形式作出《责令限期拆除通知书》，不仅包括对违法行为的定性，而且包括给行政相对人直接设定了限期自行拆除的义务。一般而言，责令限期拆除通知行为属于程序性告知行为，不是对违法行为的最终处理，不会对当事人产生实质性影响，但行政机关作出《责令限期拆除通知书》后若直接实施强制拆除行为，则该通知行为实际已成为强制拆除行为的依据，将对相对人的权利义务产生实际影响。因此，行政机关作出限期拆除通知必须符合正当程序原则。

一是责令限期拆除通知必须由法定职权部门作出。行政机关行使职权需具有法定的职权依据，行政机关在无法律、法规授权的情况下即作出对行政相对人权利产生实质影响的行政行为，系超越职权行为。违背职权法定原则，将会造成行政行为被撤销、宣告无效或者确认违法等后果。《行政处罚法》第 28 条第 1 款规定：“行政机关实施行政处罚时，应当责令当事人改正或者限期改正违法行为。”

《环境行政处罚办法》第 11 条第 1 款规定："环境保护主管部门实施行政处罚时，应当及时作出责令当事人改正或者限期改正违法行为的行政命令。"由此可知，在环境行政执法活动中，行使责令限期拆除的法定职权的部门系环境保护主管部门，而非管委会等其他行政机关。本案中，P 区管委会不具有作出限期拆除通知的法定权限，其对 X 织染公司作出的《责令限期拆除生产设备的通知》系超越职权的行为，属法律、法规适用错误，依法应予撤销。

二是作出责令当事人限期拆除通知必须符合法定程序。任何行政行为都必须通过一定的行政程序才能得以实现，行政机关必须坚持正当程序原则，以确保行政相对人的知情权、申辩权、陈述权得到保障。《环境保护主管部门实施限制生产、停产整治办法》（原环境保护部令第 30 号）第 8 条规定："排污者有下列情形之一的，由环境保护主管部门报经有批准权的人民政府责令停业、关闭：……（二）被责令停产整治后拒不停产或者擅自恢复生产的；……"《国务院办公厅关于加强环境监管执法的通知》（国办发〔2014〕56 号）规定，"对未完成停产整治任务擅自生产的，依法责令停业关闭，拆除主体设备，使其不能恢复生产"。可见，停产整治期间擅自复产的，应先由环保主管部门报经有批准权的人民政府责令停业关闭，为落实停业关闭要求，可以拆除主体设备。此外，根据正当程序原则的要求，行政机关作出限期拆除通知前应充分听取当事人的陈述和申辩意见。本案中，X 织染公司 2014 年 4 月 8 日被原 J 市环境保护局责令停产整治后，如确有擅自复产情形，应先由 J 市环境保护局报经有批准权的人民政府，即 P 区管委会依照法定程序，作出责令停业关闭的行政处罚决定，X 织染公司拒不执行的，再拆除主体设备。在 X 织染公司尚未被责令停业关闭前，行政机关不得作出责令其拆除生产设备的行政命令。

案例 7

检测机构的违法行为可由不同机关管辖

——P 公司出具虚假报告案①

【裁判要旨】

机动车检测公司超出其检测范围对车辆进行排放检测，并出具合格检测报告的行为，并不一定是法律规定的“出具虚假检测报告”的行为。机动车检测公司违法行为包括出具虚假报告和超出范围出具报告两类，应分别由不同的机关管辖。

【基本案情】

P 公司主营机动车排气污染检测业务、机动车安全技术性能检测业务及机动车综合性能检测业务，其取得的资质计量认证证书标明，使用加载减速法对压燃式发动机机动车进行排放检测时，范围限制为“限总质量 3.5 吨以下车辆”。原 G 市环保局执法人员通过 G 市机动车环保检验管理系统远程视频录像检查时，发现 P 公司在 2017 年 10 月至 12 月进行机动车尾气检测时，为 32 辆超出总质量 3.5 吨的车辆进行排放检测，并出具排放检验合格报告，以上所得共计 1600 元。

原 G 市环保局认为 P 公司出具虚假排放检验报告，违反了《大气污染防治法》第 112 条第 1 款的规定，决定没收 P 公司违法所得 1600 元，罚款 15 万元。P 公司不服申请行政复议，复议机关维持了原 G 市环保局的行政处罚决定。

---

① 二审：广西壮族自治区桂林市中级人民法院（2019）桂 03 行终 211 号行政判决书。
一审：广西壮族自治区桂林市象山区人民法院（2019）桂 0304 行初 6 号行政判决书。

P公司不服提起诉讼。一、二审法院认为，检验报告是否属于虚假的，要看P公司出具的检验报告的内容是否真实，原G市环保局应予以举证证实，而不是以推论的方式"对超出总质量3.5吨的车辆进行排放检测"得出的排放报告就是虚假的，故判令原G市环保局败诉。

【法理分析】

十九届四中全会颁布《中共中央关于坚持和完善中国特色社会主义制度　推进国家治理体系和治理能力现代化若干重大问题的决定》，要构建职责明确、依法行政的政府治理体系。在环境保护问题日益严峻的形势下，必须严格执法、加大对环境违法的制裁力度。如何处理好环境治理与依法行政的关系则是更好地落实《中共中央关于坚持和完善中国特色社会主义制度　推进国家治理体系和治理能力现代化若干重大问题的决定》的关键和重点。

一是要厘清环境治理与依法行政的关系。根据党中央、国务院"用最严格的制度、最严密的法治保护生态环境"的精神，P公司存在违法行为，P公司的行为可能会影响到机动车污染的治理，确实需要对P公司的行为加以制裁，但保护生态环境与依法行政不能冲突，对违法行为人的制裁也必须严格依法进行，这是行政法治的基本要求。依法行政，不仅要求行政机关在实体上合法，也要求行政机关在程序上合法。环保部门对违法者的处罚必须满足行政合法性的要求，行政行为的合法性包括行政机关具有法定职权、行政行为证据确凿、适用法律正确、程序合法、行政行为的内容即确定的行政相对人的权利义务合法等方面。只有严格依法进行环境治理，才能得到社会的认可。只以加强环境保护这一理由而不考虑行政合法性问题，是不可能实现真正的环境治理、建设生态文明。法院应该严格依法判断环保部门是否具有相应的职权，是否具有相应的证据，而不能仅仅根据环保部门宣称的环境保护的目的来进行裁判。本案中，由于环保部门并没有对P公司行为进行处罚的职权，环保部门的行政处罚行为存在合法性问题，即使其执法是为了环境保护，也不能得到法院的支持。

二是依法行政中行政职权问题，特别是管辖权的问题。行政机关依法行政包括许多方面，在本案中首先要考虑的是环保部门是否具有相应职权，这就涉及管辖权问题。在行政法上，管辖权包括地域管辖、层级管辖、职能管辖等，本案中主要涉及职能管辖问题。而判断职能管辖,不仅要判断具体事务的性质,关键还要看法律在管辖方面的规定,即法律将这一职能交由哪一个机关管辖。大气污染的治理是非常复杂的,需要不同部门的协同。《大气污染防治法》涉及对不同类型大气污染物的治理,所以该法规定了不同行政机关承担相应管辖事项、行使相应的管辖权。一般在数个法条中规定不同行政机关的管辖事项。例如,《大气污染防治法》第 53 条规定,对于未经检验合格的机动车,公安机关交通管理部门不得核发安全技术检验合格标志,这确定了公安交通管理部门的管辖权;而第 64 条规定,国务院交通运输主管部门可以在沿海海域划定船舶大气污染物排放控制区,进入排放控制区的船舶应当符合船舶相关排放要求,这规定了国务院交通运输主管部门的管辖权。当然,有时也在一个法条中规定不同机关的管辖事项。例如,《大气污染防治法》第 68 条规定,住房城乡建设、市容环境卫生、交通运输、国土资源等有关部门,应当根据本级人民政府确定的职责,做好扬尘污染防治工作,这一法条就涉及若干个行政机关对扬尘污染防治的权限。此时,管辖权的确定就不仅要依据法律条文,还需要依据法律规范,包括各级人民政府的确定管辖权的规范性文件。

与本案相关的是在同一个法律条款中规定了不同行政机关管辖事项,从而给本案留下了争议空间。原 G 市环保局认为其对 P 公司违法行为的处罚,属于法条竞合而导致的。但原 G 市环保局误解了法条竞合的概念。行政处罚中的法条竞合是指行为人实施了一个自然意义上的行为,违反了多个行政法律规范,数个法律规范的行为要件之间存在从属关系,即某一规范所规定的违法行为的构成要件外延包含了另一规范规定的行为要件。这些法律规范之间存在新法与旧法、特别法与普通法、上位法与下位法之间的关系,在适用方面就只能选择某一法律规范予以适用,即根据法律效力位阶来选择。

本案中对 P 公司的处罚不属于法条竞合问题,因为《大气污染防治法》第 54 条本身是对两种行为的规范,即虚假检测行为和超出范围检测行为。根据这一条的规定,由生态环境部门和认证认可机构来对机动车排放检验机构进行监督。但该条只规定了机动车排放检验机构的义务和环保部门的管辖权,第 112 条只规定了对伪造和出具虚假报告行为的处罚,情节严重的由认证认可主管部门取消其检验资格。而对超出范围进行检测的行为如何处理没有规定。这就需要对第 54 条的规范内容进行体系化解释。该条是将伪造或出具虚假报告行为与超出资质范围出具检测报告加以区分的。从《大气污染防治法》的相关释义可以看出，伪造机动车、非道路移动机械、船舶排放检验结果或者出具虚假排放检验报告在现实中花样繁多。以机动车为例：如为未经检验的机动车出具检验合格证明；用其他车辆代替检验；利用计算机软件等手段篡改或者伪造检验数据和结果；为检验不合格的机动车出具检验合格证明；擅自减少检验项目或者降低检验标准；明知是报废、拼装、套牌等车辆，仍予以通过检验等。这些都是伪造检验结果或者出具虚假检验报告的表现形式。总之，检验应当由具有资质的机构严格依照规定的检验程序、检验项目对机动车船进行检验，出具真实、准确的检验结果和报告，禁止各种非法检验行为。上面列举的都是各种伪造检验结果和出具虚假检验报告的行为，并不包括超出范围进行检验的行为。由此可见，检测机构超出范围对车辆实施检测，并出具排放检验合格报告的行为，不属于伪造检验结果或者是出具虚假检验报告的行为。

而根据原环境保护部、公安部、国家认证认可监督管理委员会联合制发的《关于进一步规范排放检验加强机动车环境监督管理工作的通知》规定也可以看出，对于超出检验范围进行检验的应由质量监督部门查处。该通知第 4 条第 12 项“强化排放检验机构主体责任”规定，对伪造检验结果、出具虚假报告的检验机构，环保部门暂停网络联接和检验报告打印功能，并依照《大气污染防治法》有关条款予以处罚；违反资质认定相关规定的，认证认可监管部门依据资质认定有关规定对排放检验机构进行处罚，情节严重的撤销其资质认定证书。该通知的该项规定进一步明确了环保部门与认证认可监管部门的职权范围。而对于超出检测范围实施检测，并出具排放检验合格报告的行为，原国家质量监督检验检疫总局于 2015 年 4 月 9 日发布的《检验检测机构资质认定管理办法》第 43 条第 1 款规定：“检验检测机构有下列情形之一的，由县级以上质量技术监督部门责令整改，处 3 万元以下罚款：……（二）超出资质认定证书规定的检验检测能力范围，擅自向社会出具具有证明作用数据、结果的；……”从上述两个规定来看，前者是三个行政机关对检验检测机构违法行为在管辖权方面的分工，后者则是由质量监督部门对检验检测机构超出范围检验检测的行为进行管辖的具体内容。由于原环境保护部是《关于进一步规范排放检验加强机动车环境监督管理工作的通知》这一文件的制定主体，作为下级机关的地方环境保护职能部门也应该遵守这一管辖权的分工规定。

所以,从上述管辖权的要求来看,本案中P公司超出资质范围进行检验检测的行为,应由认证认可主管部门进行处理,而不应由环保部门作出处罚。原G市环保局认为P公司超出检测设备计量认证限制范围实施检测并出具排放检验合格报告,即为出具虚假排放检验报告,缺乏法律依据。

三是本案中证据对于法律适用具有关键性作用。虽然本案中P公司超出资质范围进行检验检测属于认证认可主管部门管辖,但如果P公司在超出范围进行检验检测的同时也伪造或出具了虚假报告,则同时违反了《大气污染防治法》第54条两个方面的规定,环保部门则也有权力对其进行处罚。根据行政合法性的要求,环保部门应对此调查取证,以证明P公司存在伪造或者出具虚假报告的行为。从证明标准来看,行政处罚的证明标准较高,行政机关一般要有确凿的证据来证明P公司具有伪造或者出具虚假报告的行为,否则就会因为缺乏证据而承担败诉的风险。本案中,环保部门没有直接证据证明P公司行为属于原环境保护部在《环境监测数据弄虚作假行为判定及处理办法》中规定的"环境监测数据弄虚作假行为"或者原国家质量监督检验检疫总局《认证机构管理办法》中规定的"出具虚假或者严重失实的认证"的行为。正如法院判决所认为的:原G市环保局未提供直接证据证实被上诉人作出的检验报告中的"检验数据"不真实性和不准确,存在上述规定的虚假情形。故原G市环保局认定P公司行为属于出具虚假排放检验报告缺乏事实依据。

因此,本案中,环保部门对P公司超出范围进行检验检测的行为没有管辖权,对其进行处罚没有事实依据和法律依据。当然,从更好地保护环境的角度出发,对于P公司的违法行为,也应及时查处。生态环境部门发现P公司的违法行为后,可以及时通报具有管辖权的机关,以部门间协同的方式及时发现并查处检验检测机构的违法行为。

案例 8

第三方污染防治运营单位的主体责任

——K 公司未履行管理义务案[①]

【裁判要旨】

行政机关通过与第三方签订行政协议,由第三方承担污染治理责任,可以充分发挥第三方的技术优势、提升污染防治效率、降低环境治理成本。在这种治理模式下,第三方负有双重义务:一是基于环境法律法规产生的法定义务;二是基于行政协议产生的约定义务。第三方未履行上述义务将承担相应的法律责任。

【基本案情】

2018 年 4 月 28 日,K 环保股份有限公司(以下简称 K 公司)与 S 县城市管理综合执法大队(以下简称 S 县执法大队)签订《S 县城市生活垃圾卫生填埋场委托运营技术服务合同》,约定将投入使用的 S 县城市生活垃圾卫生填埋场交由 K 公司托管运营。在 K 公司托管运营过程中,因填埋场存在渗滤液渗漏,S 县执法大队修建了临时应急收集池,使用自动抽水泵将渗漏到临时应急收集池的渗滤液抽回垃圾填埋场的调节池进行处理。S 县执法大队与 K 公司沟通后,K 公司同意对投入使用的临时应急收集池进行管理。2018 年 11 月 28 日 17 时至 29 日 10 时,K 公司未对临时应急收集池进行巡查,未发现该池存在渗滤液渗漏,未采取措施将该池的渗滤液抽回调节池,导致该池漏出的渗滤液

① 再审:贵州省高级人民法院(2020)黔行申 155 号行政裁定书。
二审:贵州省黔东南苗族侗族自治州中级人民法院(2020)黔 26 行终 9 号行政判决书。
一审:贵州省镇远县人民法院(2019)黔 2625 行初 18 号行政判决书。

流入小溪，造成环境污染。2018 年 11 月 29 日，原 S 县环保局通过现场检查发现填埋场外的临时应急收集池存在渗滤液，渗漏的黑水流入小溪污染了环境。经检测渗漏出来的黑水水体氨氮超标 10.2 倍，化学需氧量超标 3.6 倍。

立案调查后，原 S 县环保局向 K 公司作出了《责令改正违法行为决定书》，责令其改正违法行为，并于 2019 年 2 月 21 日对 K 公司进行了行政处罚。K 公司提起诉讼，一、二审法院均判决驳回其诉讼请求，之后 K 公司又向所在地高级人民法院提出再审申请，高级人民法院裁定驳回其再审申请。

【法理分析】

面对日益严重的环境问题，我国越来越重视环境污染第三方治理制度。环境污染第三方治理，是推进环保设施建设和运营专业化、产业化的重要途径。2015 年 1 月 14 日，国务院办公厅发布了《关于推行环境污染第三方治理的意见》，其主要目标是：到 2020 年，环境公用设施、工业园区等重点领域第三方治理取得显著进展，污染治理效率和专业化水平明显提高，社会资本进入污染治理市场的活力进一步激发。环境公用设施投资运营体制改革基本完成，高效、优质、可持续的环境公共服务市场化供给体系基本形成；第三方治理业态和模式趋于成熟，涌现一批技术能力强、运营管理水平高、综合信用好、具有国际竞争力的环境服务公司。2017 年 8 月 9 日，原环境保护部发布《关于推进环境污染第三方治理的实施意见》，明确了环境污染治理“市场化、专业化、产业化”的发展方向。推行环境污染治理设施第三方运营管理，让专业的环保服务公司做专业的事，在技术上可有效地保障污染处理设施正常运行，确保治理效率最大化，对于降低环境污染风险，巩固、保障污染防治攻坚战的成果具有十分重要的意义。

1. 关于第三方治理合同的性质。

第三方治理分为排污企业委托第三方治理与政府委托第三方治理这两种基本形式。排污企业委托第三方治理，属于民事法律关系，其合同性质是民事合同。政府委托第三方治理，其合同性质在一定时期里存在争议，有的认为是民事合同，也有的认为是行政合同（行政协议）。2014 年 11 月 1 日《行政诉讼法》修改后，特别是 2019 年 11 月 27 日最高人民法院发布了《关于审理行政协议案件若干问题的规定》后，这一争议基本停息。在实践中，现在基本上将政府与第三方主体签订的环境治理服务合同定性为行政合同(又称行政协议)。

《最高人民法院关于审理行政协议案件若干问题的规定》第1条规定:“行政机关为了实现行政管理或者公共服务目标,与公民、法人或者其他组织协商订立的具有行政法上权利义务内容的协议,属于行政诉讼法第十二条第一款第十一项规定的行政协议。”在第三方治理行政协议中,行政机关以行政主体的身份与第三方订立有关环境治理的协议,以合同的方式来达到维护与增进公共利益的目的。双方当事人依据签订的环境服务合同履行相应责任和义务,第三方治理机构应按有关法律法规及合同要求,承担相应的法律责任和合同约定的责任。

2. 关于第三方治理中第三方的义务。

在第三方污染治理制度中,会出现不同的主体,需要确定不同主体的责任。从第三方治理模式来看,应着重界定排污企业的责任、第三方的责任和与委托第三方承担环境治理的行政机关的责任等。

需要注意的是,应明确“责任”的含义。责任有两个基本含义,通俗地说,一是指分内应做的事,二是指由于没有完成分内应做的事而应承担的不利后果。而分内应做的事,在法律上更多地体现为义务。因此,我们可以将一般意义上的责任分为“义务”与“责任”。前者是指一定主体必须作出或禁止作出一定行为的约束,也可以称为积极责任;后者是指一定主体没有尽到应尽义务所应承担的不利后果,也可以称为消极责任。

在因民事合同而产生第三方治理模式下,排污企业承担主体责任,主要是应按照法定或约定的标准、数量向第三方排放污染物。如果排污企业超出标准或者数量向第三方排放污染物,行政机关可以追究第三方责任或者排污企业责任,第三方也可以向排污企业追偿。

与本案相关的是,基于行政协议的第三方治理模式,政府将部分环境治理责任转移至第三方。此时,第三方负有双重义务,即法定义务和约定的义务。

第一种是第三方在托管运营期间应当遵守环境法律法规设定的义务,这是一种法定义务。基于行政协议而产生的第三方治理,第三方承担了对污染设施维护、运营、管理的工作。此时,第三方相当于一般的企业,即《环境保护法》第42条中规定的“排放污染物的企业事业单位和其他生产经营者”。因此,第三方也应承担一般企业的环境义务,如《环境保护法》第42条规定的“防治在生产建设或者其他活动中产生的废气、废水……对环境的污染和危害”“严禁通过暗管、渗井、渗坑、灌注或者篡改、伪造监测数据,或者不正常运行防治污染设施等逃避监管的方式违法排放污染物”这样的义务。另外,《环境保护法》第 47 条也规定了“企业事业单位应当按照国家有关规定制定突发环境事件应急预案,报环境保护主管部门和有关部门备案”的义务。与此类似的还有《固体废物污染环境防治法》第 55 条规定的“建设生活垃圾处理设施、场所,应当符合国务院生态环境主管部门和国务院住房城乡建设主管部门规定的环境保护和环境卫生标准”,以及第 56 条规定的“生活垃圾处理单位应当按照国家有关规定,安装使用监测设备,实时监测污染物的排放情况,将污染排放数据实时公开”等。这些都是一般的生产经营者的环境法义务,都是本案中第三方应尽的义务。而随着环境法律法规数量的不断扩张,第三方的环境义务也在不断增加。

第二种是基于行政协议产生的合同义务。政府与第三方签订行政协议,双方按照协议约定权利义务。政府部门的义务主要包括为第三方提供符合相关标准的生产设施设备并按照合同约定支付托管营运费用。根据行政协议的原理,政府还具有一定的行政优益权,这种权力无论是否约定都是存在的。第三方的合同义务主要包括在委托运营期间按相关国家标准和环评报告书批复要求,做好区域运营管理工作,并接受各级政府及环保等职能部门的监督检查。根据协议,对政府部门提供的区域内设施设备进行维护和管理工作,确保规范生产和环境卫生,第三方在未尽到合同约定的管理义务时要承担相应的违约责任。

当然,这种合同义务也可以是基于临时性的约定。例如,本案中,S 县执法大队与 K 公司沟通后,K 公司同意对收集池进行管理使用,且事实上也已对临时应急收集池进行实际使用管理,故该收集池属于 K 公司进行托管运营的范围,K 公司对临时应急收集池负有临时约定或承诺的管理义务。

3. 关于第三方的责任问题。

这里的责任主要是一种不利的法律后果。当第三方没有履行自身的法定义务或者是合同义务时,就应承担由此而产生的不利后果。在我国,第三方可能承担的法律责任有刑事责任、民事责任和行政责任;当然,主要是行政责任,而行政责任往往是与法律义务相对应的。例如,《突发环境事件应急管理办法》第 10 条第 1 款规定,“企业事业单位应当按照有关规定建立健全环境安全隐患排查治理制度,建立隐患排查治理档案,及时发现并消除环境安全隐患”;第 38 条第 2 项规定,企业事业单位未按规定开展环境安全隐患排查治理工作,建立隐患排查治理档案的,由县级以上环境保护主管部门责令改正,可以处 1 万元以上 3 万元以下罚款。从这些规定可以看出,第三方负有应当建立环境保护责任制度、应当制定突发环境事件预案等法定义务;如果没有履行这样的义务,就要承担相应的法律责任。

本案中,K 公司与 S 县执法大队签订《S 县城市生活垃圾卫生填埋场委托运营技术服务合同》后,也就具有了法定义务和合同义务;如果没有履行其义务,就应承担相应的法律责任。

从法定义务上看,K 公司在基于合同义务对收集池进行管理后,应当按照相关法律法规要求将修建的临时应急收集池纳入环境安全隐患排查治理工作的范围,并对该收集池建立隐患排查治理档案。而 K 公司在填埋场运营的过程中,未认真履行对临时应急收集池的环境安全隐患排查治理工作,在收集池自动抽水泵故障后仅采取手动间断抽水措施将临时收集池的渗滤液抽回调节池,未采取符合标准的处理措施,造成环境污染。K 公司在填埋场运营管理过程中违反了环境保护义务,应当承担相应法律责任。

从合同义务上看,K 公司基于合同义务对填埋场进行运营管理,后因填埋场存在渗滤液渗漏,S 县执法大队修建了临时应急收集池。虽然该收集池于 K 公司接管填埋场之后才修建,且位于填埋场场区界限之外,但从目的和功能上看,该收集池均属于填埋场的附属设施,且 K 公司同意对收集池进行管理使用,事实上也已对临时应急收集池进行实际使用管理。故该收集池属于 K 公司进行托管运营的范围,K 公司对临时应急收集池负有合同约定的管理义务。

因此,原 S 县环保局对 K 公司作出的行政处罚决定,符合法律、法规的规定。

第二部分

期限送达篇

案例 9

不可抗力影响下法定执法期限能否顺延或中止

——T 汽车零部件公司未按规定安装废气处理设施案[①]

【裁判要旨】

行政处罚必须在法律规定的期限内作出处理决定,超出法定期限的,行政处罚可能因违反法定程序而无效。有正当事由如不可抗力可以顺延或中止,但需履行相应的审批手续及告知义务。

【基本案情】

T 汽车零部件公司隶属于印度 T 集团,主营汽车注塑模及其他汽车模具开发,汽车塑料零部件设计、开发、组装、加工、生产等,公司法定代表人为印度公民。

2007 年 4 月,T 汽车零部件公司一期项目委托环评单位编制了年产塑料内外饰汽车零部件系统 95 万套新建项目环境影响报告表,2008 年 10 月通过环保"三同时"验收。二期项目于 2013 年 10 月委托环评单位编制了年产 100 万套注塑加工汽车内饰件项目环境影响报告表,同年 11 月通过环保"三同时"验收。两期项目共有 38 台注塑机。

2020 年 1 月 21 日,N 市生态环境局执法人员对 T 汽车零部件公司大气管控检查,发现:T 汽车零部件公司共有 13 台注塑机正在作业,均未安装挥发性有机物废气处理设施,注塑过程中产生的挥发性有机物废气未经收集处理直

---

① 选自工作中的真实案例。

排。2020 年 6 月，T 汽车零部件公司按 J 区生态环境局的要求，委托第三方编制了全公司挥发性有机物综合整治方案（一企一策），方案中要求对注塑废气收集，经活性炭吸附处理后排放。

2020 年 7 月 1 日，N 市 J 区生态环境局对 T 汽车零部件公司下达了“五送五强化”工作督办单，要求务必于 2020 年 9 月底前完成对 T 汽车零部件公司的帮扶指导整改工作。

2020 年 7 月 21 日，N 市生态环境局执法人员再次对 T 汽车零部件公司检查时发现有 21 台注塑机在生产，尚未安装废气处理设施。

【法理分析】

办案期限是指从立案之日到作出行政处罚决定的期间。行政处罚决定的执行期间等不计入办案期限。《行政处罚法》第 60 条规定：“行政机关应当自行政处罚案件立案之日起九十日内作出行政处罚决定。法律、法规、规章另有规定的，从其规定。”《环境行政处罚办法》中规定，对涉嫌违反环境保护法律、法规和规章的违法行为，应在 7 个工作日审查决定是否立案，并应当自立案之日起的 3 个月内作出处理决定，听证、公告、监测、鉴定、送达等时间不计入期限。但对于存在特殊情形或发生不可抗力等法定事由时未能在法定期限内办结能否顺延或中止问题未有明确规定。

2021 年 7 月 15 日起施行的《市场监督管理行政处罚程序规定》第 64 条规定：“适用普通程序办理的案件应当自立案之日起九十日内作出处理决定。因案情复杂或者其他原因，不能在规定期限内作出处理决定的，经市场监督管理部门负责人批准，可以延长三十日。案情特别复杂或者有其他特殊情况，经延期仍不能作出处理决定的，应当由市场监督管理部门负责人集体讨论决定是否继续延期，决定继续延期的，应当同时确定延长的合理期限。案件处理过程中，中止、听证、公告和检测、检验、检疫、鉴定、权利人辨认或者鉴别、责令退还多收价款等时间不计入前款所指的案件办理期限。”简言之，90 日（适用一般程序处理的案件自立案之日起）+30 日（案情复杂，经工商行政管理机关负责人批准）+ 延期（集体讨论决定），听证、公告和鉴定等时间不计入期限。2021 年 7 月 15 日起施行的《交通运输行政执法程序规定》第 78 条规定：“执法部门应当自行政处罚案件立案之日起九十日内作出行政处罚决定。案情复杂、期限届满不能终结的案件，可以经执法部门负责人批准延长三十日。”简言之，90 日（立案之日起）+30 日（部门负责人批准延长）2020 年 3 月 1 日起施行的《农业行政处罚程序规定》第 29 条规定：“农业行政处罚机关对涉嫌违反农业法律、法规和规章的行为，应当自发现线索或者收到相关材料之日起十五个工作日内予以核查，由农业行政处罚机关负责人决定是否立案；因特殊情况不能在规定期限内立案的，经农业行政处罚机关负责人批准，可以延长十五个工作日。法律、法规、规章另有规定的除外。”第 53 条规定：“法制审核机构或者法制审核人员应当自接到审核材料之日起五个工作日内完成审核。特殊情况下，经农业行政处罚机关负责人批准，可以延长十个工作日。法律、法规、规章另有规定的除外。”第 58 条规定：“农业行政处罚案件应当自立案之日起六个月内作出处理决定；因案情复杂、调查取证困难等特殊情况六个月内不能作出处理决定的，报经上一级农业行政处罚机关批准可以延长至一年。案件办理过程中，中止、听证、公告、检验、检测、鉴定等时间不计入前款所指的案件办理期限。”简言之，15 个工作日核查决定是否立案 +15 个工作日（特殊情况，经农业行政处罚机关负责人批准可以延长）+5 个工作日法制审核 +10 个工作日（特殊情况，经农业行政处罚机关负责人批准可以延长）+ 剩余时间（案情复杂、调查取证困难等特殊情况，经上一级农业行政处罚机关批准可以延长至一年）。

上述条文均规定，在案情复杂、特殊需要、取证困难等情形下，经上一级行政处罚机关或本级行政机关负责人批准可以延长期限。2019 年 4 月 1 日起施行的《市场监督管理行政处罚程序规定》则更是明确因不可抗力致使案件暂时无法调查的，经市场监督管理部门负责人批准，中止案件调查。该规定第 43 条第 1 款规定，“有下列情形之一的，经市场监督管理部门负责人批准，中止案件调查：……（三）因不可抗力致使案件暂时无法调查的”；第 2 款规定：“中止调查的原因消除后，应当立即恢复案件调查。”

2020 年 1 月初，新冠病毒疫情暴发。受疫情影响，包括执法工作在内的各项工作均有不能按期办结/处理完毕的现象。2020 年 2 月 10 日，全国人大常委会法制工作委员会表示，因本次疫情所致不能履行合同的，属于不能预见、不能避免并不能克服的不可抗力。2020 年 4 月 16 日，最高人民法院印发《关于依法妥善审理涉新冠肺炎疫情民事案件若干问题的指导意见（一）》，亦将受疫情或疫情防控措施直接影响界定为不可抗力。对于正在审理中的案件，应当根据疫情发展情况做好中止诉讼的准备。从法律的衔接角度考量,《行政诉讼法》第 101 条规定:“人民法院审理行政案件,关于期间、送达、财产保全、开庭审理、调解、中止诉讼、终结诉讼、简易程序、执行等,以及人民检察院对行政案件受理、审理、裁判、执行的监督,本法没有规定的,适用《中华人民共和国民事诉讼法》的相关规定。”《民事诉讼法》第 83 条规定:“当事人因不可抗拒的事由或者其他正当理由耽误期限的,在障碍消除后的十日内,可以申请顺延期限,是否准许,由人民法院决定。”依据上述法律规定可以得出结论:受不可抗力影响,执法机关的办案期限可以顺延或中止,但应遵守相应的程序规定,履行相应的审批手续及告知义务。

具体到本案中,N 市生态环境局执法人员检查的时间为 2020 年 1 月 21 日,N 市生态环境局应在 2 月 7 日前立案(7 个工作日,1 月 24 ~ 31 日为春节,法定节假日顺延),并应在 5 月 6 日作出处理决定。但受疫情影响,N 市生态环境局执法人员多次上门,T 汽车零部件公司均无人,致无法制作现场检查(勘查)笔录、调查询问笔录,以及固定相关证据、听取陈述申辩等,进而无法作出行政处罚决定。至 2020 年 4 月底,T 汽车零部件公司仍未能正常复工复产,执法机关在 5 月 6 日前不能作出处理决定。此时,执法机关应在不可抗力消除后的 10 日内,申请顺延期限或扣除不可抗力影响的时间,并报本级负责人审批。本案 N 市生态环境局执法人员最后一次查处的时间为 2020 年 7 月 21 日,可视为违法行为的持续,亦可以用最后一次违法行为的日期作为立案日期,执法的期限至 2020 年 10 月 20 日。T 汽车零部件公司于 2020 年 5 月复工复产,6 月按要求编制综合整治方案,7 月 1 日,被 J 区生态环境局下达“五送五强化”工作督办单,要求于 2020 年 9 月底前完成对 T 汽车零部件公司的帮扶指导整改工作。故在 2020 年 9 月底,执法部门应视其整改成效作为是否处罚依据。T 汽车零部件公司在 2020 年 9 月底并未有效整改,执法部门综合其违法的性质、情节、期限等因素,作出上述处罚决定。

案例10

行政处罚文书的送达方式应合法有效

——S公司超标排放颗粒物案①

【裁判要旨】

行政处罚文书的送达关系到行政相对人的权利救济,应严格按照法定方式送达。行政处罚决定书的送达之日就是行政相对人知道或者应当知道之日,起诉期间就此起算。

【基本案情】

2015年10月12日,Y生态环境局对S公司作出《行政处罚事先告知书》,告知S公司拟对其进行罚款2万元的行政处罚,该告知书由S公司员工沈某签收。2015年10月20日,S公司向Y生态环境局提交《关于免除行政处罚的申请》,但Y生态环境局对S公司提出的异议未做进一步调查,亦未作出相关回复。

2015年11月19日,Y生态环境局作出《行政处罚决定书》,对S公司罚款2万元,该决定书由S公司员工雷某签收。雷某称其收到《行政处罚决定书》后未向S公司及部门领导汇报,而是交给了第三人T公司的负责人张某,T公司缴纳了罚金。

2019年12月9日,S公司认为Y生态环境局作出的行政处罚主体错误向人民法院提起诉讼,请求撤销处罚决定。Y生态环境局辩称S公司起诉超过

① 一审:宁夏回族自治区银川铁路运输法院(2019)宁8601行初639号行政判决书。

法定期限。法院认为 Y 生态环境局行政处罚决定书送达无效,S 公司起诉未超过法定期限,依法判决撤销了 Y 生态环境局作出的《行政处罚决定书》。

【法理分析】

当事人在行政处罚中享有知情权、陈述和申辩权、要求听证权、申请复议或提起行政诉讼权等权利,行政机关应当保障当事人的上述权利,依法告知当事人行政处罚的实施机关、立案依据、实施程序和救济渠道等信息。在行政处罚的过程中,行政机关通常需要向当事人送达两类文书:一类是在作出正式行政处罚决定前的《行政处罚事先告知书》,另一类是行政处罚决定书。实践中,行政机关一般通过向当事人出具行政处罚事先告知书的形式告知当事人拟作出的行政处罚内容及事实、理由、依据。《行政处罚事先告知书》的送达方式比较灵活,既可以口头形式通知当事人,将通知内容记入笔录,也可以书面形式采用直接送达或邮寄送达的方式向当事人送达。《行政处罚事先告知书》一旦送达,就开始计算当事人行使陈述、申辩、要求听证等权利的期限,若当事人对拟处罚结果提出异议,行政机关应当复核当事人提出的事实、理由和证据。《行政处罚决定书》是行政机关针对当事人的违法行为,在经过调查取证,掌握违法证据的基础上,所制作的记载当事人违法事实、处罚理由、依据和决定等事项的正式书面法律文书。《行政处罚决定书》对行政机关和当事人均具有拘束力和强制力。对于行政机关而言,行政处罚决定一旦生效,作出处罚决定的行政机关就不能再随意撤销或更改其作出的处罚决定,只有复议机关或人民法院有权对违法的行政处罚决定予以撤销或变更。对于当事人而言,行政处罚决定不以其意志为转移,行政处罚一经作出就对其具有强制力。若对行政处罚决定存在异议,当事人可以在法律规定的期间内,通过法律规定的行政复议、行政诉讼等途径救济自己的权利。行政处罚决定一旦生效,当事人就应执行行政处罚决定,若不主动执行,行政机关则可依据行政处罚决定书向人民法院申请强制执行。因此,法律对于《行政处罚决定书》的送达要求很严格。首先,在送达时间上,行政处罚决定书应在宣告行政处罚决定后当场送达,无法当场送达的应在 7 日内送达。其次,在决定形式上,行政处罚决定不能采用口头形式,必须采用书面形式。最后,在送达方式上,行政机关应当依照《民事诉讼法》的有关规定,采用直接送达、留置送达、邮寄送达、委托送达、公告送达等方式进行送达。此外,《行政处罚法》还明确规定了执法人员可以采用传真、电子邮件等方式送达《行政处罚决定书》。

行政处罚决定只有严格依照上述法律规定合法、有效地向当事人送达后,行政处罚行为才能生效,起诉期限才开始计算。起诉期限是指当事人不服行政机关作出的具体行政行为,而向人民法院提起行政诉讼,其起诉可由人民法院立案受理的法定期限。只有在起诉期限内提起诉讼的行政案件,人民法院才有权对其进行司法审查。超过起诉期限起诉的行政案件,人民法院只能裁定不予受理。根据《行政诉讼法》的规定,一般行政诉讼的起诉期限是六个月,而这个期限的起算点就是"当事人知道或应当知道作出行政行为之日"。其中,"知道"指的是有充分证据证明当事人知道行政行为的作出时间;而"应当知道"的界定则需要法官根据相关证据,结合生活经验和逻辑推理来推定当事人知道行政行为的作出时间。一般情况下,"当事人知道或者应当知道之日"是指"送达之日"。"送达之日"是指当事人收到处罚决定之日,也是行政机关完成送达流程之日。根据《民事诉讼法》的相关规定,采用直接送达方式送达的,被送达人本人或法律允许的签收人签字之日就是送达之日;采用邮寄方式送达的,被送达人本人或法律允许的签收人在邮政回执上签字之日为送达之日。

行政机关在送达时还应注意核实文书签收人的身份。当事人是自然人的,《行政处罚决定书》应由其本人、代理人、指定代收人或同住成年家属签收。当事人是法人或者其他组织的,《行政处罚决定书》应由当事人的法定代表人、主要负责人、代理人、指定收件人或专门负责收件的人签收。否则,不能视为有效送达,行政处罚决定不能生效。实践中,有人认为向企业送达难的原因就在于法律关于签收人的范围规定过窄,很多企业并未设置负责收件的人,也未委托代理人,更未指定代收人。在这种情况下,行政机关就只能向法定代表人送达,这就大大增加了送达难度。因此,应当拓宽企业送达签收人的范围,法律应当规定企业的所有工作人员均具有签收法律文书的义务,这样方能提高文书的送达效率。笔者认为,这种提议看似能提高送达效率,却忽视了送达程序对当事人权益的直接影响,向无权接受文书的人送达很容易导致送达无效的法律结果。根据《最高人民法院关于适用〈中华人民共和国行政诉讼法〉的解释》第 65 条的规定,因行政机关未向当事人合法送达,或因其他原因当事人不知道行政处罚内容的,不适用六个月的起诉期限,起诉期限应从当事人知道或者应当知道该行政行为内容之日起计算,涉及不动产案件的最长起诉期间不超过 20 年，其他案件的最长起诉期间不超过 5 年。

《行政诉讼法》第 70 条规定："行政行为有下列情形之一的，人民法院判决撤销或者部分撤销，并可以判决被告重新作出行政行为：……（三）违反法定程序的；"其中的"法定程序"即包含送达程序。在行政诉讼中，人民法院会依法从衡平行政效率和当事人权益保护的角度对行政机关的送达效力进行综合审查，若行政机关的送达行为不合法、不正当、不及时，侵犯了当事人的陈述权、申辩权、听证权等合法权益，或者未告知当事人救济途径的，属于程序违法，人民法院会依法撤销行政行为。

本案中，S 公司在收到《行政处罚事先告知书》后提出了合理怀疑及异议，Y 生态环境局并未进一步调查，也未对 S 公司的申辩作出回复。人民法院之所以不采纳 Y 生态环境局的答辩意见，就在于其在向 S 公司送达《行政处罚决定书》时存在程序瑕疵。S 公司属于法人，根据法律规定，Y 生态环境局向 S 公司送达《行政处罚决定书》应当由 S 公司的法定代表人、专门收件人、代理人或指定代收人签收。而案涉《行政处罚决定书》的签收人为 S 公司的员工雷某，其不属于法律规定的签收人，且根据雷某的陈述，其在签收《行政收处罚决定书》后并未向 S 公司进行汇报，而是交由第三人自行处理处罚决定的罚款事宜，故不能视为 Y 生态环境局对 S 公司进行了有效送达。此外，Y 生态环境局也无法提供其他证据证明 S 公司在 2019 年 12 月 6 日前就已经知道或应当知道案涉《行政处罚决定书》的内容。因此，本案属于"行政相对人不知道行政机关作出的行政行为内容"的情况，法院认定 S 公司的起诉未超过起诉期限，进而撤销了 Y 生态环境局的处罚决定。

案例11

签署《送达地址确认书》的法律后果

——D 加工厂拒收处罚决定书案[①]

【裁判要旨】

《送达地址确认书》上详细注明了注意事项，当事人填写了《送达地址确认书》并签名，意味着其知悉确认书的内容，并愿意承担相应的法律后果。受送达人应保证送达地址准确、有效，因受送达人的原因而导致文书未能被受送达人实际接收的，文书退回之日视为送达之日，即发生相应的法律效果。

【基本案情】

2019 年 4 月 18 日，A 市生态环境局执法人员对 D 加工厂的经营场所进行执法检查并对 D 加工厂经营者苗某进行调查询问。同日，苗某签署《送达地址确认书》，确认书当事人一栏为 D 加工厂。邮寄送达优先送达地址为广州市增城区××栋(四层)。当事人确认一栏内容为："我本人已阅读本确认书的告知事项并保证上述送达地址是准确、有效的，同意以邮寄地址作为接收法律文书的送达地址。"苗某在该栏签名、捺印。

2019 年 5 月 13 日，A 市生态环境局作出《行政处罚(听证)告知书》，并通过邮政 EMS 特快专递送达苗某确认的地址，该邮件被签收。2019 年 6 月 13 日，A 市生态环境局向苗某作出《行政处罚决定书》，同样通过邮政 EMS 特快

① 二审：广州铁路运输中级法院(2020)粤 71 行终 2962 号行政判决书。
一审：广州铁路运输法院(2020)粤 7101 行初 2242 号行政判决书。

专递送达苗某确认的地址，但该邮件因当事人拒收，于2019年6月17日退回。后来，苗某不服该处罚决定，于2020年5月12日诉至法院。

【法理分析】

行政法律文书的送达是指行政机关依照法定的程序和方式将行政法律文书送交相对人的行为。行政法律文书的送达与否和送达的时间将影响行政决定的效力和相对人法律救济权的行使。行政决定发生效力的时间是行政机关的意思表示依法送达到行政相对人，或者依照法律规定将这种意思表示置于行政相对人应当知道的状态，除非法律有特别规定或者行政决定附有生效条件与期限。判断行政决定是否已送达行政相对人，可以考虑以下几个要素：其一，送达应当由作出行政决定的行政机关为之，其他任何机关或个人未经行政机关委托，不能产生送达的法律效力；其二，受送达人是行政相对人，行政相对人可以委托他人代其收受，其法律效力如同本人亲自收受；其三，法定送达地址是行政相对人"住所地"，"住所地"可以由行政相对人向行政机关注明，也可以由行政机关依职权查实，如无法查实，则行政机关可以公告送达；其四，送达方式原则上是"到达主义"，即到达相对人法定住所地时起生效，若是公告送达则是经过一段时间后推定行政相对人知道而生效，若是以口头方式作出则应当以行政相对人知道内容之日起生效，特殊情况下不用送达方式但行政相对人知道了内容的，也可以产生送达的法律效力。

环境行政处罚决定的送达，主要根据《行政处罚法》和《环境行政处罚办法》的规定。2018年1月1日起施行的《行政处罚法》第40条规定："行政处罚决定书应当在宣告后当场交付当事人；当事人不在场的，行政机关应当在七日内依照民事诉讼法的有关规定，将行政处罚决定书送达当事人。"与此相对应的是，《环境行政处罚办法》第56条规定，"行政处罚决定书应当送达当事人，并根据需要抄送与案件有关的单位和个人"。该法第57条规定了送达方式，即"送达行政处罚文书可以采取直接送达、留置送达、委托送达、邮寄送达、转交送达、公告送达、公证送达或者其他方式。送达行政处罚文书应当使用送达回证并存档"。从这些规定中可以看出，我国环境行政处罚的送达方式主要依照民事诉讼的送达方式。而2021年1月22日修订的《行政处罚法》第61条规定："行政处罚决定书应当在宣告后当场交付当事人；当事人不在场的，行政机关应当在七日内依照《中华人民共和国民事诉讼法》的有关规定，将行政处罚决定书送达当事人。当事人同意并签订确认书的，行政机关可以采用传真、电子邮件等方式，将行政处罚决定书等送达当事人。”应该说，修订后的《行政处罚法》重申依照民事诉讼的送达方式进行送达，即使规定可以通过当事人同意并签订确认书的方式，以传真和电子邮件的方式进行送达，仍然是《民事诉讼法》及相关的司法解释所确认的民事诉讼送达方式。民事诉讼的送达方式是非常丰富的。例如，《最高人民法院关于以法院专递方式邮寄送达民事诉讼文书的若干规定》（法释〔2004〕13 号）和《最高人民法院关于适用〈中华人民共和国民事诉讼法〉的解释》对于送达的形式规定得非常详细而具体。最高人民法院出台的《关于以法院专递方式邮寄送达民事诉讼文书的若干规定》第 11 条规定：“因受送达人自己提供或者确认的送达地址不准确、拒不提供送达地址、送达地址变更未及时告知人民法院、受送达人本人或者受送达人指定的代收人拒绝签收，导致诉讼文书未能被受送达人实际接收的，文书退回之日视为送达之日。受送达人能够证明自己在诉讼文书送达的过程中没有过错的，不适用前款规定。”根据这一规定，受送达人在填写《送达地址确认书》时，必须填写准确无误的送达地址，若地址变更，也要及时告知送达主体。如果故意不提供准确的地址，提供的地址变更后不及时告知人民法院，导致文书被退回，文书退回之日即视为送达之日，与实际送达具有同等的法律效力。确认的送达地址适用于行政处罚案件办理的各个阶段，直至有关事项办理完毕。

本案中，行政机关让行政相对人签署了《送达地址确认书》，行政相对人在确认一栏签名、捺印，就表示其已阅读确认书的告知事项并保证上述送达地址是准确、有效的，同意以邮寄地址作为接收法律文书的送达地址。行政相对人自愿签署，表示其知悉了行政机关的意志，就要承担相应的法律责任。如果送达地址有变更，应当主动、及时书面告知行政机关变更后的送达地址。如果提供的地址不准确，或不及时告知变更后的地址，使行政处罚文书无法送达或未及时送达，由受送达人承担相应的法律后果。送达文书退回之日视为送达之日，即发生送达的法律效果。而根据《行政诉讼法》第 46 条的规定，“公民、法人或者其他组织直接向人民法院提起诉讼的，应当自知道或者应当知道作出行政行为之日起六个月内提出。法律另有规定的除外。因不动产提起诉讼的案件自行政行为作出之日起超过二十年，其他案件自行政行为作出之日起超过五年提起诉讼的，人民法院不予受理”。根据《最高人民法院关于适用〈中华人民共和国行政诉讼法〉的解释》第69条的规定,超过法定起诉期限且无《行政诉讼法》第48条规定情形的,应当裁定驳回起诉。

本案中,苗某在A市生态环境局调查询问直至作出行政处罚决定过程中,以该地址签收过《行政处罚(听证)告知书》等文书,未就邮寄方式或送达地址提出任何异议,故在其未及时告知拒绝邮寄方式或变更送达地址的情况下,应视为其认可按照《法律文书送达地址确认书》约定,以其确认的送达地址接收《行政处罚决定书》等文书。因此,A市生态环境局按苗某确认的送达地址邮寄被诉行政处罚决定,因苗某拒收,该邮件于2019年6月17日被退回之日,可视为送达之日,是行政行为生效的时间,产生了相应的法律效果。

A市生态环境局的处罚决定于2019年6月17日完成送达并且处罚决定有告知相应诉权与起诉期限。根据行政行为效力理论,无效行政行为可以不受时效的限制,其他行政行为的救济必须在法定期限内进行,这是保障行政效率和行政安定性的需要。而本案中,苗某在2020年5月才向原审法院提起本次行政诉讼,并提出在本案中行政处罚适用法律错误等实体问题。由于其提起诉讼已经超过六个月的起诉期限,且无证据证实其存在因不可抗力或者其他不属于自身的原因耽误起诉期限的情形,除非是无效行政行为,则法院是不应对实体法律问题进行审查的。故法院认为苗某起诉已超过法定的起诉期限,对其起诉依法予以驳回。

案例 12

监测报告未送达是否属于程序违法

——T 保洁公司行政处罚案①

【裁判要旨】

《行政处罚法》规定，行政机关在作出行政处罚决定之前，应当告知当事人作出行政处罚决定的事实、理由及依据，并告知当事人依法享有的权利。但对于这些事实、理由及依据的范围和具体内容并没有明确，实践中存在争议。为了保障相对人的知情权、参与权和抗辩权，行政机关应依法向相对人送达检测报告。

【基本案情】

2017 年 3 月 8 日，H 市环境监测站对 T 保洁服务有限公司（以下简称 T 保洁公司）锅炉废气进行监督性监测。经监测，二氧化硫浓度为 447mg/m^2，超标 0.12 倍，超过大气污染物排放标准，违反《大气污染防治法》第 18 条规定。生态环境部门要求该单位改正，并将在 30 日内进行复查，该监测报告未向 T 保洁公司送达。2017 年 3 月 27 日，H 市环境保护局给 T 保洁公司下达了 H 环责改字（2017）016 号责令改正违法行为决定书，并于 2017 年 6 月 25 日作出 H 环罚字（2017）第 012 号行政处罚决定书，罚款 10 万元人民币。

T 保洁公司不服诉至人民法院，请求撤销处罚决定。法院认为，H 市环境保护局在查处该案过程中，对 T 保洁公司作出的气体检测报告，未送达至 T 保洁公司，剥夺了 T 保洁公司对检测报告结果的知情权和参与权，导致其丧失对

① 一审：吉林省桦甸市人民法院（2018）吉 0282 行初 1 号行政判决书。

检测报告结果的陈述、申辩权利。根据1996年《行政处罚法》[①]第31条、第32条及第41条的规定，行政机关在作出行政处罚决定之前未向当事人告知给予行政处罚的事实、理由和依据，或者拒绝听取当事人的陈述、申辩，行政处罚决定不能成立。所以，在本案中，H市环境保护局依据其检测报告对T保洁公司作出行政处罚决定程序违法、事实不清，处罚决定的主要证据不足，依法应予撤销。

【法理分析】

环境行政处罚中，保障相对人权利是非常重要的内容。我国1996年《行政处罚法》第6条规定："公民、法人或者其他组织对行政机关所给予的行政处罚，享有陈述权、申辩权；对行政处罚不服的，有权依法申请行政复议或者提起行政诉讼。公民、法人或者其他组织因行政机关违法给予行政处罚受到损害的，有权依法提出赔偿要求。"在理论界，这被称为行政处罚的"权利保障原则"。2021年修订后的《行政处罚法》第7条延续了这一规定。权利保障的内容非常多，而且随着社会的发展，其保障的范围也呈日益扩展的趋势。具体而言：

1. 行政处罚中权利保障的具体内容。

权利保障包括许多方面，主要体现为对行政相对人的权利和行政机关的义务。一是行政相对人的权利问题。在行政处罚中，行政相对人的权利不仅体现为陈述权、申辩权和救济权，还体现为知情权，因为"知情"是陈述、申辩和救济的基础，知情权也是公民的基本权利。1996年《行政处罚法》第31条已经作出了规定，而2021年修订的《行政处罚法》第44条则进行了更加详细的规定，即"行政机关在作出行政处罚决定之前，应当告知当事人拟作出的行政处罚内容及事实、理由、依据，并告知当事人依法享有的陈述、申辩、要求听证等权利"。二是行政机关的告知义务。与行政相对人知情权对应的是行政主体的告知义务。在行政处罚程序中，行政主体具有告知义务。这一义务包括的内容就是行政处罚的内容、事实、理由和依据。要探究其具体内容，还需要根据案情进行分析。从理想状态来说，行政机关告知的内容越详尽越有利于保障相对人的知情权和救济权。但这不仅

① 现对应2021年《行政处罚法》第44条、第45条及第62条。

会涉及行政成本问题，也可能会涉及一些行政秘密问题，行政机关在这方面也需要进行权衡。根据学界的理解，行政主体告知包括行政行为的事实、理由和依据三方面，而说明理由则包括行政合法性理由和行政正当性（合理性）理由。实际上也是从事实和依据等方面展开的。而在事实方面，一般认为只要提供主要事实依据就可以了，也没有更加具体的要求。

2. 行政机关的告知义务是否包括监测报告这样的具体事实依据。

虽然法律和理论都对行政机关的告知义务进行了规范，但理论是灰色的，生活之树常青。在实践中，对于事实依据的告知范围和告知程度，仍然存在大量争议。与本案相关的是，行政机关告知行政相对人的违法事实时，是否提供"监测报告"这样的具体证据。这不仅在立法中没有明确、理论上也未能予以重视，在司法实践中也存在不同做法。具体而言，包括否定说和肯定说。

否定说认为，原告要求被告提供监测报告的主张没有法律依据。如在"罗树基与云浮市生态环境局新兴分局再审审查与审判监督行政裁定书"中，广东省高级人民法院认为：再审申请人"被申请人未将监测报告送达再审申请人的行为，属于程序违法"的主张，缺乏法律依据，法院不予支持。在"乾县污水处理有限公司与乾县环境保护局撤销行政决定书纠纷申请再审行政裁定书"中，再审申请人认为：监测报告是由咸阳市环境监测站作出，且依法没有向申请人送达，剥夺了申请人复核权，导致作出行政处罚的事实依据明显不足。而陕西省高级人民法院也没有支持其主张。持同样观点的不仅有高级人民法院，也有其他层级的人民法院，在"山东衡之源热力有限公司与枣庄市环境保护局环境保护行政管理（环保）一审行政判决书"中，原告认为：被告在对原告监测样品进行取样后作出监测报告时，未将监测报告送达原告，系程序违法。枣庄市薛城区人民法院认为：原告认为被告应当将行政处罚所依据的监测报告送达原告，因被告在对原告法定代表人的调查询问时、通过向原告送达责令改正违法行为决定书及行政处罚事先（听证）告知书时均将监测报告结果告知原告，且对该监测报告送达问题没有法律依据，故原告对此所提异议不能成立。可见，许多法院并不认为行政机关应将监测报告送达给原告，只要将违法事实告知原告就达到了法律的要求。

肯定说认为，行政机关没有向行政相对人送达监测报告构成程序违法。持这一观点的法院认为，行政机关在作出处罚决定前，应全面展示案件的事实依据，从而保障相对人的知情权、陈述权、抗辩权与救济权。

本案中，法院从保障知情权与抗辩权的角度，认为H市环境保护局应告知T保洁公司检测报告，否则就剥夺了其知情权，构成了程序违法。在其他一些法院的案件中，也存在这样的判决，例如在“被上诉人江苏远大信息股份有限公司与上诉人南京市生态环境局行政处罚暨原审被告江苏省生态环境厅行政复议行政判决书”中，二审法院认为：行政机关在作出处罚决定前，应当全面展示拟作出处罚的事实、理由和证据，听取相对人的陈述申辩意见，从而公正合理的作出行政执法决定。该案中，认定原告违法行为的监测报告是行政处罚决定的关键性证据。但至该案一审开庭前，原南京市环保局并未向远大公司送达该监测报告的完整版本，导致远大公司在行政处罚程序中不能发表有针对性的陈述申辩意见。所以，南京市环保局作出的103号处罚决定，认定事实的主要证据不足，应予撤销。

3. 本案中的具体解决。

从否定说和肯定说的观点来看，双方的裁判都存在一定的依据。否定说更多的是一种实在法的依据，即在公法权利和公权力义务方面，必须要有明确的法律依据。没有法律依据，就很难得到法院的支持。而肯定说则更多的是从法律目的解释方面来加以论证的。即现代行政法对于权利保障越来越重视、范围越来越广，功能越来越全面。例如，在最高人民法院指导案例6号“黄泽富、何伯琼、何熠诉四川省成都市金堂工商行政管理局行政处罚案”中，最高人民法院认为，虽然《行政处罚法》没有明确列举“没收财产”要进行听证，但为了保证行政相对人充分行使陈述权和申辩权，保障行政处罚决定的合法性和合理性，对没收较大数额财产的行政处罚，也应当根据《行政处罚法》①第42条的规定适用听证程序。这就是通过指导案例来扩大行政处罚听证范围，体现了权利保障原则。与此指导案例原理相似的是，虽然相对人要求行政机关提供监测报告的主张没有明确的法律依据，但由于这一主张对于保障相对人的权利，如知情权、参与权、抗辩权等方面，具有重要的价值，因此，根据法律目的来对告知范围加以扩大，是非常必要的。从知情权的角度看，只有保障公民充分的知情权，才能有效地制约行政权，防止行政机关滥用自由裁量权，从而真正意义上保障相对人的权利。

本案中，由于监测报告直接关系到企业的真正权利，企业可以通过监测报告来发现存在的违法之处，从而进行有效的抗辩，监测报告具有较强的技术性，涉及

① 此处的《行政处罚法》为1996年《行政处罚法》。

监测的方法、资质、程序等具体的问题,不是一个结论就可以发现问题的。如果企业无法了解到具体的监测报告内容,就无法进行有效的陈述、申辩与救济,不能实现权利保障的原则。所以,要求行政机关向行政相对人提交相关的监测报告更加有利于保障相对人的权利,今后生态环境部门应在不影响效率与一些监测秘密的前提下,尽量向相对人送达监测报告这样的关键性证据。

第三部分

处罚程序篇

案例 13

行政程序轻微违法可确认违法不撤销

——T 公司请求撤销行政处罚案[①]

【裁判要旨】

行政决定超过法定期限属于程序违法，一般情况下法院可以判决撤销或者部分撤销，并可以判决被告重新作出行政行为。但行政行为程序轻微违法，对原告权利不产生实际影响的，法院可以判决确认违法，但不撤销行政行为。

【基本案情】

T 公司是依法经营污水处理技术开发、承接城市污水处理的公司。2018 年 10 月 29 日，Q 市环境保护监测站的工作人员对 T 公司进行监督性监测。同年 11 月 6 日，Q 市环境保护监测站作出《监测报告》，认定 T 公司废水排放口中总氮超标 0.13 倍；11 月 7 日，Q 市生态环境局决定对 T 公司涉嫌超标排放污染物的行为立案调查；11 月 9 日，Q 市生态环境局作出《环境违法案件调查报告》，认为 T 公司存在“排放水污染物超过国家或者地方规定的水污染物排放标准”的违法行为。

2018 年 11 月 12 日，Q 市生态环境局作出《责令改正违法行为决定书》，责令 T 公司自收到决定书之日起立即停止超标排放污染物的行为。2019 年 2 月 21 日，Q 市生态环境局向 T 公司作出并送达《行政处罚听证告知书》，告知 T 公司有提出陈述、申辩和听证的权利。2019 年 2 月 22 日，T 公司提交陈述申

① 二审：广东省肇庆市中级人民法院（2020）粤 12 行终 80 号行政判决书。
一审：广东省肇庆市鼎湖区人民法院（2019）粤 1203 行初 297 号行政判决书。

辩意见。2019年4月15日,Q市生态环境局作出《行政处罚决定书》,对T公司处以25万元的罚款。T公司于同年5月17日向Q市政府申请行政复议,Q市政府维持Q市生态环境局的行政处罚决定,并于7月15日将行政复议决定书邮寄送达给T公司。T公司不服行政复议决定,向法院提起行政诉讼。

法院认为,Q市生态环境局超期且未能作出合理解释与说明,故认定行政行为违法,鉴于对T公司不产生实质损害,故确定《行政处罚决定书》违法,但不予撤销。

【法理分析】

我国大部分行政法律规范都为行政过程设定了时限,如《行政许可法》对许可期限的规定,《行政处罚法》对行政处罚期限的规定。法律给行政机关规定了行政处罚的时限,目的就在于督促行政机关及时地处理行政事务,提高行政行为的质量和效率,保护行政相对人的权益,避免行政相对人的权利长时间地处在不确定的状态。

1. 关于行政处罚的期限规定。

《环境行政处罚办法》第2条规定:"公民、法人或者其他组织违反环境保护法律、法规或者规章规定,应当给予环境行政处罚的,应当依照《中华人民共和国行政处罚法》和本办法规定的程序实施。"第55条规定:"环境保护行政处罚案件应当自立案之日起的3个月内作出处理决定。案件办理过程中听证、公告、监测、鉴定、送达等时间不计入期限。"《行政处罚法》第60条规定:"行政机关应当自行政处罚案件立案之日起九十日内作出行政处罚决定。法律、法规、规章另有规定的,从其规定。"根据上位法的原则,环境行政处罚应遵守《行政处罚法》中关于期限的规定。

2. 超过法定期限行为的违法性质。

在应申请行政行为中,超过法定期限往往会构成不履行法定职责,属于行政不作为违法。而在行政处罚这样的依职权行政行为中,超过法定期限则更多地属于程序违法。行政程序是行政主体作出具体行政行为时应遵守的条件、方式、步骤等规范的总称。"没有程序保障的地方,不会有真正的权利保障",行政法治包括行政实体法治与行政程序法治两个向度,行政实体法治离不开行政程序法治,行政程序法治是实现行政实体法治重要保障。行政行为必须依据行政程序作出，才能控制行政裁量权，实现行政法治，保障相对人的权益，提高行政效率。

行政程序具有不同的内容，而程序违法也具有不同的形式，主要体现为不遵守法定程序和不遵守正当程序。不遵守法定程序指的是步骤的跳跃、方式的偏差和时空的错位等方面。例如，先裁决、后取证，未告知相对人陈述申辩的权利，应听证而未听证，未告知相对人救济的权利，超出法定期限等。这些违反法定程序的行为，其违法性质也是存在差异的。有的属于重大而明显的违法，即无效行政行为；有的属于一般性违法，即违法（可撤销）行政行为；有的属于明显而轻微的违法，即可补正的行政行为。其判断的标准，主要是看对相对人权利产生影响的程度。

3. 超过法定期限的法律后果。

根据行政合法性原则，行政行为程序违法，也应承担法律责任。《行政诉讼法》第 70 条规定："行政行为有下列情形之一的，人民法院判决撤销或者部分撤销，并可以判决被告重新作出行政行为：（一）主要证据不足的；（二）适用法律、法规错误的；（三）违反法定程序的；（四）超越职权的；（五）滥用职权的；（六）明显不当的。"如果仅仅根据《行政诉讼法》这一条的规定，那么超过法定期限的行政处罚行为也应被撤销或者部分撤销。但如前所述，由于行政程序违法具有不同的情形，而且对相对人的影响也不相同，因此对待行政程序违法，并不一定是撤销。这有两个方面的原因：一是考虑到"重实体，轻程序"观念、社会人员守法意识和执法人员业务素质现状、职业责任感等方面的影响，实践中，人民法院或复议机关在审查具体行政处罚案件时，针对程序违法，并不是一概加以撤销，而是根据违法行为的性质、对相对人的影响等来加以综合判断。二是根据《行政诉讼法》和相关司法解释的规定，对于因程序违法而被撤销的行政行为，行政机关可以基于相同的事实和依据来作出与原具体行政行为相同的行为。因此，因程序违法而作出撤销的复议或者判决，对相对人的实质性权益的救济功能较弱。

因此，对于程序违法，法院的做法是根据程序违法的程度和对相对人权益的影响来认定是重大而明显的违法、一般违法还是明显轻微的违法，并作出不同的判决形式。如果程序轻微违法的，也一律判决撤销行政行为，会给社会和公共利益带来不良影响。《行政诉讼法》第 74 条第 1 款规定："行政行为有下列情形之一的，人民法院判决确认违法，但不撤销行政行为：（一）行政行为依法应当撤销，但撤销会给国家利益、社会公共利益造成重大损害的；(二)行政行为程序轻微违法，但对原告权利不产生实际影响的。”《最高人民法院关于适用〈中华人民共和国行政诉讼法〉的解释》第 96 条规定：“有下列情形之一，且对原告依法享有的听证、陈述、申辩等重要程序性权利不产生实质损害的，属于行政诉讼法第七十四条第一款第二项规定的‘程序轻微违法’：(一)处理期限轻微违法；(二)通知、送达等程序轻微违法；(三)其他程序轻微违法的情形。”根据以上规定，对于轻微违法，就可以采取灵活的态度，维持其效力，这也符合当前我国行政权运作的实际情况。至于如本案中的行政处罚超过法定期限，由于行政处罚的期限主要是对行政机关工作效率的要求，并不是出于对相对人权利的保护，因此这一类型的违法属于轻微的违法。例如，在“孙某焕与北京市昌平区安全生产监督管理局再审审查与审判监督行政裁定书”[(2019)京行申 430 号]中，二审法院和再审法院都认为，虽然被诉处罚决定程序超期，但对被处罚人的权利不产生实际影响。所以，行政处罚决定程序超期，但依法不影响该处罚决定的效力。

本案中，Q 市生态环境局于 2018 年 11 月 7 日立案调查 T 公司超标排放污染物的违法行为，但直到 2019 年 4 月 15 日才作出案涉《行政处罚决定书》，超过法定期限 67 天，Q 市生态环境局未对其超过期限行为作出处罚决定作合理的解释和说明，且 Q 市生态环境局也未申请过延长办理期限，故 Q 市生态环境局作出的处罚决定超过法定的期限。但在本案中，Q 市生态环境局在作出处罚决定前向 T 公司作出并送达《行政处罚听证告知书》，告知 T 公司提出陈述、申辩和听证的权利，并且进行两次重大行政处罚案件审议会，对 T 公司予以行政处罚的意见进行讨论。

可见，Q 市生态环境局的行为虽然超过法定期限，但保障了相对人的程序性权利，其他方面也符合处罚程序的要求。Q 市生态环境局超过法定办理期限作出决定的行为，没有对 T 公司的权利产生影响，对 T 公司依法享有的听证、陈述、申辩等重要程序性权利不产生实质损害，且其作出的行政处罚决定事实清楚、证据充分，适用法律法规证据、处理恰当。所以，二审法院没有撤销原处罚决定，而是确认其作出的行政处罚决定违法。

案例 14

行政处罚程序中"集体讨论"的适用情形

——C 包装材料公司违法排污行政处罚案[①]

【裁判要旨】

集体讨论决定程序的适用范围和条件法律并未明确规定,执法实践中,应当通过把握地方同类环境违法行为的严重程度、危害结果、拟处罚措施等因素,综合确定集体讨论程序的应用范围,既不无限度地扩大该程序的启动适用,造成行政资源的浪费,也不无原则简略,损害相对人的合法权益。

【基本案情】

2013 年 5 月 14 日,C 包装材料公司获得《建设项目环境影响审查批复》,该批复载明:同意 C 包装材料公司开办的申请。同时对该项目要求如下:"(1)该项目主要从事纸塑的生产与加工。主要生产工艺包括废纸、碎浆、真空成型、自然晾干、热压整形、包装。如有改变性质、规模、经营内容或建设地址须另行申报……"

2018 年 2 月 12 日,Y 区生态环境和水务局执法人员现场检查发现:C 包装材料公司生产过程中有废水产生且经雨水沟流出厂外,即在雨水沟厂界围墙外排口处采取水样进行监测,并当场制作了《现场检查(勘查)笔录》。C 包装材料公司工作人员向执法人员陈述,公司主要从事环保型纸托生产加工,无环保批文,除了确认生产过程有废水产生,压膜机产生的生产废水经雨水沟流

---

① 二审:广东省深圳市中级人民法院(2019)粤 03 行终 223 号行政判决书。
一审:广东省深圳市盐田区人民法院(2018)粤 0308 行初 1439 号行政判决书。

出厂外，另确认执法人员在雨水沟和厂界围墙的外排口采样的过程。同日，Y区生态环境和水务局作出《责令改正违法行为决定书》，要求C包装材料公司停止无证排污的行为。

2018年3月6日，Y区环境监测站出具《监测报告》，载明C包装材料公司排放废水中悬浮物和化学需氧量监测结果分别为6900mg/L、7330mg/L。

2018年3月21日，Y区生态环境和水务局作出《行政处罚告知书》，告知C包装材料公司拟对其处以180,000元的罚款，并告知其有陈述、申辩和要求听证的权利，并于2018年3月28日留置送达给C包装材料公司。C包装材料公司逾期未提出听证申请。

2018年4月18日，Y区生态环境和水务局经内部呈批后于次日作出《行政处罚决定书》，认定C包装材料公司存在未申领排污许可证，生产过程中有废水产生，压膜机产生的废水经雨水沟流出厂外等行为。《监测报告》显示C包装材料公司排放废水中悬浮物监测结果为6900mg/L，超标68倍，化学需氧量检测结果为7330mg/L，超标55.4倍，超过了DB 44/26－2001二级标准，属于违法超标排放废水的违法行为。Y区生态环境和水务局决定对C包装材料公司处以180,000元的罚款。

C包装材料公司不服处罚决定提起诉讼，请求撤销处罚决定。一审法院以Y区生态环境和水务局未提交证据证明其作出被诉行政处罚决定经过负责人集体讨论，应承担举证不能的法律后果，判决撤销处罚决定，责令重新作出处理。Y区生态环境和水务局不服提出上诉，二审法院认为，案涉行政处罚认定违法事实证据确凿，适用法律法规正确，且已充分保障当事人陈述申辩和申请听证等程序性权利，有无经过集体审议问题主要涉及行政机关的内部管理流程，不影响对行政最为核心要素即合法性的判断，无撤销重作造成行政程序空转之必要，遂判决撤销一审判决，驳回C包装材料公司诉请。

【法理分析】

《行政处罚法》第57条第2款规定："对情节复杂或者重大违法行为给予行政处罚，行政机关负责人应当集体讨论决定。"这是法律对行政处罚集体讨论程序的原则规定，也是对行政处罚的程序要求。违反该规定而作出的行政处罚，可能因违反法定程序而被依法撤销。相较于2018年1月1日起施行的《行政处罚法》第38条第2款“对情节复杂或者重大违法行为给予较重的行政处罚,行政机关的负责人应当集体讨论决定”的规定,《行政处罚法》删去了“较重”,将原来集体讨论决定的适用范围由“情节复杂”“重大违法”“较重处罚”修正为“情节复杂”“重大违法”。对于立法者而言,即便给予的行政处罚较轻,只要符合“情节复杂”“重大违法”,也要进行集体讨论决定,体现了执法者审慎的态度。关于行政处罚中须经集体讨论决定的案件的具体类型和范围,有关环境保护的法律、法规或规章均未明确界定。

《环境行政处罚办法》作为环境处罚规章,对环境执法部门进行环境行政处罚作出具体的规定,该办法第52条规定:“案情复杂或者对重大违法行为给予较重的行政处罚,环境保护主管部门负责人应当集体审议决定。集体审议过程应当予以记录。”上述规定亦未细化集体讨论程序的适用范围和条件。《市场监督管理行政处罚程序规定》第60条第2款规定:“对本规定第五十条第一款规定的案件,拟给予行政处罚的,应当由市场监督管理部门负责人集体讨论决定。”而第50条第1款也规定:“对情节复杂或者重大违法行为给予行政处罚的下列案件,在市场监督管理部门负责人作出行政处罚的决定之前,应当由从事行政处罚决定法制审核的人员进行法制审核;未经法制审核或者审核未通过的,不得作出决定:(一)涉及重大公共利益的;(二)直接关系当事人或者第三人重大权益,经过听证程序的;(三)案件情况疑难复杂、涉及多个法律关系的;(四)法律、法规规定应当进行法制审核的其他情形。”该规定亦未明确何为“案件情况疑难复杂”的情形。

各地环境执法行政机关在执法过程中,因地域、经济发展水平、环境企业规模等差异,实践中对于“情节复杂或者重大违法行为给予行政处罚”的掌握标准不一。为充分保障行政相对人的合法权益,在对存在环境违法行为的企业作出处罚决定时,是否系“情节复杂或者重大违法行为给予行政处罚”,若地方性法规、规章未作出明确规定,执法过程中,可以从以下角度进行衡量:环境污染、生态破坏程度及社会影响,给地域环境造成的损害程度,作为判断重大违法行为的参照标准,法律、法规、规章关于罚款和没收达到听证标准的限额,作为判断情节复杂或者重大违法行为的标准。当然,在具体的行政执法过程中,需要考量的因素较多,还涉及行政执法力量是否充足,处罚结果对企业生存发展有无根本性影响等因素,执法机关在具体执法案件中均可考量,综合平衡。

关于行政机关负责人集体讨论程序在行政委托执法时如何适用，能否全部委托给受委托的组织是集体讨论程序的难点。一种观点认为，行政机关内部集体讨论程序不属于禁止委托授权的内容，行政委托除涉及公权力外与一般的民事委托并无不同，产生的法律后果应无异。由受托的组织履行负责人集体讨论决定程序符合执法实践及行政效率原则，也是行政委托制度的最终目的所在，且行政委托机关对受托组织负有监督义务，故对行政相对人的权益并不产生实质不利影响。法律法规或者其他规范性文件并未规定部分委托，即受托机关作出行政处罚决定时，由委托机关负责人集体讨论决定。另一种观点认为，行政委托是公权力的委托，应当严格规范。行政机关的职能不能全部委托，否则行政机关就失去自身存在的意义。《行政处罚法》规定的“行政机关负责人应当集体讨论决定”属于法律保留范围，适用该程序的目的是更好地规范执法行为，保障相对人合法权益，不属于能委托的范畴。受托组织负责人集体讨论决定与上位法相抵触，应为无效。行政机关据此作出行政处罚决定，程序违法。笔者倾向于第一种观点。《行政处罚法》第 19 ~ 21 条规定了行政处罚的授权、行政处罚的委托及受委托组织的条件。委托行政机关和受委托组织签订的委托书应当向社会公布并接受监督，委托书应当载明委托的具体事项、权限、期限等内容。受委托组织在委托范围内，以委托行政机关名义实施行政处罚且不得再委托。行政处罚权是一种法定职权，除符合法定条件外，不可随意转让。受委托的组织也必须符合法定的条件。部分委托会造成行政效率低下、权责不一致、执法权错位等现象，对相对人的合法权益保障不利。

对于案件是否重大复杂、是否需要经过集体讨论决定的问题，在法律、法规和规章规定不明确且当事人提出陈述申辩、申请听证的权利已得到充分保障的情况下，行政机关应在合理分配有限执法资源的基础上，根据执法实践和案件具体情况，对具体案件提交负责人集体讨论的必要性进行评估和判断。

第四部分

事实认定篇

案例 15

认定为"不正常运行"不能仅以环评为依据

——J 公司不正常运行大气污染防治设施案[①]

【裁判要旨】

排污单位的大气污染物处理设施应保持正常运行,企业不得以环评文件未要求安装该污染防治设施,而当然地否认其有正常运行该设施的法定义务。如果企业擅自停止运行污染防治设施,应承担相应的法律责任。

【基本案情】

2018 年 8 月 4 日,Q 县环境保护局(以下简称 Q 县环保局)执法检查组对 J 木业有限公司(以下简称 J 公司)进行现场检查,发现该公司喷漆房在正常生产,但喷漆废气吸收塔风机未运行。经立案、组织听证等程序,Q 县环保局对 J 公司作出责令改正并处罚款人民币 10.9 万元的处罚。

J 公司不服提起行政诉讼。一审法院认为,J 公司"风机未运行"属实,但据此无法得出其"不正常运行大气污染防治设施等逃避监管的方式排放大气污染物"的结论,故判决撤销 Q 县环保局作出的处罚决定。Q 县环保局不服提起上诉。二审法院认为,环评公司于 2013 年 4 月给 J 公司出具的《建设项目环境影响报告表》第 10 页有明确表述,从 J 公司 2017 年 3 月 13 日出具的《VOCs 治理工程验收报告》和 F 监测技术有限公司 2016 年 12 月 25 日出具的《检测

---

① 再审:浙江省高级人民法院(2019)浙行申 1111 号行政裁定书。
二审:浙江省丽水市中级人民法院(2019)浙 11 行终 79 号行政判决书。
一审:浙江省丽水市莲都区人民法院(2018)浙 1102 行初 76 号行政判决书。

报告》中也可得出，喷漆废气吸收塔风机正常运行是喷漆废气治理中重要一环，必不可缺，J公司的行为可以认定为不正常运行，故改判驳回J公司的诉请。

J公司向Z省高级人民法院申请再审，认为从技术规范看塔风机暂时停运不是“不正常运行污染防治设备”。根据J公司自行制定的《VOC废气处理设备操作规程》第四条第二项注意事项规定，“风机根据实际生产情况，可间歇性运行，在喷房未工作时应及时关闭”，即风机在喷房工作时允许间歇性关闭，且风机并非属于环评要求安装的设备，不应认定为“不正常运行”。Z省高级人民法院认为，关于J公司认为案涉风机不是环评文件中的风机，J公司没有运行的义务问题。根据2016年7月12日L市人民政府发布的《L市涉气重点区域和重点企业专项整治方案》，其中J公司作为重点企业在整治范围内，要求在2016年年底安装废气治理设备。为此，J公司着手实施VOCs治理工程，安装了案涉VOCs治理设备，并于2016年12月安装调试完成，于2017年3月14日通过治理工程验收。还由此获得了Q县环保局发放的VOC治理补助。由上述事实可知，案涉VOC治理设备虽不是J公司环评要求的污染防治设施，但属政府专项整治中要求安装的废气治理设备，J公司也因此获得了政府补助，故J公司申请再审称案涉VOC治理设备完全系其自行自主安装，其并无运行义务，与事实不符。因案涉VOC治理设备属于政府整治要求加装的废气治理设备，而在环保现场检查时J公司确未运行其中的塔风机，故Q县环保局认定J公司存在“不正常运行污染防治设施”的行为，有相应依据。关于根据Q县环保局对J公司有关工作人员做的调查询问笔录，有关人员陈述因具体负责喷淋塔运行管理的车间主任和机修组长请假而导致风机没有运行，说明当时风机不是因生产实际情况间歇性运行的问题，J公司称有关工作人员非实际负责人不了解情况，但未提交足以反驳的证据，何况有关工作人员的陈述可相互印证，应予采信。因此，即便按照J公司自行制定的《VOC废气处理设备操作规程》，VOC废气处理设备的运行亦不符合要求。故依法裁定驳回J公司的再审申请。

【法理分析】

本案涉及对《大气污染防治法》第20条中以"不正常运行大气污染防治设施"作为逃避监管的方式排放大气污染物的行为的理解。该行为的违法性以运行大气污染防治设施的法定强制性义务为前提条件，如果某一设备不属于必须安装和运行的污染防治设施，则不运行或不正常运行的行为本身并不必然导致违法。所以，本案应从以下两方面进行分析：一是企业是否有安装相应设施的义务；二是企业停止运行相关设施是否构成违法。

第一，企业是否具有安装涉案治理设备的义务。对于生产经营企业，至少在两个不同的阶段、基于不同的法律关系涉及防止污染设施。一是在建设过程中，基于环境影响评价的要求，应按照"三同时"的要求建设防治污染设施；二是在企业已经建设完成并开展生产过程中，因为法律的修改或者是地方人民政府的政策要求，而装配/备相关污染防治设备。这两者并不必然能够相互替代。环评中未要求安装的防治污染设施，并不意味着在以后的生产经营中就必然没有安装运行防治污染设施的义务。

根据《环境保护法》《建设项目环境保护管理条例》等法律法规的规定，建设项目中防治污染的设施，必须与主体工程同时设计、同时施工、同时投产使用。防治污染的设施必须经原审批环境影响报告书的环境保护行政主管部门验收合格后，该建设项目方可投入生产或者使用。而在生产经营过程中，也会基于法律的修改或者是地方人民政府提高环境保护政策的要求，企业改造等原因而产生新的义务。

具体到《大气污染防治法》，该法第20条规定："企业事业单位和其他生产经营者向大气排放污染物的，应当依照法律法规和国务院生态环境主管部门的规定设置大气污染物排放口。禁止通过偷排、篡改或者伪造监测数据、以逃避现场检查为目的的临时停产、非紧急情况下开启应急排放通道、不正常运行大气污染防治设施等逃避监管的方式排放大气污染物。"这里的"设置大气污染物排放口"并不限于环境影响评价阶段的要求，也可能发生在项目建设完成、验收通过后。在企业的生产经营过程中，基于法律规范的要求和地方人民政府环境政策的要求，相关企业应当设置大气污染物排放口并保持正常运行。本案中，2016年7月12日，L市人民政府发布了《L市涉气重点区域和重点企业专项整治方案》，其中J公司作为重点企业在整治范围内。根据L市人民政府的政策要求，J公司应在2016

年年底安装废气治理设备，并且由当地环保部门给予其相应的补贴。一方面，从环境治理的角度看，地方人民政府对本辖区的环境质量负责，其有权依据法律和政策的规定，制定相应的环境政策。对于这种政策，只要其不违反法律的禁止性规定，就具有法律效力，该辖区的企业具有遵守的义务。另一方面，由于政府也对企业安装治理设备的行为给予了补贴，此时双方之间具有了行政协议的性质，企业也应遵守行政协议的内容。从这两个方面来看，对于行政处罚中所涉及的风机设备，尽管不属于环评文件中的设备，但其仍有正常运行该设备的法定或者协定的义务。企业以该设备不属于环评文件中列明的设备，认为其没有相应义务，该理由是不成立的。

第二，企业未运行这一设施没有造成后果，是否构成了违法。在本案中，根据有关人员的陈述，该设备没有运行是因具体负责人员请假而导致，不属于因生产实际情况的间歇性运行，风机暂时停运不构成“不正常运行污染防治设施”，且 Q 县环保局并未证明其因此而造成了违法排污。因此，Q 县环保局的行为是违法的。这涉及对于未依法运行环境治理设备的违法行为是否以造成违法后果为处罚的条件。

公安部、原环境保护部、原农业部等出台的《行政主管部门移送适用行政拘留环境违法案件暂行办法》第 7 条规定：“《环境保护法》第六十三条第三项规定的通过不正常运行防治污染设施等逃避监管的方式违法排放污染物，包括以下情形：（一）将部分或全部污染物不经过处理设施，直接排放的；（二）非紧急情况下开启污染物处理设施的应急排放阀门，将部分或者全部污染物直接排放的；（三）将未经处理的污染物从污染物处理设施的中间工序引出直接排放的；（四）在生产经营或者作业过程中，停止运行污染物处理设施的；（五）违反操作规程使用污染物处理设施，致使处理设施不能正常发挥处理作用的；（六）污染物处理设施发生故障后，排污单位不及时或者不按规程进行检查和维修，致使处理设施不能正常发挥处理作用的；（七）其他不正常运行污染防治设施的情形。”而这七种情形中，并没有要求“不正常运行污染防治设施”须以导致相应后果为前提，所以不正常运行污染防治设施的行为都是行为犯，无论其行为的结果是否造成超标排放、是否造成超总量排放。正如 Z 省高级人民法院在《再审裁定书》中对此所论述的，“不正常运行污染防治设施”并不以导致相应后果为前提，并无有污染物直排或者污染防治设施不能正常发挥作用的结果要求。所以，J 公司停止运行治理设备的行为，即使没有造成损害环境的后果,也应承担相应的法律责任。

综上所述,J 公司的行为属于《大气污染防治法》第 12 条中通过“不正常运行大气污染防治设施”的方式逃避监管,依据此条款对其进行处罚合乎法律规定。

案例 16

建设项目总投资额变更的可以以变更后的金额作为处罚基准

——D 公司建设项目总投资额变更案[①]

【裁判要旨】

对实行备案制管理的企业投资项目,可以根据备案的项目总投资额认定。项目总投资额经法定程序变更的,可以以变更后的总投资额作为处罚基数。

【基本案情】

X 项目位于 S 市,是 S 市委市政府重点推进项目,由 D 公司建设。项目占地 133 亩,建设内容包括 3 栋游客中心、1 栋行政管理中心、1 栋港口调度中心、1 栋宿舍仓库楼、1 栋船舶维修办公楼及整体地下室,备案日期为 2019 年 1 月 22 日,备案总投资金额为 35,000 万元。2018 年 9 月,D 公司在未依法报批建设项目环境影响报告书、报告表手续的情况下擅自开工建设。

2019 年 1 月 2 日,S 市生态环境局向 S 市 T 区人民政府发送了《关于 X 项目疑似违法的移送函》。2019 年 1 月 15 日,T 区生态环境局对 X 项目现场检查并于 1 月 21 日作出《责令停止建设决定书》,同日发出《环境监察通知书》。2019 年 1 月 24 日,D 公司接受询问调查,未提供环境影响评价审批资料。2019 年 2 月 27 日,T 区生态环境局向 T 区发展和改革局函询 X 项目的投资备案情况,获悉该项目备案总投资额为 35,000 万元。T 区生态环境局经集体讨

① 一审:海南省三亚市城郊人民法院(2019)琼 0271 行初 273 号行政判决书。

论，于2019年4月17日向D公司作出《行政处罚事先(听证)告知书》。2019年4月25日，T区生态环境局对D公司作出《行政处罚决定书》，责令D公司停止建设，并对D公司处建设项目总投资额2%即700万元的罚款。

2019年7月3日，D公司向T区发展和改革局申请将X项目的总投资额变更为15,000万元，并经批准备案，取得了备案证明。

2019年10月16日，D公司向法院起诉，请求依法撤销处罚决定。法院认为，处罚决定认定事实清楚，证据确凿充分，适用法律正确，程序合法，鉴于项目总投资额发生变化，根据过错与处罚相适应的原则，将罚款由700万元变更为300万元。

【法理分析】

《企业投资项目核准和备案管理条例》第3条第1款中规定，"对关系国家安全、涉及全国重大生产力布局、战略性资源开发和重大公共利益等项目，实行核准管理。具体项目范围以及核准机关、核准权限依照政府核准的投资项目目录执行"；第13条第1款规定，"实行备案管理的项目，企业应当在开工建设前通过在线平台将下列信息告知备案机关：……(三)项目总投资额"。上述规定明确了备案的范围及内容，其中项目总投资额属于重要的备案信息。《环境影响评价法》第31条第1款规定："建设单位未依法报批建设项目环境影响报告书、报告表，或者未依照本法第二十四条的规定重新报批或者报请重新审核环境影响报告书、报告表，擅自开工建设的，由县级以上生态环境主管部门责令停止建设，根据违法情节和危害后果，处建设项目总投资额百分之一以上百分之五以下的罚款，并可以责令恢复原状；对建设单位直接负责的主管人员和其他直接责任人员，依法给予行政处分。"本条规定自2016年7月2日第一次修正后，关于"建设项目总投资额的认定"，尤其是对于不同管理形式的建设项目的总投资额认定、建设过程中实际投资额与备案投资额存在明显差异的情况、分期建设项目的总投资额如何认定等问题，均存在争议。为落实该条规定，生态环境部、国家发展和改革委员会于2018年8月联合出台《关于生态环境执法中建设项目"总投资额"认定问题的指导意见(试行)》，对于"建设项目总投资额"这一概念作明确界定。其中第3条规定，"对实行备案制管理的企业投资项目，可以根据备案的项目总投资额认定"；第5条规定,“对正在建设过程中的建设项目,不能根据建设项目在建设过程中实际发生的投资额认定该建设项目总投资额”。对于分期建设项目的投资额认定问题,生态环境部在2019年4月1日对河南省生态环境厅《关于建设项目总投资额认定有关意见的复函》中作了明确规定。建设项目在发展改革部门按一个建设项目进行核准、备案,但实际分期建设的,对项目开工前已取得核准、备案文件,且核准、备案文件中明确说明该项目是分期建设的,可以依据《关于生态环境执法中建设项目“总投资额”认定问题的指导意见(试行)》,以当期工程总投资额作为处罚依据;对项目核准、备案文件中未明确该项目是分期建设的,应当以发展改革部门核准、备案的建设项目总投资额作为处罚依据。建设项目基本建成但未全部建成,尚未投入生产或者使用的,属于仍处于建设过程中,应当依据《关于生态环境执法中建设项目“总投资额”认定问题的指导意见(试行)》第5条、第6条的规定,认定其总投资额。实践中,当建设项目实际投资与备案文件不一致时,生态环境部门可以委托第三方评估或通过询价方式确定。当事人也可以提出评估申请或提供第三方机构的评估意见,供生态环境主管部门审核,评估的期限不计入办案期限。若建设项目未备案,生态环境主管部门应当责令立即停止建设或生产,及时消除环境影响,待依法完成建设项目备案后启动立案处罚程序,并依据上述情况认定其总投资额。除上述确定方式外,当事人对项目总投资额自认,生态环境主管部门结合其他相关证据能佐证的,亦可根据当事人自认的总投资额来认定。

《行政处罚法》第5条第2款及第6条明确了过罚相当及处罚与教育相结合的原则,即在保证行政管理目标实现的同时,兼顾保护行政相对人的合法权益,行政处罚以达到行政执法目的和目标为限。最高人民法院于2012年2月28日发布《关于在审判执行工作中切实规范自由裁量权行使保障法律统一适用的指导意见》,对自由裁量权行使的条件进行了明确。该意见第2条规定:“……(一)法律规定由人民法院根据案件具体情况进行裁量的;(二)法律规定由人民法院从几种法定情形中选择其一进行裁量,或者在法定的范围、幅度内进行裁量的;(三)根据案件具体情况需要对法律精神、规则或者条文进行阐释的;(四)根据案件具体情况需要对证据规则进行阐释或者对案件涉及的争议事实进行裁量认定的;(五)根据案件具体情况需要行使自由裁量权的其他情形。”该意见第6条指出,行使自由裁量权,要结合立法宗旨和立法原意、法律原则、国家政策、司法政策等因素,综合运用各种解释方法,对法律条文作出最能实现社会公平正义、最具现实合理性的解释。

本案中,X 项目为实行备案制管理的企业投资项目,应以备案的总投资额认定。D 公司认为"涉案正在建设项目"只是"3 栋游客中心项目",预算总投资额为 5064 万元,但其未提供证据证明备案文件中明确说明该项目是分期建设,T 区生态环境局以备案总投资金额 35,000 万元为基数作出处罚,并无不当。行政处罚决定作出后,D 公司在向法院起诉前,经法定程序申请将 X 项目备案总投资额变更为 15,000 万元。如果仍以变更前备案的总投资额 35,000 万元为处罚基数,则对于 D 公司而言有失公允且有违过罚相当原则。人民法院结合立法宗旨和立法原意、法律原则、国家政策(优化营商环境等)作出变更,既体现了司法权对行政权的监督制约、维护支持,又体现了对相对人合法权益的充分保障。

案例 17

建设项目环境影响评价应有公众参与并公示

——D 公司建设项目环评批复案①

【裁判要旨】

国家鼓励公众参与环境影响评价,环境保护行政主管部门在受理、审批建设项目环境影响评价报告书时,应采用便于公众知悉的方式,向公众公开环境影响报告书受理和审批的有关信息,并依照相关规定对建设项目公众参与工作进行审查。

【基本案情】

2016 年 2 月 23 日,D 公司委托 T 公司承担轨道交通 11 号线某段工程的环境影响评价报告的编制工作,T 公司具有生态环境部颁发的《建设项目环境影响评价资质证书》。2016 年 3 月 2 日,D 公司通过 W 晨报和 W 市环境保护局官方网站对轨道交通 11 号线二期工程环境影响评价进行了第一次公示,公示信息包含项目名称、工程概要、建设单位、联系人和联系方式。2016 年 7 月 18 日,D 公司通过 W 晨报、H 省生态环境厅官方网站对轨道交通 11 号线二期工程环境影响评价进行了第二次公示,向公众公告项目环境影响报告书简本并征求公众意见,公众可在 H 省生态环境厅和 T 公司的网站查阅详细信息公告及报告书简本。后 D 公司通过问卷调查、团体意见征询等方式征求涉案工程周边公众意见。

① 二审:湖北省武汉市中级人民法院(2019)鄂 01 行终 307 号行政判决书。
一审:湖北省武汉市洪山区人民法院(2018)鄂 0111 行初 105 号行政判决书。

2017年12月1日，D公司向H省生态环境厅申请报批环境影响报告书。2017年12月20日，H省环境工程评估中心经专家组讨论，向H省生态环境厅作出《评估报告》，评估结论为涉案项目环境影响报告书具备审批条件。2018年1月22日，H省生态环境厅受理涉案建设项目环境影响报告书，并在H省投资项目在线审批平台进行拟批准公示。2018年2月13日，H省生态环境厅作出批复，并于3月2日在省投资项目在线审批平台予以公示。

Z小区第二届业委会以H省生态环境厅未依法审查案涉建设项目公众参与工作且公示程序违法等理由，向生态环境部申请行政复议，要求撤销H省生态环境厅作出的案涉环评批复。2018年7月28日，生态环境部维持了H省生态环境厅作出的环评批复行为。Z小区第二届业委会不服提起诉讼，请求撤销H省生态环境厅作出的批复。一、二审法院均认定，H省生态环境厅依照《环境影响评价法》《环境影响评价公众参与暂行办法》①相关规定对涉案建设项目公众参与工作进行了审查，并未发现不符合法定要求之处，H省生态环境厅通过H省投资项目在线审批平台公示建设项目的受理、审批信息，并无不妥。

【法理分析】

环境影响评价中的公众参与是建设单位、评价单位同公众之间的一种双向交流。公众参与是环境影响评价中的一项重要工作，公众参与调查，一方面可使项目当地周围公众充分了解工程建设内容，充分发挥公众监督作用，激励公众参与环境管理的热情，从而促进工程被公众充分接受和认可；另一方面可促使决策者在工程建设时充分兼顾公众的利益和要求，减少盲目性，使工程项目更完善更合理，有助于提高项目的环境和经济效益。实行公众参与不仅是环境影响评价的要求，也是我国现阶段民主进程和构建和谐社会的要求。

国家鼓励公众参与环境影响评价，建设项目环境影响评价公众参与相关信息应当依法公开，但涉及国家秘密、商业秘密、个人隐私的除外。《环境影响评价法》

---

① 《环境影响评价公众参与暂行办法》自《环境影响评价公众参与办法》2019年1月1日施行之日起废止。——编者注

《规划环境影响评价条例》《建设项目环境保护管理条例》《环境影响评价公众参与办法》等均有对环评项目公众参与的相关规定。《环境影响评价法》第 21 条规定："除国家规定需要保密的情形外，对环境可能造成重大影响、应当编制环境影响报告书的建设项目，建设单位应当在报批建设项目环境影响报告书前，举行论证会、听证会，或者采取其他形式，征求有关单位、专家和公众的意见。建设单位报批的环境影响报告书应当附具对有关单位、专家和公众的意见采纳或者不采纳的说明。"2006 年 3 月 18 日起施行的《环境影响评价公众参与暂行办法》(已废止)是我国首部关于公众参与的规范性文件，为公众参与环评项目提供了具体的指导依据。该办法自施行以来，环境影响评价公众参与全面开展，极大调动了公众保护环境的积极性和主动性，畅通了公众环境保护诉求表达渠道，维护了公众环境权益，得到社会广泛认可。随着经济社会发展，环境影响评价公众参与面临新的形势和要求。党的十九大报告提出，要保障广大人民群众知情权、参与权、表达权和监督权，构建政府为主导、企业为主体、社会组织和公众共同参与的环境治理体系。环境影响评价公众参与作为保障人民群众环境保护权益的有力手段、构建共同参与的环境治理体系的有效途径，作用将越发重要。同时，其也需要进一步优化适应。为适应经济社会发展的新形势和新要求，2018 年 7 月 16 日发布并于 2019 年 1 月 1 日起施行的《环境影响评价公众参与办法》对公众充分、有效性参与环境评价项目进一步进行了明确，并对公众参与范围进行了确认。该办法第 5 条规定："建设单位应当依法听取环境影响评价范围内的公民、法人和其他组织的意见，鼓励建设单位听取环境影响评价范围之外的公民、法人和其他组织的意见。"

公众参与的基础是信息公开。广义的公众参与可分为信息公开、公众意见调查或公众咨询、参与决策三个不同层次和深度。公众参与的形式包括调查公众意见、咨询专家意见、座谈会、论证会及听证会等。公布信息的渠道是多元化、多方位的，建设单位及生态环境主管部门可通过网站、建设项目所在地公共媒体网站、建设项目所在地相关政府网站、广播、电视、微信、微博及其他新媒体等多种形式公开相关信息。公众则可以通过信函、传真、电子邮件或者建设单位提供的其他方式，在规定时间内将填写的公众意见表等提交建设单位，反映与建设项目环境影响有关的意见和建议。《环境影响评价公众参与办法》对建设单位及生态环境主管部门信息公示的方式、范围、阶段等方面均进行了细化。其第 11 条规定，"依照本办法第十条规定应当公开的信息,建设单位应当通过下列三种方式同步公开:(一)通过网络平台公开,且持续公开期限不得少于10个工作日;(二)通过建设项目所在地公众易于接触的报纸公开,且在征求意见的10个工作日内公开信息不得少于2次;(三)通过在建设项目所在地公众易于知悉的场所张贴公告的方式公开,且持续公开期限不得少于10个工作日。鼓励建设单位通过广播、电视、微信、微博及其他新媒体等多种形式发布本办法第十条规定的信息”。其第12条规定:“建设单位可以通过发放科普资料、张贴科普海报、举办科普讲座或者通过学校、社区、大众传播媒介等途径,向公众宣传与建设项目环境影响有关的科学知识,加强与公众互动。”

除了建设单位需要在不同时期进行信息公开,生态环境主管部门在作出审批决定前后也需要在三个不同时期进行信息公开。第一次是受理环评审批申请后,要公开环境影响报告书全文和公众参与说明,以及公众提出意见的方式和途径;第二次是作出环评审批决定前,要公开环评信息及公众提出意见的方式和途径;第三次是自作出环评审批决定之日起7个工作日内,要公告审批决定全文。

为确保公众参与环评项目真正落到实处,生态环境主管部门应从以下几个方面完善公众环评参与机制:其一,严格遵照公众参与的程序,避免因程序违法造成环评审批被撤销。环评审批行政机关在审批环节应按照规定进行公示和公众调查,否则构成严重违反法定程序,行政审批行为将被撤销或确认违法。对于公众对环境影响存在广泛疑虑的建设项目,建设单位还应当组织召开公众座谈会、听证会以及专家论证会等方式,进行深度公众参与。其二,加强生态环境主管部门对公众参与的实质审查,避免审查流于形式。生态环境主管部门若发现建设项目未充分征求公众意见的,应当责令建设单位重新征求意见,并退回环境影响报告书。其三,完善公众参与方式,建立信息反馈机制。生态环境主管部门受理建设项目环境影响报告书后,应当通过其网站或者其他方式向社会公开相关信息,可以通过网络平台、建设项目所在地公众易于接触的报纸进行公开,还可以通过广播、电视、微信、微博及其他新媒体等多种形式发布公示信息,方便公众了解项目信息并及时提出意见。为让公众知晓意见是否被采纳,可通过召开座谈会或邮件、电话回复的方式对公众意见给予反馈,解释采纳或不采纳的理由,充分尊重公众意见。

本案中,就D公司而言,其作为建设单位,通过报纸、网站等方式先后两次对建设项目进行了公示，分别对建设项目的名称、工程概要信息、环境影响报告书简本等内容进行了公示。其后，D公司还通过发放调查表、团体意见征询、沿线张贴公告等方式征求建设项目周边公众意见，体现了生态环境部在环境影响评价阶段对于公众意见的重视。H省生态环境厅作为省级环境保护行政主管部门，具有对案涉轨道交通工程建设项目环境影响评价的审批权限。其在收到D公司提交的涉案环境影响报告书审批申请后，即组织技术机构对环境影响报告书进行了技术评估，并在投资项目在线审批平台上公告环境影响报告书受理的有关信息，进行了批前公示。该在线审批平台是用于办理建设项目环境影响评价审批的平台，该平台可以通过H省生态环境厅的官方网站进入，公众可以通过该平台查询到涉案环境影响报告书受理的有关信息。H省生态环境厅公示完毕后作出环评批复行为，符合《环境影响评价法》《环境影响评价公众参与办法》等对环评项目公众参与的相关规定，不存在程序违法行为。

Z小区第二届业委会另行提出H省生态环境厅的环评批复行为涉及征收拆迁问题，根据行政职能划分，H省生态环境厅不是征收拆迁工作的决定和实施部门。二审法院认为，根据《环境影响评价法》第2条“本法所称环境影响评价，是指对规划和建设项目实施后可能造成的环境影响进行分析、预测和评估，提出预防或者减轻不良环境影响的对策和措施，进行跟踪监测的方法与制度”的规定，环境影响评价的范围也不包括建设项目实施中的征收拆迁问题。Z小区第二届业委会认为涉案环境影响报告书建立在拆除Z小区部分房屋的基础上，对此二审法院认为，涉案环境影响报告书的编制以工程可行性研究文件、初步设计文件为依据，H省生态环境厅根据环境影响评价的法律法规以及涉案建设项目的规划文件，履行对涉案建设项目环境影响评价文件的审批职权，其行为符合法律规定。故Z小区第二届业委会关于涉案环境影响报告书因涉及拆除Z小区部分房屋违法，而H省生态环境厅对该报告书予以批复的行为亦违法的理由，欠缺事实和法律依据。

案例 18

将生产设备搬进租赁厂房生产属于建设项目

——F 公司违反“三同时”制度案①

【裁判要旨】

经营者选定厂址并组织生产就意味着其主观上认为选择的厂址符合生产条件，即使只是将生产设备搬进租赁厂房，未对租赁厂房进行改建，该生产经营项目也属于建设项目，经营者应当保证所选定的生产经营条件符合《建设项目环境保护管理条例》的相关规定。

在建设项目环境管理中，环境影响评价制度与“三同时”制度相辅相成，共同构成环境监管的两项重要的环境法律制度。如建设单位未依法报批建设项目环境影响评价文件，擅自开工建设的、未配套建设环境保护设施并经验收即投入生产，执法机关应认定其是“未批先建”和违反环保设施“三同时”验收制度的适格的违法主体，且“未批先建”和违反环保设施“三同时”验收制度是两个独立的违法行为，对其应分别处罚。

【基本案情】

2018 年 4 月 12 日，F 公司法定代表人叶某宾与案外人韩某复签订《厂房租赁合同》，约定案外人韩某复将位于大峪子村东 1 号金路公司厂房整体租赁给叶某宾，租赁期限自 2018 年 5 月 1 日至 2025 年 11 月 1 日。2018 年 8 月起，F 公司在该地址从事展览展示加工制作。

2019 年 3 月 7 日，P 区生态环境局调查发现，该公司有三个车间现场运行

① 二审：北京市第三中级人民法院（2020）京 03 行终 181 号行政判决书。
一审：北京市平谷区人民法院（2019）京 0117 行初 173 号行政判决书。

展台底柜加工，无相关环保手续。2019年3月12日，在对F公司法定代表人叶某宾的调查询问笔录中，叶某宾称F公司从事展台底柜加工的三个车间在2018年8月建成并投入使用，经过立案调查、现场检查及调查询问，P区生态环境局认定F公司有三个车间从事展台底柜加工，在环境保护设施未经验收的情况下即投入生产使用的行为，违反了《建设项目环境保护管理条例》第19条第1款的规定。

2019年6月7日，P区生态环境局依据《建设项目环境保护管理条例》第23条第1款的规定，决定对F公司处20万元的罚款。

F公司向P区人民政府申请复议，P区人民政府维持该处罚决定。F公司向人民法院提起诉讼，认为其系租赁厂房进行展台加工，只是将生产设备搬进原有厂房，未对原有厂房进行改建，不属于建设项目，无法编制环境影响报告书、环境影响报告表，没有安装环境保护设施，更谈不上验收。"环评—建设设施—验收合格—否则处罚"是法律规定的程序，F公司未作环评，所以不存在验收合格。其不属于合格的被处罚主体，不适用《建设项目环境保护管理条例》。一、二审法院认为，F公司作为经营者，其选定厂址并组织生产就意味着其主观上认为选择的厂址符合生产条件，因此其应当保证所选定的生产经营条件符合《建设项目环境保护管理条例》的相关规定。F公司选定的厂址配套的环境保护设施未经验收合格，主体工程擅自投入使用，明显违反了《建设项目环境保护管理条例》第19条第1款的规定。

【法理分析】

本案实际上包含两个问题：一是对建设项目的理解；二是"未批先建"和违反环保设施"三同时"验收制度的关系。

一是对建设项目的理解。从立法目的来看，《建设项目环境保护管理条例》是为防止建设项目产生新的污染、破坏生态环境制定的，可能产生污染、破坏生态环境的生产经营项目均可构成规范的对象。此外，《建设项目环境影响评价分类管理名录》项目类别规定了木材加工和木、竹、藤、棕、草制品业应当进行的环评类别，本案展台底柜加工属于木材加工的项目类别。租赁他人的厂房进行生产，即便没有对厂房进行改建，当生产设备搬进厂房时，该生产经营项目便与生产经营地(厂房)共同构成了总体意义上的建设项目,该建设项目即需要配套建设环境保护设施并经验收,方可投入生产。

二是“未批先建”和违反环保设施“三同时”验收制度的关系。F公司提出“环评—建设设施—验收合格—否则处罚”是法律规定的程序,F公司未作环评,所以不存在验收合格。F公司的观点错误地将“未作环评”和“未验收合格”看成一个违法行为的前后过程和必经程序。“未批先建”和违反环保设施“三同时”验收制度实际上是两个独立的违法行为。按照《全国人大常委会法制工作委员会关于建设项目环境管理有关法律适用问题的答复意见》确定的法律适用原则,关于建设单位未依法报批建设项目环境影响评价文件却已建成建设项目,同时该建设项目需要配套建设的环境保护设施未建成、未经验收或者经验收不合格,主体工程正式投入生产或者使用的,应当分别依照《环境影响评价法》《建设项目环境保护管理条例》的规定作出相应处罚。因此,违反环保设施“三同时”验收制度本身是一个独立的违法行为,可独立处罚,“未批先建”不是构成该违法行为的必要条件。

第五部分

调查取证篇

案例 19

讯问笔录可以作为行政处罚的证据

——李某诉 K 市生态环境局案[①]

【裁判要旨】

讯问笔录作为刑事诉讼中证据,在收集主体、程序、证明标准和审查程序上都严于行政处罚,因此可以在行政处罚中作为证据使用。无论是刑事证据还是行政证据都有合法性要求,采取非法手段获取的证据不能作为定案依据。相对人当庭对讯问笔录合法性提出异议的,需要提出相应的证据证明。

【基本案情】

李某等三人在没有申领危险废物经营许可证的情况下,擅自从事收集、转移、处置废铅酸蓄电池的危险废物经营活动。2016 年 5 月 24 日,K 市生态环境局认定李某实施了无危险废物经营许可证而从事危险废物收集、处置,以及将危险废物提供给无经营许可证的单位的环境违法行为,违反《固体废物污染环境防治法》第 57 条第 2 款和第 3 款[②]的规定。并根据《固体废物污染环境防治法》第 75 条[③]的规定,于 2018 年 10 月 18 日作出《行政处罚决定书》,对李某处 6 万元罚款并责令限期改正。

李某不服,向 M 市政府申请行政复议,M 市政府认为原处罚认定事实清

---

① 二审:海南省海口市中级人民法院(2019)琼 01 行终 218 号行政判决书。

一审:海南省海口市琼山区人民法院(2019)琼 0108 行初 72 号行政判决书。

② 此处的《固体废物污染环境防治法》是全国人大常委会于 2016 年 11 月 7 日第三次修正的旧法,现已于 2020 年 4 月 29 日进行修订,该条款现为第 80 条第 2 款。——编者注

③ 此处的《固体废物污染环境防治法》是全国人大常委会于 2016 年 11 月 7 日第三次修正的旧法,现已于 2020 年 4 月 29 日进行修订,该条款现为第 112 条。——编者注

楚，适用法律正确，且K市生态环境局根据公诉机关的《检察意见书》，结合经公诉机关认定的公安机关讯问笔录，经过调查取证、制作询问笔录、召开案件集体会审、行政处罚事先告知等过程的处罚决定程序合法，遂决定维持K市生态环境局作出的行政处罚决定。李某提起行政诉讼，认为行政机关认定其违法事实的依据只有检察机关的讯问笔录，该讯问笔录是在诱导下作出的，不能作为认定本案行政处罚的证据。一、二审法院均判决驳回李某诉讼请求。

【法理分析】

“以事实为根据，以法律为准绳”是执法和司法共同的基本行为准则，这里的“事实”在法律程序里往往是以证据的形式体现的。行政机关实施行政处罚行为，也必须有事实依据，即证据。证据具有“三性”的要求，即合法性、真实性与关联性。其中合法性要求的不仅是证据形式的合法性，还要求证据采取和证据运用的合法性。行政机关对违法案件进行查处，必须重视证据，收集和运用证据必须符合证据规则。这是行政法治的基本要求，也是人权保障的要求。《行政处罚法》第40条规定：“公民、法人或者其他组织违反行政管理秩序的行为，依法应当给予行政处罚的，行政机关必须查明事实；违法事实不清、证据不足的，不得给予行政处罚。”这一规定明确了证据在行政处罚中的重要地位。

行政证据分为行政程序证据和行政诉讼证据，虽然行政诉讼证据大部分来自行政程序证据，但两者也存在一定的区别。《环境行政处罚办法》第32条将“证据类别”规定为：“环境行政处罚证据，主要有书证、物证、证人证言、视听资料和计算机数据、当事人陈述、监测报告和其他鉴定结论、现场检查（勘察）笔录等形式。证据应当符合法律、法规、规章和最高人民法院有关行政执法和行政诉讼证据的规定，并经查证属实才能作为认定事实的依据。”《行政诉讼法》第33条对行政诉讼证据的种类作出了规定，指出行政诉讼证据应包括书证、物证、视听资料、电子数据、证人证言、当事人的陈述、鉴定意见和勘验笔录、现场笔录这八种。

其他来源的证据也可能作为行政处罚证据。行政证据一般是由行政机关依法收集的，但一些证据也可能来自其他途径，如司法机关在刑事诉讼程序中获得的证据，这类证据在一些“刑行回转”案件中体现得尤为明显。因此，刑事诉讼程序中的讯问笔录，是否可以在行政处罚中作为证据，就是需要讨论的问题。

讯问笔录是指侦查人员在侦查阶段讯问犯罪嫌疑人时,依照法律程序将讯问情况和犯罪嫌疑人的供述和辩解等内容用文字记载形式制作的法律文书,属于《刑事诉讼法》中规定的法定证据类型,即“犯罪嫌疑人、被告人供述和辩解”。在行政程序中,其属于“当事人的陈述”。这种讯问笔录是否可以作为行政处罚的证据,要看其是否具备行政证据的“三性”特征。

行政证据与刑事证据都具备证据的基本属性,具有基本一致的证据种类划分标准,这是刑事证据转化为行政证据的基本前提。而在证据收集和审查方式上,刑事证据在“三性”方面比行政证据更加严格。

从合法性角度来看,讯问笔录要具备证据能力还需要满足合法性的要求。无论是刑事证据还是行政证据都要求合法性。合法性是决定证据是否具有法定资格的重要依据,具体是指证据具备法定的形式、收集过程符合法定条件。2018 年修正的《刑事诉讼法》第 52 条明确规定了收集证据必须符合法定程序,严禁采用逼供和威逼及利诱等手段。《公安机关办理刑事案件程序规定》和《关于办理刑事案件排除非法证据若干问题的规定》都详细规定了证据收集所应当遵循的法定程序,对违反法定程序获得的证据有以下两种处理方法:一种是在轻微违法情况下收集到的证据采用瑕疵证据补正规则;另一种是对严重违反法定程序收集的,破坏犯罪嫌疑人合法权利的非法证据采取严格的非法证据排除规则。

从证据的审查来看,司法机关收集证据严格遵守法定程序,严重违反法定程序收集的证据都要被排除,而行政执法过程中收集证据相对宽松,对证据的收集要求也没有刑事证据那么严格。在证据审查方面,侦查机关收集到的证据要经过检察机关审查,审查合格之后才能移交人民法院起诉审理。在庭审过程中,控方和辩方要对该案的证据材料质证。而在行政执法过程中,行政机关承担着收集证据和质证的多重角色,特别是在当场作出行政处罚决定时,行政相对人基本没有对证据提出异议的机会,行政机关与行政相对人没有形成平衡的对抗机制。此外,刑事证据相对于行政证据具有收集主体特定、证明对象细致、证明标准更高、证据的公正性和客观性更强等特点,这就充分证明了刑事证据可以在刑事转行政案件中予以使用。

目前,我国在法律层面和司法解释层面,对于行政执法与刑事司法“两法衔接”方面,主要规定的是行政执法证据在刑事司法中的证明力的问题,对于刑事司法中的证据在行政执法中的证明力问题,还没有相关的规定。但《公安机关办理行政案件程序规定》(2012 年 12 月 3 日通过,2020 年 8 月 6 日修正)对此有了一定的规定。其第 33 条规定:“刑事案件转为行政案件办理的,刑事案件办理过程中收集的证据材料,可以作为行政案件的证据使用。”虽然这是公安部的部门规章,针对的是公安机关自身在处理刑事案件与行政案件中的证据效力问题,但其基本原理是一致的,其他领域中刑事案件与行政案件之间的证据效力问题,特别是“刑行回转”案件也应考虑适用该原则。

而在司法领域,关于这一问题已经有大量的相关案例。例如,在“阳某初与中国证券监督管理委员会二审行政判决书”[(2020)京行终 6806 号]中,二审法院认为,检察机关在刑事审查起诉阶段,对案件是否构成犯罪且符合刑事追诉标准,作出独立判断之行为。检察机关作出不起诉决定后,作为“刑行回转”的案件,并不阻却证监会依法审查后作出行政处罚决定。在“铅山县林业局、铅山县银河矿业开发有限公司资源行政管理:林业行政管理(林业)二审行政判决书”[(2020)赣 11 行终 122 号]中,法院对此也有论证,即“作为证据标准更高的刑事案件已认定被上诉人存在非法占用林地的事实,上诉人在原审中已将该不起诉决定书一并提交。根据行政诉讼证据规定,已经由生效法律文书查明的事实依法属于免证事实”。

当然,对于这样的证据,行政机关也负有一定的审查义务,仍然是从证据的“三性”方面来加以审查。从合法性方面看,根据《行政诉讼法》和《最高人民法院关于行政诉讼证据若干问题的规定》的界定,判断非法证据的基本标准有两个:一是严重违反法律禁止性规定取得的证据;二是以严重侵害他人合法权益的方法取得的证据。基于这两个基本标准,《最高人民法院关于行政诉讼证据若干问题的规定》第 57 条列举了九种具体的不能作为定案依据的非法证据,其中就包括以利诱、欺诈、胁迫、暴力等不正当手段获取的证据材料。从真实性和关联性的角度看,在“张某甲、张某乙与重庆市铜梁区公安局行政处罚申请再审行政判决书”[(2017)渝行再 8 号]中,法院认为,虽然铜梁区公安局没有举证本案由刑事案件转为行政案件的相关程序证据,存在瑕疵,但刑事立案登记内容与行政受案登记内容一致,均指向张某甲的同一行为,且相关法律法规也无刑事案件转为行政案件的具体程序操作规定,故铜梁区公安局将刑事案件办理过程中收集的证据材料作为行政案件的证据使用并无不妥。

本案中,上诉人李某认为法院认定其违法事实的依据只有 N 检察机关的讯问笔录，没有其他客观证据或新证据相佐证，不能作为认定本案行政处罚的证据。对于李某的上述异议，结合上文的法理分析，刑事案件收集证据的主体特定、证明标准更高，程序更加严格，证据的公正性和客观性更强，因此讯问笔录可以在行政案件中予以使用。此外，李某提到的证据单一问题，讯问笔录如果有同步的录音录像或者其他证据相互佐证，则证明力会更强一点。在其他一些案件中，也是以公安机关作出的讯问笔录作为证据依据，并和其他证据能够相互印证，形成证据链条，足以认定环境违法事实。本案中行政机关没有提到其他证据，但讯问笔录是由公安机关遵守法定程序作出的，并经检察机关认定，具有证据能力。

另外，李某对讯问笔录的合法性提出了质疑，声称讯问笔录是在公安机关的诱导下作出的。针对讯问笔录的合法性，行政机关很难自证，而行政相对人可以反证其非法性，但李某并未提供相应证据予以证明。《最高人民法院关于适用〈中华人民共和国刑事诉讼法〉的解释》第96条规定："审查被告人供述和辩解，应当结合控辩双方提供的所有证据以及被告人的全部供述和辩解进行。被告人庭审中翻供，但不能合理说明翻供原因或者其辩解与全案证据矛盾，而其庭前供述与其他证据相互印证的，可以采信其庭前供述。被告人庭前供述和辩解存在反复，但庭审中供认，且与其他证据相互印证的，可以采信其庭审供述；被告人庭前供述和辩解存在反复，庭审中不供认，且无其他证据与庭前供述印证的，不得采信其庭前供述。"根据上述讯问笔录的印证、采信规则，可以大致得出这样的结论，即当讯问笔录和当庭供述主要内容不一致时，只有一方有相应证据进行印证时，可以采信有相应证据印证的讯问笔录或者当庭供述。本案中，李某对讯问笔录不合法的主张没有证据证明，因此法院对李某的该项主张不予采纳。

因此，讯问笔录可以作为行政诉讼的定案依据，相对人当庭对讯问笔录的合法性异议应当提出相应的证据证明。

案例 20

行政处罚证据的形式应当符合要求

——F 养殖合作社违法排放水污染物案①

【裁判要旨】

检查笔录、现场勘察图、现场照片等均是在执法过程中对现场调查、处理所形成的文字、图文,属于现场笔录类证据,采集这类证据除应当载明时间、地点和事件等内容外,还须由行政执法人员和当事人签名确认,当事人拒绝或者不能签名的,应当注明原因;有见证人在场的,还需见证人签名。如上述证据没有相关人员签名,则不具有证据的法定形式要件,不能作为认定案件事实的根据。

【基本案情】

2018 年 11 月 6 日,D 生态环境局执法人员发现 F 养殖合作社在养牛过程中将产生的牛尿、牛粪、场地污水通过排污沟直接排入外环境。D 生态环境局执法人员进行了现场检查、勘验、拍照、调查询问,与 F 养殖合作社负责人曾某以及监测公司人员共同到养殖场排污口现场取样,并委托 Z 公司对提取的废水样本进行监测。同日,D 生态环境局作出《责令改正违法行为决定书》,责令 F 养殖合作社立即停止违法行为。

2018 年 11 月 12 日,Z 公司出具监测报告,监测结果为 F 养殖合作社废水排污口的废水超标。2019 年 3 月 19 日,D 生态环境局作出《行政处罚决定书》,决定对 F 养殖合作社处以罚款 160,000 元。

---

① 二审:四川省内江市中级人民法院(2020)川 10 行终 10 号行政判决书。
一审:四川省内江市东兴区人民法院(2019)川 1011 行初 38 号行政判决书。

F养殖合作社提起行政诉讼,请求撤销案涉处罚决定。一审法院认为,D生态环境局作出的行政处罚决定证据充分、程序合法,判决驳回F养殖合作社的诉请。二审法院认为,D生态环境局于2018年11月6日制作的《现场检查(勘验)笔录》无执法人员的签字、无被检查人的签字,现场勘验图无绘制人的签字、无现场人员签字,现场照片无当事人、见证人的签字,上述证据不符合证据法定形式,不具有合法性,不能作为认定案件事实的根据,遂判决撤销D生态环境局于2019年3月19日作出的《行政处罚决定书》。

【法理分析】

调查取证是实施行政处罚的核心和基础,调查取证过程中收集的证据应当符合法律、法规、规章和最高人民法院有关行政执法和行政诉讼证据的规定,并经查证属实,方可作为认定案件事实的根据。

行政诉讼中,行政机关应就其作出行政处罚所依据的证据和规范性文件负有举证责任,法院在审查行政机关证据时主要从以下方面进行重点审查:证据是否符合法定形式;证据的取得是否符合法律、法规、司法解释和规章的要求;是否有影响证据效力的其他违法情形。可见,证据的形式是否合法和取得程序是否合法是行政诉讼中法院对证据进行审查的重点内容。形式合法是证据合法性的内容,证据只有首先在形式上符合了法定要求,才具有合法证据的可能性。证据不符合法定形式,则不能作为认定违法事实依据,可能导致行政机关据此作出的行政处罚证据不足,认定的事实错误或者基本事实不清楚,行政处罚失去依据。

勘验笔录、现场笔录是《行政诉讼法》第33条和《行政处罚法》第46条规定的证据类别,是行政机关收集证据、查清违法事实的重要依托。勘验笔录是指对现场或物品静态地全面综合地勘察、检验、测量、绘图并如实记录。现场笔录是行政机关对执法过程和处理结果的记录,具有现场性、及时性特点。二者以文字形式固定现场状况,与现场提取的物证互为补充、相互印证,能全面、客观、真实地反映与案件有关的情况,是查明违法行为的直接证据。执法人员在调查或者进行检查时,当事人或者有关人员应当如实回答询问,并协助调查或者检查,执法人员询问或者检查均应当制作笔录。现场笔录和勘验笔录作为行政处罚证据应符合相应的要求和规范,确保程序合法。证据形式合法和取证程序合法是规范执法行为、保障公正、增进效率和确保案件调查合法有效的前提和保障。

现场笔录一般包括首部、笔录特定项目、现场检查记录和尾部四个部分。首部标明文书名称，尾部要有两名以上执法人员签名，当事人签名，有见证人在场的，见证人也应签名。当事人拒绝签名或者不能签名的，虽然不影响行政机关调查取证的进行，并可以作为行政处罚的证据，但是执法人员应当在笔录中注明当事人拒绝签字的原因。要求在现场笔录上签名的主要目的是使现场笔录更具有真实性，所以原则上要求现场笔录必须有执法人员和当事人的签名或盖章，为确保现场笔录更有可信度，有其他见证人在场的，尽量让见证人也在笔录上签字，必要时可以采取录音、录像等方式辅助证明当事人拒绝签字或不能签字的事实。现场笔录、勘验笔录上应由相关人员签字，这是现场笔录、勘验笔录作为证据所需满足的最基本形式要件。

关于行政机关在执法过程中进行询问或检查时应制作检查笔录、勘验笔录，且笔录上应由相关人员签字的规定在《最高人民法院关于行政诉讼证据若干问题的规定》和行政法规、部门规章中均有体现。《最高人民法院关于行政诉讼证据若干问题的规定》第 10 条规定，“当事人向人民法院提供书证的，应当符合下列要求：(一)提供书证的原件，原本、正本和副本均属于书证的原件。提供原件确有困难的，可以提供与原件核对无误的复印件、照片、节录本；(二)提供由有关部门保管的书证原件的复制件、影印件或者抄录件的，应当注明出处，经该部门核对无异后加盖其印章；(三)提供报表、图纸、会计账册、专业技术资料、科技文献等书证的，应当附有说明材料；(四)被告提供的被诉具体行政行为所依据的询问、陈述、谈话类笔录，应当有行政执法人员、被询问人、陈述人、谈话人签名或者盖章。法律、法规、司法解释和规章对书证的制作形式另有规定的，从其规定”；第 15 条规定，行政机关向人民法院提供的现场笔录，应当载明时间、地点和事件等内容，并由执法人员和当事人签名。当事人拒绝签名或者不能签名的，应当注明原因。有其他人在现场的，可由其他人签名。法律、法规和规章对现场笔录的制作形式另有规定的，从其规定。

《环境行政处罚办法》第 33 条规定：“对有关物品或者场所进行检查时，应当制作现场检查(勘察)笔录，可以采取拍照、录像或者其他方式记录现场情况。”《公安机关办理行政案件程序规定》第 86 条规定：“检查情况应当制作检查笔录。检查笔录由检查人员、被检查人或者见证人签名；被检查人不在场或者拒绝签名的,办案人民警察应当在检查笔录中注明。检查时的全程录音录像可以替代书面检查笔录,但应当对视听资料的关键内容和相应时间段等作文字说明。”《市场监督管理行政处罚程序暂行规定》第 25 条规定:“对有违法嫌疑的物品或者场所进行检查时,应当通知当事人到场。办案人员应当制作现场笔录,载明时间、地点、事件等内容,由办案人员、当事人签名或者盖章。”

本案中,D 生态环境局负有就其作出行政处罚所依据的证据的举证义务,相关证据须符合法定形式要求,且经人民法院审查核实。D 生态环境局认定 F 养殖合作社存在违法事实的主要证据是勘验笔录、现场勘察图、现场照片、现场笔录等。现场勘察图、现场照片均是在执法过程中当场对现场进行调查、处理所形成的文字、图文等材料,应属于现场笔录类证据。采集这类证据除应当载明时间、地点和事件等内容外,还须由行政执法人员和当事人签名确认,当事人拒绝或者不能签名的,应当注明原因;有见证人在场的,还需见证人签名。但 D 生态环境局举证的证据除现场照片有行政执法人员的签名外,其余证据均无行政执法人员、被调查人员的签名,亦未在笔录中注明被检查人、见证人是否在场或是否拒绝签名原因等情形。D 生态环境局制作的勘验笔录、现场勘察图因不符合《最高人民法院关于行政诉讼证据若干问题的规定》第 15 条规定的形式要件,不具有合法性,故不能作为认定案件事实的根据。排除上述证据后,D 生态环境局并无证据证明 F 养殖合作社存在将牛尿、牛粪、场地污水直接排入外环境的违法事实,其对 F 养殖合作社作出案涉行政处罚缺乏主要证据,故二审法院依照《行政诉讼法》第 70 条第 1 项的规定,判令撤销 D 生态环境局于 2019 年 3 月 19 日作出的《行政处罚决定书》。

案例 21

行政机关对处罚决定的正当性和合法性负有证明责任

——Z 食品公司违反“三同时”案[①]

【裁判要旨】

行政机关对作出的具体行政行为的正当性和合法性负有举证责任，应当提供作出该具体行政行为的证据和所依据的规范性文件，举证不能的，可能会被司法机关以“事实认定不清”为由撤销。

【基本案情】

2018 年 8 月，Z 食品公司的调味食品加工项目未批先建，未办理环评手续即投入生产。F 市环保局于 2018 年 11 月 2 日进行集体审议，拟责令 Z 公司停止调味食品加工项目的建设并处项目总投资额的 3% 罚款即 63,000 元（2,100,000 × 3%）；责令停止调味食品加工项目的生产或者使用并处罚款 25 万元。F 市环保局于 2018 年 11 月 8 日再次进行集体审议，拟责令 Z 公司停止调味食品加工项目的建设并处项目总投资额的 3% 罚款即 15,000 元（500,000 × 3%）；责令停止调味食品加工项目的生产或者使用并处罚款 25 万元。F 市环保局于 2018 年 11 月 9 日又一次进行集体审议，拟责令 Z 公司停止调味食品加工项目的建设并处项目总投资额的 1% 罚款即 5000 元（500,000 × 1%）；责

① 二审：辽宁省丹东市中级人民法院（2020）辽 06 行终 89 号行政判决书。
一审：辽宁省凤城市人民法院（2019）辽 0682 行初 33 号行政判决书。

令停止调味食品加工项目的生产或者使用并处罚款20万元。2018年12月28日,F市环保局最终作出行政处罚决定,责令Z食品公司立即停止调味食品加工项目的建设并罚款5000元;立即停止调味食品加工项目的生产或者使用并罚款20万元。Z食品公司提起行政诉讼,一审法院驳回Z食品公司的诉请。Z食品公司提起上诉,二审法院认为,F市环保局对Z食品公司建设项目总投资额的认定不准确,且F市环保局提交的证据不能证明Z公司造成重大环境污染或者生态破坏,判决撤销了原F市环保局的行政处罚决定。

【法理分析】

“举证责任”的概念最早出现在罗马法中,理论界将其称为“诉讼制度的脊梁”,首次引入我国行政法领域是在1990年10月1日起实施的《行政诉讼法》中。它是一种法律制度推定,即一方当事人无法对其主张提供证据证明,则将承担败诉的责任的法律制度。行政处罚能否经得起司法的考验,能否获得相对人的信服,要看行政机关在作出行政处罚决定时是否做到了事实清楚、证据充分、程序合法。诉讼讲究“以事实为根据,以法律为准绳”“证据为王”,诉讼的双方当事人都需要举证来证明自身的主张,行政处罚亦如此。目前,法律法规对于诉讼中的证据规则的规定已经比较详尽。以行政诉讼为例,《民事诉讼法》《行政诉讼法》均对证据有专章规定;《最高人民法院关于行政诉讼证据若干问题的规定》也对行政诉讼举证责任分配、证据的调取和保全、对质辨认和核实等进行了细致规定;《最高人民法院关于适用〈中华人民共和国行政诉讼法〉的解释》也对行政诉讼的证据作了更细致的规定。

与其他国家机关相比,行政机关与公民、企业等社会主体的关系更为密切,规范行政机关的执法行为是依法治国的题中应有之义,规范行政处罚的证据规则更是如此。同司法机关查明案件事实并依法作出裁判一样,行政机关在查明案件事实和作出处罚决定时也需要用证据加以证明,而证据就是行政处罚的核心和关键。然而,对于行政执法,尤其是行政处罚中的证据规定,无论是理论界还是实务界均缺乏相关研究。这就使当前的行政执法实践中对于证据的认知陷入了两个极端:一个极端认为,行政执法中的证据无须受证据规则的约束,这种看法忽略了行政处罚证据的重要性;另一个极端认为,行政程序中执法机关收集的所有证据都是定案证据,均需要符合证据的客观性、合法性和关联性,经过行政相对人质证后才可作为处罚依据,而这种看法则是忽视了行政处罚证据的特殊性。

行政处罚证据是行政机关用来证明行政相对人存在违法行为且应受到行政处罚的证据材料,具有其特殊性。行政处罚证据既包括能够证明相对人违法行为真实性的证据材料,也包括能够证明行政机关所作出的行政处罚行为具有法律依据的证据材料,还包括是否能够从轻、从重、减轻或者免予对相对人进行处罚的证据材料。行政处罚证据与诉讼证据相同的是,行政处罚证据也具有“证据三性”,即客观性、关联性、合法性。在客观性上,行政处罚证据与诉讼证据的客观性的体现是一致的,都要求证据本身是真实存在的,且证据的表现形式或载体是客观的,证据反映的内容是客观的。在证据关联性上,由于行政处罚的特殊性,行政处罚证据所需达到的要求有所减弱。与司法程序不同,司法审判过程是法官根据双方当事人提交的证据认定案件事实并居中作出裁判,而行政处罚程序则需要一定的“经验思维”,需要行政执法人员根据某些“蛛丝马迹”来推断相对人是否存在违法行为,在根据已知的某些线索锁定具体相对人后,执法人员才能够进一步地调查取证,从而确定谁是违法行为人。因而,对行政处罚证据的关联性的要求不宜过高,应当比诉讼证据的要求相对宽松,才便于行政机关更好地履行职责。当然,需要明确的是,对行政处罚证据关联性要求一定程度的宽松只能在证据与违法事实关联程度的强弱上适用。如果诉讼证据要求证据材料与案件的关联度是100%,行政处罚证据材料与案件的关联度可以是60%~90%,也就是说,行政执法人员并不能毫无根据地以与相对人毫无关联的证据材料作为处罚依据。行政处罚证据在合法性上也允许存在个别例外情况。证据的合法性是指证据的形式、内容要合法,收集证据的主体、手段、方式也要合法。诉讼中,司法机关通常只负责对双方当事人所提交的证据进行审查,故而对证据合法性的要求较高,如果当事人所举证据不合法,司法机关可以不予采信或予以排除。然而,在行政处罚领域中,行政机关需要“先取证、后处罚”,也就是说,行政机关要首先履行取证责任,才能进行处罚。尤其是在环境行政诉讼中,由于环境污染具有隐蔽性,很多违法主体在从事偷排行为时会更加注意隐蔽,受限于环境和科学技术条件,环境执法机构要通过正规方式采样取证更是难上加难,只有通过“秘密取证”等手段才能取证。如果这种证据也要被排除,则行政机关取证、举证会更难,相当于变相纵容更多违法行为逍遥法外,这就与行政处罚程序的设置目的背道而驰了。因而,对于环境行政处罚证据的排除应当坚持的原则是:只要未侵犯其他权利主体的合法权益,均可以作为处罚证据被采纳。

罗马法谚曰:“肯定者应证明,否定者不应证明。”在行政处罚中亦是如此,证明责任的分配也是环境行政处罚证据规则的关键。目前,关于环境行政处罚举证责任分配采用的是“举证责任倒置”原则。据此有人认为环境行政处罚中行政相对人无须承担任何举证责任,由环境执法机关承担全部举证责任。其实不然,在行政处罚中,环境执法机关作为国家机构处于主导地位,其需要对其所作出的行政处罚决定具有合法性和正当性进行举证,即需要证明自己所作出的行政处罚事实清楚、证据充分、程序合法,而行政相对人亦可以对其不存在违法行为承担提供相应证据的责任。环境行政机关应当承担证明责任且应当符合证明标准。若行政机关不能证明其所作出的处罚具有事实依据和法律依据,或者证据不能达到证明标准,处罚认定的事实不是法律认定的事实,都可能造成“事实认定不清”从而被司法机关撤销行政处罚决定的不良后果。

本案中,F市环保局正是因为未完全履行其举证责任,且举证未达到证明标准而被二审法院撤销其处罚决定。F市环保局在作出行政处罚的过程中,仅仅依靠部分证据材料就对整个建设项目的总投资额作出认定,造成了处罚认定的事实并非法律认定的事实的结果。F市环保局虽然具有责令Z食品公司立即停止调味食品加工项目的生产或使用的职权,但需要满足两个前提条件:一是要承担证明Z食品公司的违法行为造成重大环境污染或生态破坏的举证责任;二是其提交的证据能够达到证明Z食品公司的违法行为造成重大环境污染或生态破坏的标准。因F市环保局作出的处罚决定未满足上述两个条件,自然应当承担行政处罚决定被司法机关撤销并责令其重新作出处罚决定的不利后果。

案例 22

环境监测人员应具备相应的监测资格

——E 公司超标排放大气污染物案①

【裁判要旨】

环境监测报告应由具有检验检测资质的机构出具，且从事监测活动的人员须经国家、省级环境保护行政主管部门或其授权部门考核认证，并取得上岗合格证。监测机构自行颁发的合格证不能作为监测人员资格的证明，因此而作出的监测报告不能作为定案依据。

【基本案情】

2018 年 11 月 24 日，原 G 市环保局对 E 公司进行现场检查，经委托 G 公司对 E 公司锅炉烟气排放情况进行监测，并于 2018 年 11 月 27 日出具(2018)第 1124001 号《监测报告》(以下简称 1 号监测报告)，监测结果是锅炉排放口氮氧化物浓度和颗粒物浓度分别超过《锅炉大气污染物排放标准》(GB 13271－2014)表 1 在用锅炉大气污染物排放浓度限值 1.014 倍、3.65 倍。2018 年 12 月 3 日，原 G 市环保局作出《责令改正环境违法行为决定书》并于次日送达 E 公司，责令 E 公司立即停止违法排放污染物行为，决定书同时明确该局将在 E 公司收到决定书之日起 30 日内对 E 公司改正违法行为的情况进行复查。2019 年 3 月 4 日，原 G 市环保局作出 G 环罚字(2019)13 号《行政处罚决定书》(以下简称 13 号处罚决定)，认定 E 公司行为违反了《大气污染防治法》第

① 二审：广西壮族自治区贵港市中级人民法院(2020)桂 08 行终 65 号行政判决书。
一审：广西壮族自治区贵港市港北区人民法院(2019)桂 0802 行初 58 号行政判决书。

18条的规定,决定对E公司处以70万元的罚款。其间,原G市环保局于2018年12月21日对E公司违法排放大气污染行为的改正情况进行复查,在复查过程中,委托G公司监测。G公司于2018年12月28日出具(2018)第1221002号《监测报告》(以下简称复查监测报告),结论是污染物二氧化硫的排放深度在排放限值内,氮氧化物、烟尘的排放超出了标准限值。2019年4月15日,原G市环保局作出《按日连续处罚决定书》(以下简称3号连续处罚决定),对E公司拒不改正违法排放大气污染物行为,按日连续处罚1190万元。

法院依职权调取了G公司于2018年11月27日出具的1号监测报告,该报告的采样人员为梁某达、黄某,分析人员为高某麟。黄某的《环境保护检验检测人员技术考核合格证》是广西计量协会颁发的,梁某达、高某麟的《检测人员技术考核合格证》均是G公司颁发的。复查监测报告的采样人员为陈某、黄某,分析人员为高某麟、黄某,陈某的《检测人员技术考核合格证》也是G公司自行颁发。

E公司不服原G市环保局作出的3号连续处罚决定提起诉讼。一审法院认为,G公司是依法取得相应资质认定证书的监测机构,在监测过程中,由取得相应技术考核合格证的监测人员采样、分析、监测,程序符合相关法律规定,该公司出具的监测报告可以作为定案依据。二审法院认为,1号监测报告的分析人员高某麟的合格证是由G公司自行颁发,高某麟不具有环境监测资格,1号监测报告不能作为处罚决定的有效证据,原G市环保局在未依法对1号监测报告的分析人员的资格进行审查的情况下,就采纳为3号连续处罚决定的依据,属于主要证据不足,依法应予撤销。

【法理分析】

原G市环保局作出本案行政处罚依据的基础事实系E公司超标排放污染物,而认定E公司超标排放污染物的主要证据为1号监测报告和复查监测报告。原G市环保局作出行政处罚是否合法以及行政诉讼案件的处理,关键取决于案涉监测报告是否属于应当采信的有效证据。审查和判定监测报告是否有效,应围绕作出监测报告的机构、人员、程序等是否符合相关规定,继而是否能准确、客观、全面地反映监测对象的实际数值展开;若不符合相关规定,则有可能导致监测数据的失真，致使作出行政处罚依据的重要事实处于真伪不明的状态，而行政机关对所作行政处罚依据事项依法负有举证的义务，应就此承担相应的不利后果。

2017 年 11 月 29 日，原环境保护部办公厅给四川省环境保护厅的《关于社会环境监测机构出具监测报告能否作为行政执法管理依据的复函》中指出，社会环境监测机构受环境保护主管部门的委托开展环境监测活动，符合《计量法》和《计量法实施细则》，以及有关环境保护法律法规规章或相关技术规范要求出具的环境监测数据，可以作为环境保护行政管理的依据；同时满足《行政处罚法》《行政诉讼法》等法律以及相关司法解释规定的证据要件的，可以作为行政处罚的证据。需要注意的是，社会环境监测机构作出监测报告，系受行政机关的委托进行，行政机关依据监测报告作出行政行为，行政机关对行政行为的合法性等承担相应后果，并由此负有对监测报告作为证据采纳时就其真实性、关联性、合法性的审查义务。

根据《检验检测机构资质认定管理办法》第 9 条的规定："申请资质认定的检验检测机构应当符合以下条件：(一)依法成立并能够承担相应法律责任的法人或者其他组织；(二)具有与其从事检验检测活动相适应的检验检测技术人员和管理人员；(三)具有固定的工作场所，工作环境满足检验检测要求；(四)具备从事检验检测活动所必需的检验检测设备设施；(五)具有并有效运行保证其检验检测活动独立、公正、科学、诚信的管理体系；(六)符合有关法律法规或者标准、技术规范规定的特殊要求。"生态环境监测是运用化学、物理、生物等技术手段，针对水和废水、环境空气和废气、海水、土壤、沉积物、固体废物、生物、噪声、振动、辐射等要素开展环境质量和污染排放的监测(检测)活动，相较于一般的检验检测更具特殊性。本案中，环境监测机构 G 公司取得了省质量技术监督局颁发的《检验检测机构资质认定证书》，具备为原 G 市环保局作出行政处罚出具监测报告的基础条件。在此基础上，需进一步审查作出生态环境监测报告的人员是否符合相关要求。

根据国家市场监督管理总局、生态环境部发布的《检验检测机构资质认定生态环境监测机构评审补充要求》的规定，生态环境监测人员应符合下列要求：掌握与所处岗位相适应的环境保护基础知识、法律法规、评价标准、监测标准或技术规范、质量控制要求，以及有关化学、生物、辐射等安全防护知识；承担生态环境监测工作前应经过必要的培训和能力确认，能力确认方式应包括基础理论、基本技能、样品分析的培训与考核等。生态环境监测机构授权签字人、质量负责人等也需要具备相应的专业能力。生态环境监测中,采样与分析人员对原始监测数据的真实性终身负责,审核与授权签字人对监测报告的真实性终身负责。之所以对监测人员、授权签字人等作出上述要求,正是基于监测工作的专业性和特殊性,只有具备相应能力的人员作出的监测结果才符合客观实际。

在具体如何审查监测人员的能力方面。《环境监测管理办法》规定,环境保护部门所属环境监测机构从事环境监测的专业技术人员,应当进行专业技术培训,并经国家环境保护总局①统一组织的环境监测岗位考试考核合格,方可上岗。《环境监测人员持证上岗考核制度》规定,环境保护系统各级环境监测中心(站)和辐射环境监测机构中,从事监测、数据评价、质量管理以及与监测活动相关的人员必须经国家、省级环境保护行政主管部门或其授权部门考核认证,取得上岗合格证;持有合格证的人员,方能从事相应的监测工作;未取得合格证者,只能在持证人员的指导下开展工作,监测质量由持证人员负责。《环境监测质量管理技术导则》亦明确要求:"所有从事监测活动的人员应具备与其承担工作相适应的能力,接受相应的教育和培训,并按照国家环境保护行政主管部门的要求持证上岗。持有合格证的人员,方能从事相应的监测工作;未取得合格证者,只能在持证人员的指导下开展工作,监测质量由持证人员负责。特殊岗位的人员应根据国家相关法律、法规的要求进行专项资格确认。"据此,环境监测报告必须由经国家、省级环境保护行政主管部门或其授权部门考核认证,并取得合格证的监测人员作出。

此外,严重违反鉴定程序,属于行政诉讼中鉴定结论不应予以采纳的情形。为保证检验检测数据的准确性,《环境监测质量管理规定》《环境监测质量管理技术导则》等对检验检测的监测布点、采样频次、采集、运输、保存、交接等操作规程进行了规范,在审查监测报告时对检验检测程序的合法性亦应予以关注。

本案中,环境监测机构G公司取得了省质量技术监督局颁发的《检验检测机构资质认定证书》,具备为原G市环保局作出行政处罚出具监测报告的基础条件。在此基础上,需进一步审查作出生态环境监测报告的人员是否符合相关要求。环境监测机构G公司的监测报告中涉及多名参与人,1号监测报告的采样人员梁某达、分析人员高某麟的《检测人员技术考核合格证》均由该社会监测机构G公司自行颁发,复查监测报告的一名采样人员陈某的《检测人员技术考核合格证》也是

---

① 2008年3月15日,十一届全国人大一次会议通过关于国务院机构改革方案的决定。该方案包括,组建中华人民共和国环境保护部。不再保留国家环境保护总局。

该社会监测机构 G 公司自行颁发，不符合上述规定的要求，均不具有从事环境监测的作业资格，案涉监测报告有关数据的准确性无法保证，监测报告属于无效证据。《最高人民法院关于行政诉讼证据若干问题的规定》第 62 条规定，对被告在行政程序中采纳的鉴定结论，原告或者第三人提出证据证明鉴定人不具备鉴定资格、鉴定程序严重违法等情形的，人民法院不予采纳。1 号监测报告不能作为 13 号处罚决定的有效证据，不能认定 E 公司在2018 年 11 月 24 日的监测中存在违法排放污染物的行为。原 G 市环保局作出的 13 号处罚决定是实施 3 号连续处罚决定的依据。在 13 号处罚决定所依据的 1 号监测报告不能作为证据作用的情况下，3 号连续处罚决定亦失去了依据。据此，原 G 市环保局依据不具备相关监测资格人员出具的监测报告作出处罚决定，属于主要证据不足导致事实不清，依法应予撤销。

案例 23

采样监测应符合正当程序要求

——R 公司废水超标排放案①

【裁判要旨】

行政机关未按照规定的方式、程序进行采样取证的,将导致程序违法,依据采集的样品作出的监测报告不能作为认定违法事实的主要证据。

【基本案情】

2018 年 5 月 7 日,G 省生态环境厅会同 Z 市、M 市相关部门开展联合交叉执法检查,M 市环境保护监测站对 R 公司废水收集池的废水进行了采样监测,并制作了《污染源废水采样原始记录表》及拍照记录。2018 年 5 月 24 日,M 市环境保护监测站出具《监测报告》,所附的废水抽测结果显示:氨氮浓度超标 0.67 倍,化学需氧量超标 1.17 倍,总铬浓度超标 5.63 倍。2018 年 6 月 8 日,Z 市生态环境局的执法人员对 R 公司进行现场检查,并制作了《现场检查(勘察)笔录》和《调查询问笔录》。《现场检查(勘察)笔录》中未记录现场取样过程。《现场检查(勘察)笔录》和《调查询问笔录》均注明"……制革车间排放口没有废水外排;废水处理设施正在运行,总排放口有少量废水外排……"

2018 年 7 月 13 日,Z 市生态环境局作出《责令停产整治决定书》,认为 R 公司有超标排放水污染物的行为,责令其停产整治、改正违法行为。

---

① 二审:广东省高级人民法院(2020)粤行申 61 号行政判决书。
一审:广东省湛江市中级人民法院(2019)粤 08 行终 88 号行政判决书。

R公司不服Z市生态环境局作出的《责令停产整治决定书》申请复议,被维持后提起行政诉讼,一、二审均败诉,又申请再审。再审法院认为,Z市生态环境局以《监测报告》作为主要证据认定R公司实施了超标排放的违法行为,并作出《责令停产整治决定书》,主要证据不足、程序违法,Z市人民政府复议决定维持Z市生态环境局作出的被诉《责令停产整治决定书》错误。

【法理分析】

行政处罚决定的作出,应以行政机关具有充足的证据为基础,即行政机关应有充足证据证明行政相对人的违法行为符合违法构成要件,并且具有应罚性。行政机关在作出行政处罚决定前,应当调查、收集证据,调查取证是行政处罚决定作出的前提和基础,没有调查就没有证据,没有证据就不能处罚。

行政机关收集证据的方法应适当,收集的证据应全面、客观,这是行政机关作出的行政处罚决定合法的保障,也是行政诉讼中认定行政机关行政行为是否合法的关键。行政机关在提供证据证明案件事实时,不仅证据的形式应该符合法律法规的规定,取证的程序也应该符合法律的规定。

调查取证的主要方式包括询问当事人及相关人员、现场检查、现场勘验、鉴定及现代科技手段等。抽样取证是行政机关在执法过程中调查收集证据的一种重要方式。《行政处罚法》第56条即对抽样取证进行了明确规定:“行政机关在收集证据时,可以采取抽样取证的方法;在证据可能灭失或者以后难以取得的情况下,经行政机关负责人批准,可以先行登记保存,并应当在七日内及时作出处理决定,在此期间,当事人或者有关人员不得销毁或者转移证据。”

为确保抽样取证的合法性,一般要符合以下方面的要求:一是抽样取证的实施机关,除法律、法规和规章另有规定外,必须由执法机关实施,且执法人员应为两人以上。二是法律、法规、规章或者国家有关规定对抽样机构或者方式、程序有规定的,执法部门应当委托相关机构或者按规定方式抽取样品。三是现场应有当事人参加,对于经通知当事人拒不到场的,应留存并采集通知当事人的证据。四是听取当事人的陈述和意见,当事人有陈述申辩或其他理由的,应当予以记录并核实。五是执法人员应制作抽样记录、物品清单并对相关样品等加贴封条,执法人员、当事人应在封条和相关记录上签名或盖章。当事人拒绝签字或盖章的,不影响取样的效力。六是保证样品运输、储存的条件符合规定，及时送检，保持样品的原始性。对抽取的样品应当及时进行检验。经检验，能够作为证据使用的，应当依法扣押、先行登记保存或者登记；针对可能灭失或以后难以取得的证据，行政机关可对该证据先行保存。七是取样过程应当全过程记录。制作取样记录或将取样过程记入现场检查（勘察）笔录是应当采取的必要记录方式，而采取拍照、录像或者其他方式记录取样情况是其他补充辅助记录方式。

瞬时采样又称现场即时采样，是指现场检查时取一个样品进行监测，是生态环境执法过程中，尤其是判断污水是否超标排放、大气污染物排放是否超标时运用较多的一种取证方式，它对及时发现环境违法行为，客观反映违法排污的情形和情节，加大环境执法力度发挥着非常重要的作用。现场即时采样是抽样取证的一种特殊方式。

《环境行政处罚办法》第 37 条规定："环境保护主管部门在对排污单位进行监督检查时，可以现场即时采样，监测结果可以作为判定污染物排放是否超标的证据。"《关于环保部门现场检查中排污监测方法问题的解释》指出："环保部门在对排污单位进行监督性检查时，可以环保工作人员现场即时采样或监测的结果作为判定排污行为是否超标以及实施相关环境保护管理措施的依据。"又如，《锅炉大气污染物排放标准》（GB 13271 –2014）、《水泥工业大气污染物排放标准》（GB 4915 –2013）、《炼钢工业大气污染物排放标准》（GB 28664 – 2012）等规定，各级环保部门在对锅炉、企业等进行监督性检查时，可以现场即时采样或监测的结果，作为判定排污行为是否符合排放标准以及实施相关环境保护管理措施的依据。根据前述规定，生态环境部门对相关行业进行超标处罚时可以将现场即时采样的监测结果直接作为行政处罚依据。

瞬时采样并非在所有情况下均适用，如《地表水和污水监测技术规范》第 5.2.1.5 条规定："排污单位如有污水处理设施并能正常运转使污水能稳定排放，则污染物排放曲线比较平稳，监督监测可以采瞬时样；对于排放曲线有明显变化的不稳定排放污水，要根据曲线情况分时间单元采样，再组织混合样品。正常情况下，混合样品的单元采样不得少于两次……"而《城镇污水处理厂污染物排放标准》第 4.1.4.2 条规定："取样频率为至少每 2h 一次，取 24h 混合样，以日均值计。"即对执行该标准的城镇污水处理厂，只有日均值超标才能进行处罚。

本案中，M 环保监测站出具的《监测报告》是否合法有效，关乎 Z 市生态环境局作出《责令停产整治决定书》依据是否充分问题，可从以下几点分析：

其一，2018 年 5 月 7 日，M 市环境保护监测站对 R 公司废水收集池的废水采用瞬时采样方式取证，但未有证据证明取样当天 R 公司污水系稳定排放。在未能证明检查当天 R 公司的废水系稳定排放的情况下，执法监测采瞬时样不合法，M 市环境保护监测站根据现场取样样品进行监测后出具的《监测报告》不能作为 Z 市生态环境局认定 R 公司存在违法行为的依据。

其二，《监测报告》是 Z 市生态环境局认定申请人实施环保违法行为的关键证据，但 Z 市生态环境局未在作出行政处罚决定前将《监测报告》送达给 R 公司并听取当事人的意见，未能充分保障当事人行使陈述、申辩权利，减损了当事人合法权益。

其三，《环境行政处罚办法》第 34 条规定："需要取样的，应当制作取样记录或者将取样过程记入现场检查(勘察)笔录，可以采取拍照、录像或者其他方式记录取样情况。"但 Z 市生态环境局未将取样过程记入《现场检查(勘察)笔录》，违反了上述规定。

综上分析，M 环保监测站在取样、样品封存过程中均存在不合法的问题，Z 市生态环境局依据其出具的《监测报告》作为主要证据认定 R 公司超标排放，且获得该《监测报告》后未送达给 R 公司并听取其意见，直接作出《责令停产整治决定书》，证据不足，违反了正当程序的要求，属于《行政诉讼法》第 70 条规定的行政行为应当予以撤销的情形。

案例 24

取样时应制作取样记录或将取样过程记入笔录

——R 公司行政处罚被撤销案①

【裁判要旨】

对企业排放的污染物进行取样时,应当制作取样记录或者将取样过程记入《现场检查(勘察)笔录》。未制作取样记录或未将取样过程记入《现场检查(勘察)笔录》的,属于取样程序不合法,该取样结果缺乏证据的合法性要求,其样本不得作为认定相应违法事实、作出行政处罚的依据。

【基本案情】

R 公司成立于 1994 年,1996 年建厂并开始生产。2018 年 3 月 20 日,R 公司取得污染物排放许可证。2018 年 8 月 21 日,原 Z 市环境保护局发现 R 公司在生产过程中排放的废气通过高烟囱排放,没有配套的环保处理设施。当日,Z 市环境保护监测站工作人员对该公司的废水排放口进行采样,并制作了《污染源废水采样原始记录表》,载明采样地点为排污口,样品编号为 ZH180214601,方法依据为 HJ/T 91 - 2002《地表水和污水监测技术规范》,监测站工作人员仝某亮、陈某星在"采样人员"处签名,校核人为洪某琼。2018 年 8 月 28 日,Z 市环境保护监测站作出《监测报告》,显示 R 公司在正常生产的情况下,外排废水的 PH 值为 9.37、总磷浓度为 3.36mg/L,超过排污许可证上的排放限值。

① 二审:广东省湛江市中级人民法院(2020)粤 08 行终 191 号行政判决书。
一审:广东省湛江经济技术开发区人民法院(2019)粤 0891 行初 513 号行政判决书。

2018年9月7日，原Z市环境保护局作出《责令改正环境违法行为决定书》，责令R公司采取有效措施确保废水达标排放等。2018年9月11日，原Z市环境保护局对R公司违法行为立案。

2019年1月23日，Z市生态环境局（机构改革后名称）作出《行政处罚告知书》，告知R公司外排废水的PH值为9.37，总磷浓度为3.36mg/L，超过《G省水污染物排放限值》第二时段一级标准规定的污染物排放限值（PH标准值为6～9、磷酸盐标准值浓度为0.5mg/L），拟对其处罚10万元。R公司提出陈述和申辩，但未提出听证申请。2019年8月8日，Z市生态环境局作出《行政处罚决定书》，对R公司处以罚款10万元。

R公司对处罚决定不服提起复议被维持后诉至法院。一审法院维持原处罚决定。R公司不服提起上诉。二审法院认为，Z市生态环境局取样时并未制作取样记录或将取样过程记入《现场检查（勘察）笔录》，未提供相应的采样记录表、采样后的样品瓶贴标签的情况或者交化验室的交接手续，属于程序违法，现有证据并不能证明取样的有效性及样品的合法性，且未在决定特将《监测报告》作为执法证据前将其送达给R公司并听取R公司相关意见，剥夺了R公司陈述、申辩的权利。遂判决撤销原处罚决定。

【法理分析】

依法行政，不仅体现为程序正当，法律适用正确，而且包括事实证据获取的正当合法，这也是行政证据合法性的要求。行政证据是行政机关在行政程序中获取的用以证明案件事实的材料，要满足合法性、真实性、关联性这“三性”的要求。许多行政执法具有专业性、技术性强的特征，证据的收集工作往往需要一定的技术手段或设备来实现，也要遵守证据合法性的要求。在环境执法监督过程中，首先要以环境法律及环境标准为依据来判断各种污染行为，其专业性、技术性更为突出。环境检查、监测中证据的采集与提交，对环境行政执法与环境行政诉讼均具有重大影响。随着公民法治意识的提高和环境执法案件数量的增长，执法过程中必须重视证据收集的合法性，防止行政处罚行为因违反法律规定的程序要求而处于被动局面，特别是防止在其后的行政复议、行政诉讼过程中承担不利法律后果。作为环境行政处罚的证据，其取得的主体、程序、方法、范围等均应符合法律法规的要求,如果证据的取得没有满足程序合法性的要求,就无法有效支持行政主体所作出的行政处罚决定,在行政复议或行政诉讼中就需要承担不利的法律后果。

《环境行政处罚办法》第 32 条第 1 款规定:“环境行政处罚证据,主要有书证、物证、证人证言、视听资料和计算机数据、当事人陈述、监测报告和其他鉴定结论、现场检查(勘察)笔录等形式。”本案涉及的主要是《现场检查(勘察)笔录》和《监测报告》。《现场检查(勘察)笔录》是指环境行政执法人员对有关物品、场所等进行检查、勘察时当场制作的反映案件情况的文字记录,是环境行政执法的重要证据。对于《现场检查(勘察)笔录》,《环境行政处罚办法》第 34 条规定:“需要取样的,应当制作取样记录或者将取样过程记入现场检查(勘察)笔录,可以采取拍照、录像或者其他方式记录取样情况。”对于此条规定,需要作这样的理解,即通过文字制作取样记录或者将取样过程记入《现场检查(勘察)笔录》是行政执法人员应当采取的、证明取样过程合法性的必要记录方式,其证据的合法性和证明力是受法律法规保护的;而拍照、录像等是记录取样情况的辅助方式,仅有拍照、录像等形式而未制作取样记录或将取样过程记入《现场检查(勘察)笔录》,难以有效反映提供采样过程或采样记录的过程,就无法证明其采样程序合法,进而无法证明送检样品的真实性,直接影响监测结果的真实性。程序违法取得的证据,难以作为行政处罚的有效依据,在行政诉讼中存在败诉的风险。

监测报告是指具有资质的监测机构,按照有关环境监测技术规范,运用物理、化学、生物等技术,对各环境要素的状况、污染物排放状况进行定性、定量分析后得出的数据报告和书面结论。行政处罚中的《监测报告》是监测机构应处罚机关的要求,或者接受处罚机关的委托,而对环境污染等专门性问题出具的结论性意见。《行政处罚法》第 44 条规定:“行政机关在作出行政处罚决定之前,应当告知当事人拟作出的行政处罚内容及事实、理由、依据,并告知当事人依法享有的陈述、申辩、要求听证等权利。”因此,如果处罚机关拟将监测报告作为处罚的依据,那么就应当将监测报告告知当事人,听取当事人的陈述、申辩,否则也可能因为程序违法而导致行政处罚的不合法。另外,由于监测具有较强的专业性,其监测方法也应符合法定要求,如在本案中《地表水和污水监测技术规范》就是对监测方法的要求。该规范是环境标准中的方法性标准,而环境基础标准和方法标准是判断环境纠纷中双方提供的证据有效性的依据。虽然方法标准或行业标准不是国家标准和强制标准,但它是可以在某个行业范围内统一使用的标准,其所作的要求对于判断监测结果的合法性也具有重要的意义,并可以作为依据使用。

本案中,Z 市生态环境局虽然提供了现场照片及《污染源废水采样原始记录表》,但现场照片只有一张,缺少 R 公司人员的签名;未制作取样记录或将取样过程记入《现场检查(勘察)笔录》,程序违法。且监测报告未在决定是否采纳作为执法证据前送达给 R 公司并听取 R 公司的意见,剥夺了其陈述、申辩的权利。上述程序重大瑕疵导致 Z 市生态环境局败诉,原作出的行政处罚被撤销。

从环境监测取样方法来看,其取样结果也存在合法性问题。正如法院判决所言,《地表水和污水监测技术规范》第 4.2.3.4 条规定,"水样运输前应将容器的外(内)盖盖紧。装箱时应用泡沫塑料等分隔,以防破损。箱子上应有'切勿倒置'等明显标志。同一采样点的样品瓶应尽量装在同一个箱子中;如分装在几个箱子内,则各箱内均应有同样的采样记录表。运输前应检查所采水样是否已全部装箱。运输时应有专门押运人员。水样交化验室时,应有交接手续";第 5.2.3 条规定,"采样后要在每个样品瓶上贴一标签,标明点位编号、采样日期和时间、测定项目和保存方法等"。但据在案证据显示,Z 市生态环境局并未提供相应的采样记录表、采样后的样品瓶贴标签的情况或者交化验室的交接手续。采集样品程序是否合法,样品是否按规定进行封存,能否确定送检样品的唯一性直接关系到 Z 市环境保护监测站对该样品进行检测后所出具的《监测报告》结论的准确性、可靠性。而现有证据并不能证明取样的有效性及样品合法。

因而,生态环境部门在环境行政执法过程中,尤其是在环境检查、监测过程中,应对执法程序的合法性高度重视。

案例 25

采样或监测结果作为定案依据的条件

——D 机砖厂超标排污案①

【裁判要旨】

监测报告是行政机关在行政执法过程中形成的证据，环境保护主管部门在对排污单位进行监督检查时，可以现场即时采样，监测结果可以作为判定污染物排放是否超标的证据。

【基本案情】

2018 年 12 月 24 日，四川省生态环境厅大气强化督查组与 P 县环境监察执法大队执法人员在对 D 机砖厂进行现场检查时，发现 D 机砖厂生产时所排放的废气异常。随后遂宁市环境监测站技术人员对 D 机砖厂隧道窑烟气中的二氧化硫、氮氧化物以及窑烟尘中的颗粒物进行现场采样监测和现场采样。同时 P 县生态环境局的执法人员对 D 机砖厂的现场进行检查并制作了《现场检查(勘验)笔录》，D 机砖厂法定代表人彭某对该笔录签字确认，P 县生态环境局的执法人员同时制作了询问笔录。

2019 年 2 月 25 日，遂宁市环境监测站出具了《监测报告》，其中载明：D 机砖厂的隧道窑烟囱排放的废气中二氧化硫、颗粒物、氮氧化物均超过《砖瓦工业大气污染物排放标准》的标准限值，其中二氧化硫超过排放标准 35.7 倍，颗粒物超过排放标准 36.0 倍，氮氧化物超过排放标准 0.6 倍。

---

① 二审：四川省遂宁市中级人民法院(2020)川 09 行终 8 号行政判决书。
一审：四川省射洪市人民法院(2019)川 0922 行初 69 号行政判决书。

2019 年 4 月 23 日,P 生态环境局作出《行政处罚决定书》,认定 D 机砖厂生产时,隧道窑烟囱排放出的废气中二氧化硫、颗粒物和氮氧化物均超过排放标准,决定对 D 机砖厂罚款 80 万元。D 机砖厂不服,认为原行政处罚所依据的《监测报告》不合法,提起复议和诉讼,均被维持或驳回。

【法理分析】

证据是可以用于证明案件事实的材料。能够反映案件真实情况、与待证事实相关联、来源和形式符合法律规定的证据,应当作为认定案件事实的根据。现场采样的证据或者环境监测报告在环境执法中具有重要的地位,是一种常见的证据形式。

现场采样是一种常见的取证方式。对及时发现环境违法行为、客观反映违法排污的情形和情节,加大环境执法力度发挥着重要的作用。2018 年 11 月 5 日,生态环境部办公厅函复天津市环境保护局《关于环境行政处罚即时采样问题的复函》指出:“现场即时采样是指现场检查时可以取一个样品进行监测,监测结果可以作为判定污染物排放是否超标的证据。该样品的采集需按照相关技术规范进行。”执法监测数据则是指监测人员运用环境监测专业知识,借助各类环境监测仪器设备,按照一定的技术规范要求对采集的废水、废气、固体废弃物等样品进行检测、分析,得出的分析结果。环境执法的对象通常为污染企业,执法监测的对象则是污染企业排放的各类污染物,是环境监测专业知识和环境监测技能方法相结合的产物,往往是判断排污企业是否违法的重要依据。大部分排放标准在其“实施与监督”部分中都规定,各级环保部门在对设施进行监督性检查时,可以现场即时采样或监测的结果,作为判定排污行为是否符合排放标准以及实施相关环境保护管理措施的依据。

现场采样或环境监测数据能够客观地反映企业的排污状况,可以作为证据用来证明违法排污行为这一事实。《环境行政处罚办法》第 37 条规定:“环境保护主管部门在对排污单位进行监督检查时,可以现场即时采样,监测结果可以作为判定污染物排放是否超标的证据。”原环境保护部办公厅《关于加强污染源监督性监测数据在环境执法中应用的通知》也强调了监测数据的重要性:“各级环保部门要加强污染源监督性监测数据的应用,通过其评价排污单位的排污行为,对于超过应执行排放标准的,要以污染源监督性监测数据作为重要证据,依法实施行政处罚。"2016 年,最高人民法院、最高人民检察院出台《关于办理环境污染刑事案件适用法律若干问题的解释》。该解释第 12 条规定:"环境保护主管部门及其所属监测机构在行政执法过程中收集的监测数据,在刑事诉讼中可以作为证据使用。公安机关单独或者会同环境保护主管部门,提取污染物样品进行检测获取的数据,在刑事诉讼中可以作为证据使用。"2019 年 2 月 20 日,最高人民法院、最高人民检察院、公安部、司法部、生态环境部联合发布《关于办理环境污染刑事案件有关问题座谈会纪要》,对监测数据的证据资格问题再次指出,地方生态环境部门及其所属监测机构委托第三方监测机构出具的监测报告,地方生态环境部门及其所属监测机构在行政执法过程中予以采用的,其实质属于《最高人民法院、最高人民检察院关于办理环境污染刑事案件适用法律若干问题的解释》第 12 条规定的"环境保护主管部门及其所属监测机构在行政执法过程中收集的监测数据",在刑事诉讼中可以作为证据使用。从这些法律规范和司法解释来看,现场采样或环境监测数据的证据效力得到了确认。

关于现场采样的合法性要求。合法性是证据的基本属性之一。而合法性包括两个方面:一是对环境监测人员及其行为的要求;二是对现场采样或者环境监测方法的要求。前者要求环境监测人员在监测过程中独立、诚实,不受外界因素的干扰,严格执行有关技术规范,对样品中污染物的含量作出公正理性的判断,保证监测数据的客观性。当然,要保证现场采样或者环境监测报告的客观性、真实性,就必须遵守法律规范和技术规范的要求。后者即是遵守相关的法律规范和技术规范的要求。关于法律规范,主要体现在《环境行政处罚办法》第 34 条和第 35 条的规定。该办法第 34 条规定,"需要取样的,应当制作取样记录或者将取样过程记入现场检查(勘察)笔录,可以采取拍照、录像或者其他方式记录取样情况";而第 35 条规定,"环境保护主管部门组织监测的,应当提出明确具体的监测任务,并要求提交监测报告。监测报告必须载明下列事项:(一)监测机构的全称;(二)监测机构的国家计量认证标志(CMA)和监测字号;(三)监测项目的名称、委托单位、监测时间、监测点位、监测方法、检测仪器、检测分析结果等内容;(四)监测报告的编制、审核、签发等人员的签名和监测机构的盖章"。

关于现场采样的技术规范。由于现场采样和环境监测都具有较强的技术性,能否遵循技术规范也是证据合法性的一个重要判断依据。例如,《工业污染源现场检查技术规范》第5.2.2条规定,“对排污者排放污染物情况进行监督检查时,可以现场即时采样或监测,其结果可作为判定排污行为是否合法、是否超标以及实施相关环境保护管理措施的依据”;第5.2.3条规定,“现场采样取证应填写采样记录。采样记录一式两份,第一份随样品送检,第二份留存环境监察机构备查。排污者代表对样品和采样记录核对无误后在采样记录上签字盖章确认。采样后,除进行现场快速检测或必要的前处理外,现场采样人员应立即填制样品标签及样品封条”。从上述规定可以看出,只有符合上述要求的现场采样和环境监测报告,才是合法的证据,才可以作为环保部门执法的依据。

本案中,P生态环境局是根据环境监测机构的现场采样且以环境监测报告为依据,对D机砖厂的违法排放行为进行处罚的。至于这一依据是否合法,应从以下几方面进行分析:

一是证据形式方面的问题。遂宁市环境监测站在对D机砖厂排放的二氧化硫及氮氧化物进行现场监测时,能够在短时间内获得监测结果,属于“现场即时采样”,其后作出的《监测报告》也属于法定的证据形式,因此现场采样及其结果的《监测报告》可以作为认定D机砖厂的污染物排放超标的依据。遂宁市环境监测站作为一家取得国家计量认证资质的监测机构,在其职权范围内进行废气监测,且其出具的监测报告符合相关规定,故其所出具的二氧化硫及氮氧化物监测结果,可以作为P生态环境局判断大气污染物是否超标排放的依据。

二是现场采样结果《监测报告》的真实性问题。本案中,D机砖厂认为:《现场检查(勘察)笔录》系生态环境局执法人员事后人为编制,不具有真实性和合法性。法院认为,彭某作为D机砖厂的投资人,系完全民事行为能力人,其在《现场检查(勘察)笔录》上的“被检查(勘察)人或现场负责人签字”栏以及“当事人、见证人”栏签名和捺印共计12处,即表明彭某对该笔录记载的相关事实予以确认,其真实性是可以认定的。

三是获取证据的程序问题。遂宁市环境监测站在采样过程中,依法制作了《颗粒物、烟气监测原始记录》,P县生态环境局亦将对D机砖厂排放的废气进行监测的过程通过拍照的方式记录在《现场检查(勘察)笔录》,并由法定代表人彭某在笔录上签字捺印确认,符合现场采样程序的要求。本案中对二氧化硫及氮氧化物的监测属于“现场即时采样或监测”,该监测过程不需要存储气体样品,亦不需要送检,因此不需要当事人核对气体样品和签字盖章确认,程序方面合法。二氧化硫及氮氧化物属于烟气现场监测，对该现场监测行为并无相关法律、法规规定当事人享有核对、确认的知情权。

综上所述，遂宁市环境监测站具有省质量技术监督局核定的监测资质，在其职能职责范围内依法定程序和技术规范进行现场采样监测，所作的监测报告具有证据效力，故法院判决认定该采样或监测结果可以作为行政处罚的依据。

案例 26

自认规则在环境行政处罚中的应用

——陆某省诉 N 市生态环境局行政处罚案[①]

【裁判要旨】

诉讼程序中的自认对当事人产生相应的法律效力。诉讼外的自认行为,须结合具体案情以及其他证据,判定当事人的自认是否可以作为案件裁判的依据。

【基本案情】

2017 年 9 月 14 日,N 市生态环境局在 Y 保护区内发现陆某省从事围汊养殖行为。2017 年 9 月 18 日,N 市生态环境局向陆某省下发责令(限期)改正决定书,并认定陆某省的养殖活动属违法行为,拟处罚款 5 万元。同年 12 月 20 日,陆某省提出听证申请。听证会中,陆某省辩解以前的围汊已于 2014 年由辖区政府组织拆除,现在的养殖行为并未投饵,由于与地方人民政府之间的承包合同纠纷及拆除纠纷未解决,政府口头应允,可适当放养。2018 年 2 月 8 日,N 市生态环境局依据《N 市白河水系水环境保护条例》(该条例施行时间为 2017 年 6 月 1 日)作出《行政处罚决定书》,责令停止违法行为,处罚款 5 万元。陆某省以 2017 年 6 月 1 日后未从事围汊养殖活动,不构成违法为由向人民法院提起诉讼,请求撤销处罚决定。

一审法院认为,N 市生态环境局的证据不足以证明陆某省 2017 年 6 月 1

---

① 二审:河南省南阳市中级人民法院(2018)豫 13 行终 347 号行政判决书。
一审:河南省南阳市宛城区人民法院(2018)豫 1302 行初 102 号行政判决书。

日后在涉案地点从事养殖行为，其作出的行政处罚决定，认定事实不清，证据不足，予以撤销。N市生态环境局以陆某省的委托代理人唐某越于行政处罚过程中承认陆某省存在围汉养殖行为为由提起上诉。二审法院认为，代理人唐某越在行政处罚程序中表示陆某省有养殖行为，属于相对人的自认，具有相应法律效力，因此判决撤销一审判决，驳回陆某省的诉请。

【法理分析】

自认是指就对方当事人所主张的对己方不利事实，一方当事人予以承认的表示或声明。自认规则是指自认的提出、审查、采纳所应遵守的规则。自认规则最早出现在民事诉讼中，为各国所采纳，我国的自认规则见于2001年12月21日发布的《最高人民法院关于民事诉讼证据的若干规定》第8条的规定，2019年10月14日最高人民法院对该规定进行了修正并于2020年5月1日起实施。《最高人民法院关于民事诉讼证据的若干规定》第5～9条对自认规则进行了更为详细的规定。自认的法理基础包括：其一，辩论主义原则。自认对法院和当事人的约束力源于辩论主义，核心是约束法官的审理及裁判范围限于当事人言词辩论内容之中，保障尊重当事人主体地位，防止法官的恣意与擅断。其二，处分权原则。处分权赋予当事人提起诉讼、变更诉讼请求，以及舍弃、认诺与和解、撤回等方面的权利。但在自认方面，根据最新司法解释的规定，这受到了一定的限制。其三，诉讼经济原则。诉讼过程中，自认将双方当事人之间没有争议的事实确定下来，集中争议焦点的主张与举证，提高诉讼效率。由于原理相通，自认规则扩张到行政诉讼，《最高人民法院关于行政诉讼证据若干问题的规定》第65条规定："在庭审中一方当事人或者其代理人在代理权限范围内对另一方当事人陈述的案件事实明确表示认可的，人民法院可以对该事实予以认定。但有相反的证据足以推翻的除外。"

本案中，一审法院认为N市生态环境局认定事实不清，证据不足。二审法院则基于被上诉人的自认以及现场检查情况，并结合一般理性人日常生活经验，通过间接证据推理得出被上诉人存在"养殖行为"的事实结论，认定行政处罚决定于法有据，程序合法，裁量权运用恰当。本案二审法院在具体适用自认规则中是否合法，可从以下四个方面展开分析：

一是自认的证明效力。依据当事人自认的不同阶段,自认可以分为诉讼上自认与诉讼外自认。《最高人民法院关于行政诉讼证据若干问题的规定》第65条规定的自认仅指诉讼上的自认,即当事人在法庭上也就是庭审调查中所作的自认,不包括在法庭外的自认。当事人在法庭上所作的自认,一般应当认定其为真实的,作为人民法院裁判的定案依据。当事人在其他案件上所作的自认,一旦生效的裁判依据该自认认定案件事实,根据法院裁判文书具有既判力的理论,对该案件亦应产生拘束力,法庭亦将其作为定案的依据。诉讼外自认是指诉讼外一方当事人的自认,可作为一种间接证据,必须与其他证据相互印证,法院不能直接将其作为判决基础。本案中,陆某省及其委托代理人唐某越的自认行为均属于诉讼外的自认,法院对其的效力认定应考虑以下要素:其一,行政相对人在其人身自由受到限制的情况下所作出的自认,难以保证是其真实意思表示,因此若没有其他证据加以补强,应当从定案的证据中排除出去。其二,行政执法人员在行政程序中已经向行政相对人充分说明法律后果并询问当事人的情况下所作的自认的证据材料,并被法庭查明具有证据的“三性”的,一般应当认定自认的事实具有证明效力。其三,当事人向法庭提供证据证明,其在行政程序中所作的自认或明确认可被告出示的证据,是在受到利诱、欺诈、胁迫、暴力等外部压力的情况下作出的,法庭应当认定该自认或证据不具有证明效力。

二是代理自认的证明效力。就自认主体而言,自认可分为本人自认与代理的自认。前者是当事人及其法定代理人所作的自认,后者是诉讼代理人、监护人等代为进行的自认。在司法实践中,当事人因工作或者其他原因无法参加诉讼,或因为欠缺法律专业知识及诉讼经验,经常委托律师或其他具有法律专业知识和诉讼经验的人参加诉讼。代理人以当事人的名义,在法律规定或者当事人授权的范围内,维护被代理人的权益,代理实施诉讼行为,其在代理权限范围内所从事的诉讼行为效力归属于被代理人。委托代理人并非当然地享有自认权,自认权能够成立的重要条件是须在当事人的授权范围之内,否则其承认的事实部分便不能获得法律上的认可。当事人基于对代理人的信任,将自认权授权给委托代理人之后,往往会将其经历知晓的案件事实告知代理人,委托代理人在通晓所有情况后便能够独立自主地作出合适无误的判断。因此,委托代理人在不超出其权限范围内对案件事实进行承认,是可以推断为其已经了解知晓案件后代表当事人所作出的正确判断,而这当然地属于自认。本案中,唐某越作为委托代理人,其在2017年12

月 27 日行政处罚听证会笔录作出的自认是否发生效力，应依据授权委托书加以判断。

三是自认的形式。以形式为标准，自认可分为明示与默示。前者是指当事人以书面或者口头上作为的形式明确表示的认可；后者则是指当事人既未表示承认，也未表示否认。与民事诉讼不同，行政诉讼是对被诉具体行政行为合法性进行审查，它涉及行政执法主体资格、行政程序、滥用职权等问题。其一，行政相对人及不少律师不熟悉、不明白，对于有些证据与其诉讼请求之间有何种利害关系都难以分清，甚至将对其不利的证据认定为有利、对其有利的证据认定为不利；其二，有关程序问题是行政机关内部的操作规程，如行政首长审批等程序问题，行政相对人不知道，在诉讼中难以作出明确的表示；其三，根据合法性审查的原则，法院要全面审查被诉具体行政行为的合法性，有关合法性的有些问题，往往与原告或第三人均无直接利害关系，原告、第三人在诉讼中亦不会关心这些问题，对于被告提出与之合法性有关的主张，原告、第三人均不会提出明确的反对意见。据此，在行政诉讼中，只有当事人明示的自认才具有证明效力，默示的自认必须结合其他证据，作出综合性分析后，才能确定其证明效力。本案中，当事人是在行政机关的调查笔录中，以及其委托代理人在听证会笔录中以明示形式表示“认可”。

四是自认的推翻。在行政诉讼中，必须审查当事人所举出的所有证据中有无足以推翻自认的证据，只有经审查不存在足以推翻自认的证据，才可以将其作为定案的根据。

本案中，二审法院认为，被上诉人在一审诉讼程序中提出的“2014 年以后修建起围汉，但没有养殖”的说法，不能推翻其在行政调查程序中的自认内容，值得商榷。一方面，作为诉讼外自认，应结合其他证据综合考量；另一方面，仅凭当事人的诉讼外自认，就推定其违法事实，理由不足。因此，在实践中，应综合运用各种证据来对案件事实进行判断，对于自认也要持谨慎的态度。

案例 27

在线监测数据可以作为行政处罚依据

——Z 公司排污行政处罚案

【裁判要旨】

《水污染防治法》第 10 条规定，排放水污染物，不得超过国家或者地方规定的水污染物排放标准和重点水污染物排放总量控制指标。环保设备经环保部门验收合格后投入使用，对环保设备正常运行状态下的排放口进行自动监测，收集的数据可作为行政执法部门作出行政处罚的依据。

【基本案情】

Z 公司下属 T 污水处理厂执行《城镇污水处理厂污染物排放标准》（GB 18918－2002）一级 B 标准，其中氨氮排放限值 8mg/L。该厂安装的氨氮在线监控设备于 2012 年 4 月通过环保部门验收后投入使用。2018 年 4 月至 5 月，该厂总排放口氨氮排放浓度日均值的在线监控数据共有 27 天超标排放水污染物，超标因子为氨氮，最高浓度为 28.545mg/L。X 市 X 生态环境局在 2018 年 6 月 4 日作出 X（监察）环改（2018）24 号《责令改正违法行为决定书》，要求停止违法排放污染物，并在经过法定程序后作出 X 环罚（2018）385 号《行政处罚决定书》，决定对 Z 公司处 50 万元罚款。Z 公司不服向 X 市人民政府申请行政复议，X 市人民政府作出 X 府行复（2018）112 号《行政复议决定书》，维持《行政处罚决定书》。

Z 公司随后提起行政诉讼。一审法院认为，根据规定，自动监测数据可作为环境行政处罚等监管执法的依据。在本案中，案涉氨氮自动监测设备的适用性检测为合格,Z公司承认自动监测数据值及总排放口氨氮超标排放的事实,与自动监测数据中氨氮数值偏高相互印证。至于Z公司主张T污水处理厂进水氨氮含量严重超标,远高于污水处理设计值,因此要求免于处罚,没有事实和法律依据。因此,驳回Z公司的诉讼请求。

Z公司不服一审判决,提起上诉。二审法院认为,T污水处理厂的氨氮在线监控设施在使用中依规进行持续的监督考核、校准校验,依法可作为认定环境违法事实的依据。Z公司主张进水水质不佳导致出水口水质超标,及超标排放未产生危害后果,没有事实和法律依据。故判决驳回上诉请求,维持原判。

【法理分析】

环境监测是指间断或连续地测定环境中污染物的浓度,观察、分析其变化和对环境影响的过程,不仅是执法机关掌握环境质量状况和发展趋势的重要手段,更是开展环境执法的事实基础。电子技术监测设备自动对企业排污行为进行持续监测,不仅弥补了传统监管方式效率较低的不足,促进了精准执法,还减轻了企业应对环境监察的负担,降低了排污单位的成本。2021年3月1日起施行的《排污许可管理条例》第19条中规定:"排污单位应当按照排污许可证规定和有关标准规范,依法开展自行监测,并保存原始监测记录。"

自动监测设备监测的数据能否作为行政执法证据,则是环境执法中一个具有根本性的问题。本案可以从以下方面进行分析:

1. 自动监测数据的证据属性。

作为一种现代技术运用形式,自动监测的历史不长,自动监测数据能否作为合法证据,在不同的法律中的规定也不相同。我国1989年制定的《行政诉讼法》第31条规定的证据种类,只有"(三)视听资料"属于自动监测数据,我国1996年制定的《行政处罚法》中并没有行政处罚证据的规定,但由于行政诉讼中的证据主要来源于行政程序,《行政诉讼法》规定的证据也可以认为是对行政处罚证据的确定,2014年修订的《行政诉讼法》第33条,在证据种类中增加了"(四)电子数据"这一种类,2021年修订的《行政处罚法》第41条首次明确了电子技术监控设备可用于记录违法事实,电子数据可作为行政处罚证据。可以说,数据作为证据正式纳入了行政处罚的证据类型。

2010 年《环境行政处罚办法》完整规定了证据类型，其第 32 条“证据类别”中规定：环境行政处罚证据，主要有书证、物证、证人证言、视听资料和计算机数据、当事人陈述、监测报告和其他鉴定结论、现场检查(勘察)笔录等形式。另外，在第 36 条中规定了在线监测数据可为证据，即：“环境保护主管部门可以利用在线监控或者其他技术监控手段收集违法行为证据。经环境保护主管部门认定的有效性数据，可以作为认定违法事实的证据。”虽然要求环保部门进行有效性确认的要求已经被废除，但整体而言确定了在线监测数据的证据属性。中共中央办公厅、国务院办公厅印发了《关于深化环境监测改革提高环境监测数据质量的意见》，提出了加强环境监测的意见，其中第(十)项规定：……取消环境保护部门负责的有效性审核……自动监测数据可作为环境行政处罚等监管执法的依据。所以，从这些角度看，自动监测设备的证据性已经得到法律的确认。

2. 在线监测数据作为行政处罚依据时应注意的问题。

虽然自动监测设备具有全时段、真实性、互通性等特征，是现代环境监管的重要手段和发展趋势，但自动监测也需要进行监管，以保障其合法性、真实性与有效性。

一是明确监测设备的归属主体。环保自动监测系统包括排污单位使用的自动监测设备和生态环境部门使用的监控设备(本部分不考虑监测机构的自动监测设备)。排污单位的自动监控设备应安装在排污单位污染源现场，并通过通信传输线路与生态环境部门的监控设备联网。生态环境部门的监控设备包括用于对排污单位实施自动监控的信息管理平台(分为供生态环境部门使用的“管理端”平台和供排污单位使用的“企业端”平台)、计算机机房硬件设备等，生态环境部门的监控设备由排污现场采集获取数据。从职能定位上看，排污单位安装使用的自动监测设备，主要为排污单位履行监测义务所用，只是向行政机关的电子监控设备传输数据，所以排污单位的自动监测设备属于排污单位所有；而生态环境部门的电子技术监测设备产权归属于生态环境部门、服务于生态环境监管执法。从这一角度看，排污单位的监测数据是自己提供的，如果其不能证明存在技术问题导致相关数据不真实，那么这一数据就可以成为环保部门的处罚依据。

二是保证自动监测设备的正常运行。根据法律要求，企业对自动监测设备具有保证其运行与真实性的义务，而环保部门对此也具有监管职责。如果存在不依法运行自动监测设施或者篡改伪造环境监测数据的行为，则要对之进行行政处罚或者移交公安机关追究刑事责任。

三是自动监测数据应符合证据的特征。证据具有合法性、真实性与关联性的特点。自动监测的数据也应满足这些方面的要求，否则就不能作为行政处罚的依据。具体而言，包括：(1)合法性要求。自动监测设备必须依法进行安装使用，这样才能保证自动监测数据的合法性。在“濮阳市华龙区利民墙材厂与濮阳市华龙区环境保护局、濮阳市华龙区人民政府环境保护行政管理（环保）案”中，河南省濮阳县人民法院以“监测仪器未经计量部门质检而记录的自动监测数据作为行政处罚依据不足”为由，判决撤销当地环保部门的行政处罚，就是从自动监测设备应依法运行的角度来审理的。《计量法》第 9 条规定，“县级以上人民政府计量行政部门对社会公用计量标准器具，部门和企业、事业单位使用的最高计量标准器具，以及用于贸易结算、安全防护、医疗卫生、环境监测方面的列入强制检定目录的工作计量器具，实行强制检定。未按照规定申请检定或者检定不合格的，不得使用”。《中华人民共和国强制检定的工作计量器具明细目录》①第 51 项“烟尘、粉尘测量仪”等环境监测设备，均属于强制检定的器具。对于被列入强制检定目录的在线监测设备未实行强制检定，其获得的数据不具有合法性，因此不能作为行政处罚的依据，而且行政机关提供的其他证据与在线监测设备获得的数据高度重合，也无法证明原告的违法行为。(2)真实性要求。电子数据既容易生成，也容易篡改，因此必须保证其真实性。根据《关于深化环境监测改革提高环境监测数据质量的意见》的规定，行政机关已经不具有对排污单位监测设备进行审核的职能，自动监测数据的真实性由企业自行负责，也就是说，由企业对其证据的真实性进行证明。企业对“真实性”主要审核电子数据生成、收集、存储、传输过程的真实性，对于异常的数据排污单位可以采取主动报告或按照标记规则进行标记等方式告知生态环境部门，排污单位在规定时间内没有及时采取报告、标记等方式提出异议的，数据视为有效。生态环境部门不宜对排污单位联网传输的自动监测数据进行人为改动（包括修约、补遗等操作），以此保证电子数据的真实性不受干扰。(3)关联性要求。“关联性”主要审核数据是否正确指向该行政相对人，原环境保护部办公厅《关于自动在线监控数据应用于环境行政执法有关问题的复函》规定，污染源自

---

① 现已被《市场监管总局关于调整实施强制管理的计量器具目录的公告》废止。

动在线监测数据与其他有关证据共同构成证据链，可以应用于环境行政执法。自动监测数据应与现场检查、询问笔录等其他证据形成证据链，证明排污单位确实存在环境违法行为。

四是对自动监测数据的审查与采用。主要从合法性、真实性、关联性方面进行审查，上面进行了阐述，这里不重复说明。另外，要重视自动监测数据作为证据的证明标准问题，行政处罚的证明标准是非常高的，但在完全依赖自动监测数据进行执法情况下，行政机关能得到的证据是非常少的，容易形成“孤证”现象。在这方面，仅仅凭“孤证”能否进行处罚，就成为一个复杂的问题。在“濮阳市华龙区利民墙材厂与濮阳市华龙区环境保护局、濮阳市华龙区人民政府环境保护行政管理（环保）案”中，法院认为调查询问笔录、现场检查（勘验）笔录、现场勘查示意图、现场照片等与监测数据、超标报告系同一个证据的不同形式，并非相互印证的证据链条，尤其是调查询问笔录中当事人提出设备刚安装数据不稳定，也尚未通过计量检定，这些问题相当程度地减弱了行政执法采集电子数据的证明力。因此，法院以行政处罚决定所依据的主要证据不足为由，撤销了原行政处罚决定。

许多实务界人士根据此案提出，仅凭“孤证”是不能进行行政处罚的。但实际上这是一种误解，在本案中，对于关键性的证据——自动监测数据——存在争议，而其他证据又是“与监测数据、超标报告系同一个证据的不同形式”，所以被法院认定为没有证据进行的处罚。类似的如“洛宁县环境保护局、洛阳城燃热力有限公司环境保护行政管理（环保）案”，在该案中，法院认为虚拟专网接入后突然出现数据超标现象，足以说明虚拟专网接入程序存在严重问题，故被告对原告作出处罚依据的在线监测数据不能单独作为定案依据。

但这两个案例中都是指关键性的证据——自动监测数据——所依赖的设备本身存在合法性与真实性的问题。如果行政机关排除了合法与真实性方面的瑕疵，也可以仅仅以自动监测数据作为处罚证据的。也就是说，如果自动监测设施的安装与运行没有合法性、真实性的争议，孤立的自动监测数据是可以作为处罚证据的，这不仅符合国家的政策，也符合司法基本原理。在本案中，二审法院认为，未作比对监测的，环保部门首先认可自动监测数据的有效性，除非有证据证明自动监测数据有误或存在人为修改情况。这实际上就是对自动监测数据作为有效证据的确认。

五是自动监测数据作为证据时的程序保障问题。具体而言，可以包括以下几个方面:(1)电子告知机制,考虑到生态环境部门的监控设备,"管理端"和"企业端"数据同源,应结合"事前、事中、事后"电子督办,进一步完善信息推送机制,作为将发现涉嫌违法违规问题告知排污单位的渠道,也便于排污单位自主查询。(2)电子申辩机制,排污单位对自动监测数据异常和特殊工况自主标记,对生态环境部门发放的电子督办单核实反馈,实际上就是对自动监测数据反映排放状况是否属实、对违法违规问题的判定是否认可进行的补充说明和异议申辩,应当对自主标记和电子督办核实反馈两种形式进行技术整合和功能扩展,既便于陈述申辩,也便于排污单位通过这一渠道对有利于自己的事实进行举证。(3)如果排污单位对传输到生态环境部门监控设备上的数据持有异议,排污单位应及时上报、环保部门应及时处理。如排污单位认为因设备故障或维护期间导致数据失效等情形,则应由排污单位举证,生态环境部门对排污单位补充提交的证明材料审核、存档,并给出采信或不采信的理由,必要时应进行现场调查核实,进行比对监测。如果排污单位有正当理由认为自动监测设备存在安装与运行的问题,环保部门没有及时处理的,则可以排除自动监测数据的采纳,以保障相对人的权利。例如,在"洛宁县环境保护局、洛阳城燃热力有限公司环境保护行政管理(环保)案"中,法院认为原告的理由正当,认为被告的处理没有证据。

最后,进水超标导致的污水处理厂超标排放的抗辩问题。在本案中,原告提出了一个重要的抗辩理由,即由于进水严重超标导致企业的排放出水超标,自己的违法情形不具有主观性,因此可以减轻或者免除处罚,对于这一点,一审、二审两级法院都没有采纳。这也是过去的通行做法,即污水处理企业不能以进水超标进行抗辩,只能在接受行政处罚后追究超标排放者的责任。但这实际上是不公平的,2021 年修订的《行政处罚法》确定了主观过错原则,实际上要求行政机关证明相对人的违法行为存在过错,该法第 33 条第 2 款规定:"当事人有证据足以证明没有主观过错的,不予行政处罚。法律、行政法规另有规定的,从其规定。"从这一规定可以看出,只有在相对人存在主观过错的才能追究其行政违法责任。

在现实中,类似本案的情况大量存在。为了解决这样的普遍性问题,在 2019 年 2 月生态环境部召开的新闻发布会上,生态环境部作出了如下说明:第一,污水处理厂要保证出水达标,是法律要求的。第二,政府部门要维护和保障污水处理厂的权利,一旦 PPP 合同上规定了纳管标准,监管部门就要按照标准去监管相应的工业企业。企业自己也要监管浓度,并且对自己的技术进行监管。如果发现了问题及时报告政府部门。如果报告了，并且有事实依据，有关监管部门不处理、不作为，污水处理厂可以起诉。这就体现了各方的责任，就会减少未来可能产生的问题。

由此可以看出，生态环境部的解释更加合理与公平，在实践中也出现了相关的案例。例如，在临朐县环境保护局“关于临朐荣怀污水处理有限公司出水指标超标情况的调查报告”中，临朐县环境保护局调查后发现：荣怀污水处理厂发现不明有毒废水进入后及时上报县环保局并积极采取应急措施进行处理，但生化系统仍受到严重冲击，生化系统恢复需要时间，且事故池内的不明有毒废水需要处理，处理过程也会造成出水水质不稳定。鉴于此情况，临朐县环境保护局决定不予处罚。但要求荣怀污水处理厂继续积极恢复生化系统，使暂存事故池的有毒废水尽快处理完毕，尽最大努力保证出水达标。可以说，这一做法也更加公平，体现了各方责任的思想。

案例 28

没收违法所得应以取得相关证据为前提

——H 公司未依法办理辐射安全许可证案[①]

【裁判要旨】

违法所得的调查取证,应坚持“全面深入、问题导向、客观公正”的原则。全面收集与违法所得相关的一切证据,认真听取相对人的意见和陈述,对收集的全部证据,必须经过查证属实,才能作为定案的依据。未调查或未发现存在违法所得的事实,不能作出没收违法所得的行政处罚。

【基本案情】

H 诊所有限公司(以下简称 H 公司)成立于 2019 年 4 月 15 日,主营口腔诊疗服务。因业务需要,H 公司购置了一台口腔 CT 机(Ⅲ类 X 射线装置),用于口腔 X 射线检查,该口腔 CT 机于 2019 年 7 月安装到位后即开始调试和使用,期间未按规定办理辐射安全许可证。

2020 年 1 月 14 日,N 市生态环境局执法人员对 H 公司检查时发现并确认 H 公司上述违法行为。同年 1 月 16 日,执法人员对 H 公司授权委托人进行调查询问,并下达了《停止违法行为的监督意见书》,但未调查到该公司有取得违法所得的证据。

2020 年 1 月 17 日,H 公司取得了辐射安全许可证。因执法人员取证不到位,导致 H 公司是否有违法所得及违法所得数额无法查证,故对其(违法所得的)处罚的依据不足。

---

① 引自南京市典型案例。

【法理分析】

本案中的一个焦点是对“违法所得”的认定,“违法所得”这一法律概念最早出现于1979年《刑法》第60条,是指对犯罪分子违法所得的一切财物予以追缴或者责令退赔。后《行政处罚法》第8条规定将“没收违法所得”作为行政处罚的种类之一。没收违法所得是一把“双刃剑”,如果认定得当,既可以维护社会公共利益不受损害,也可以保护违法行为人的正当权益,有利于行政处罚目的之实现;反之,不仅不能起到惩罚的效果,更会侵犯行政相对人或第三人的正当权益。

全国人大常委会法制工作委员会于2005年12月21日作出的《关于申请解释固体废物污染环境防治法第七十七条有关规定的答复意见》在给原国家环境保护总局答复时,认为《固体废物污染环境防治法》第77条对无经营许可证或者不按照经营许可证规定从事收集、贮存、利用、处置危险废物经营活动规定的“没收违法所得”,是指没收违法行为人违法收集、贮存、利用、处置危险废物所获得的收益。2011年1月4日,全国人大常委会法制工作委员会《关于对违法建设进行行政处罚计算违法收入有关问题的函》(法工委发〔2011〕1号)答复住房和城乡建设部,认为根据《城乡规划法》第64条规定,违法建设工程不能拆除的,应当没收实物或者违法收入。没收的违法收入应当与应依法没收的实物价值相当。上述法律、规章均没有明确规定违法所得的计算方式。关于违法所得的计算方法,在行政处罚领域一直以来都存在争议,表现为计算违法所得时是否要扣除成本。一种意见是“收入说”,即以全部违法收入为违法所得,不考虑扣除成本。例如,2008年11月21日原国家工商行政管理总局颁布的《工商行政管理机关行政处罚案件违法所得认定办法》第6条及第8条部分条款规定的标准为:违反法律、法规的规定,为违法行为提供便利条件的违法所得按当事人的全部收入计算。在传销违法活动中,拉人头、骗取入门费式传销的违法所得按当事人的全部收入计算。再如,《药品监督管理行政处罚规定(暂行)》第67条规定对“违法所得”解释为“违法活动中牟取的全部营业收入(包括成本和利润)”。《国家质检总局关于加油站计量作弊案违法所得认定和计算问题的答复意见的函》指出:“违法所得是指违法获利。有下列情形之一的,可以将全部经营额认定为违法所得:(一)当事人故意违法的;(二)生产、销售、进口产品属于劣质品,即危及人体健康、生命财产安全或者主要性能指标达不到标准规定要求,失去原有使用价值等情况的;(三)法律、法规、规章规定产品应当予以没收或者监督销毁的。”另一种意见是“利润说”,即以违法行为的获利部分为违法所得，扣除成本。如《工商行政管理机关行政处罚案件违法所得认定办法》第 2 条规定："工商行政管理机关认定违法所得的基本原则是：以当事人违法生产、销售商品或者提供服务所获得的全部收入扣除当事人直接用于经营活动的适当的合理支出，为违法所得。"第 3～5 条和第 7 条规定了违法所得应扣除成本，即违法生产商品的违法所得按违法生产商品的全部销售收入扣除生产商品的原材料购进价款计算。违法销售商品的违法所得按违法销售商品的销售收入扣除所售商品的购进价款计算。违法提供服务的违法所得按违法提供服务的全部收入扣除该项服务中所使用商品的购进价款计算。违法承揽的案件，承揽人提供材料的，按照《工商行政管理机关行政处罚案件违法所得认定办法》第 3 条计算违法所得；定做人提供材料的，违法所得按《工商行政管理机关行政处罚案件违法所得认定办法》第 5 条计算。《工商行政管理机关行政处罚案件违法所得认定办法》第 8 条部分条款规定："团队计酬式传销的违法所得，销售自产商品的，按违法销售商品的收入扣除生产商品的原材料购进价款计算；销售非自产商品的，按违法销售商品的收入扣除所售商品的购进价款计算。"原国家质量技术监督局发布的《关于实施〈中华人民共和国产品质量法〉若干问题的意见》第 11 条专门对"违法所得"的计算作出了规定，该意见认为，"本法所称违法所得是指获取的利润"。

2021 年 1 月修订后的《行政处罚法》依旧将"没收违法所得"作为一种行政处罚种类。没收违法所得属于行政处罚，与罚款同属于财产罚。同时增加规定："违法所得是指实施违法行为所取得的款项。法律、行政法规、部门规章对违法所得的计算另有规定的，从其规定。"这是我国关于行政处罚中违法所得认定的重大变化，有必要对其适用予以厘清。

第一，"没收违法所得"应是指"没收销售收入"。《行政处罚法》增加了"违法所得"的定义："违法所得是指实施违法行为所取得的款项。""所取得的款项"究竟采用"收入说"还是"利润说"没有明确指向，仍存在一定程度的歧义。结合《行政处罚法》第 2 条的规定："行政处罚是指行政机关依法对违反行政管理秩序的公民、法人或者其他组织，以减损权益或者增加义务的方式予以惩戒的行为"，由此可见，行政处罚应当具有一定的惩戒、教育意义。"利润说"对违法行为人的惩戒、教育意义不强，仅仅将当事人违法行为所产生的收益没收，无法实现"减损权益""予以惩戒"的目的。如果以没收利润的方式去惩处行政违法行为，行政相对人充其量只要交出原本就不属于他合法拥有的财产即可,客观上难以达到行政处罚的目的。

第二,具体实施中,应注意两个方面:一是"依法退赔"的处理。修订后的《行政处罚法》的特色之一是增加了"退赔"的环节,第28条规定,"当事人有违法所得,除依法应当退赔的外,应当予以没收",其为解决违法所得与民事责任的冲突而制定的。责令退赔会极大增加行政执法成本,可能影响到没收的正常进行,尤其是在受害人不确定或者人数众多的情况下,可能会沦为功能虚置的程序要求。如果确定"退赔"是"没收违法"的前置必经程序,将之确定为必经程序,则退赔情形会变得极为复杂。尤其当执法人员履职尽责仍然难以调查明晰时,执法机关的调查义务需要履行到何种程度,才可以根据现已调查清楚的退赔数额,进而确定没收违法所得的数额,需要进一步明确。二是法律、行政法规、部门规章对违法所得的计算另有规定的,从其规定。不同的法律、行政法规、部门规章在平衡这些利益时,结合不同违法行为特点,设定相应的违法所得计算方式,对违法所得的计算并不一概而论。对违法行为的惩戒遵循过罚相当原则,保障法治原则的实现。《行政处罚法》生效后,如何适用相应规范对违法所得进行认定会更加复杂。相关部门应尽快完善、出台符合《行政处罚法》所规定的效力层级的规范性文件,以解决实务中的适用问题。

第三,具体标准的细化。目前,在我国统一违法所得的认定方法存在很大难度。一方面,市场监管部门作为综合执法部门,执行的法律法规众多,历史原因造成市场监管部门在执法过程中同时采用多种计算方式,统一违法所得的计算方法具有很大的难度。例如,原国家工商行政管理总局出台的部门规章《工商行政管理机关行政处罚案件违法所得认定办法》与原国家质量技术监督局发布的《关于实施〈中华人民共和国产品质量法〉若干问题的意见》分别采取了"收入说"与"利润说"。另一方面,认定涉及证据的收集等各个方面,不同证据的收集导致在适用某种统一方法时存在难度。《行政处罚法》关于"违法所得是指实施违法行为所取得的款项",在文义上就有进一步进行法律解释的空间。一般情况下,执法人员在计算违法所得时,可以违法行为人所取得的所有款项计算,扣除已经缴纳的税费(因已缴纳给有关机关,进入国库),而无须考虑行为人在实施违法行为时付出的合理成本等因素。《行政处罚法》还规定法律、行政法规、部门规章对违法所得的计算另有规定的,从其规定。这里优先适用法律、行政法规、部门规章的特殊规定,但不包括规范性文件和其他解释性文件。因而,必要时可以通过具体立法规定准确认定、计算“违法所得”。这既是遵循行政执法公平、过罚相当、罚当其过原则的要求,又是维护相对人合法权益的重要内容,也是减少行政执法处罚争议的方法。基于此,有理由期待加强顶层设计,统一不同类型市场监管领域不同的行政处罚案件违法所得认定标准、计算方法。

本案中,H 公司于 2019 年 4 月 15 日成立,7 月初即购进口腔 CT 机,目的就是投入使用产生经济效益。执法人员查处的时间为 2020 年 1 月 14 日,也即半年之后,H 公司不使用的可能性不大,使用就有违法所得。违法所得的查处即是本案的重点。在违法所得的调查取证上,应坚持“全面深入、问题导向、客观公正”的原则。全面收集与违法所得相关的一切证据,认真听取相对人的意见和陈述,对收集的全部证据,必须经过查证属实,才能作为定案的依据。本案中的执法人员依法询问了单位授权的人,在单位授权的人陈述 CT 机购进后一直在调试未使用后,即未再调取其他证据,如门诊台账、调试记录、耗材使用台账、相关监控等证明材料,调查的方向有失偏颇,深度不够,认定 H 公司存在违法所得的证据不确实、不充分,以“违法所得”对 H 公司处罚缺乏事实及法律依据。

第六部分

法律适用篇

案例 29

"一事不再罚"中的"一事"如何界定

——A 能源公司违法向外环境超标排放废水案[①]

【裁判要旨】

"一事不再罚"中的"一事"应以环境违法行为的构成要件为标准来界定。若行为人为达到某违法目的,实施方式与危害结果构成不同形式的违法行为时,则不再适用"一事不再罚"原则,而应将违法方式与危害结果作为单独的违法行为看待,分别处罚。

【基本案情】

2018 年 4 月 12 日,N 市环境监察支队发现 A 能源公司酒精生产厂区雨水排放口有废水排放现象。2018 年 10 月 15 日,N 市环保局作出 N 环罚字(2018)91 号《行政处罚决定书》(以下简称 91 号行政处罚决定),认定 A 能源公司通过设置在酒精废液浓缩车间集水池旁的污水溢流口等方式,将酒精废液浓缩车间集水池污水等生产废水排入厂区内雨水沟,再经污水排放口旁边的雨水排放口排入生产厂区外环境,违反了相关法律规定,对 A 能源公司处以罚款 400,000 元。同日,N 市环保局作出 N 环罚字(2018)93 号《行政处罚决定书》(以下简称 93 号行政处罚决定),认定 A 能源公司雨水排放口外排废水 CODCr 浓度为 256mg/L,超过标准限值 1.56 倍,违反了相关法律规定,对 A 能源公司处以罚款 850,000 元。A 能源公司不服申请复议。N 市政府经复议

① 二审:南宁铁路运输中级法院(2020)桂 71 行终 9 号行政判决书。
一审:南宁铁路运输法院(2019)桂 7102 行初 168 号行政判决书。

决定维持N市环保局的处罚决定。一审、二审法院亦驳回了A能源公司的诉讼请求。

【法理分析】

"一事不再罚"又被称为"一行为不二罚""双重处罚禁止",是指任何社会主体对于其同一个行为不应当遭受到两次以上的处罚。"一事不再罚"作为一个法律原则最先被普遍应用于刑法领域。行政处罚与刑罚存在相似和共通之处,二者都具有惩戒性和制裁性,都需要体现过罚相当的原则,从而保护被处罚人的合法权益,"一事不再罚"遂被推广应用至行政法领域。"一事不再罚"原则作为行政处罚中的重要原则之一,体现在《行政处罚法》第29条,该条规定:"对当事人的同一个违法行为,不得给予两次以上罚款的行政处罚。同一个违法行为违反多个法律规范应当给予罚款处罚的,按照罚款数额高的规定处罚。"此规定对行政处罚上的"一事不再罚"原则中的"罚"进行了限缩解释,规定对行政相对人的同一违法行为不能进行两次以上的罚款处罚。从"法无禁止即许可"的原则来解释,这也就意味着行政主体对行政相对人的同一违法行为可以给予两次以上的行政处罚,但如果其中一次处罚方式是罚款,那另外的处罚方式既可以是警告、没收违法所得、没收非法财物,也可以是责令停产停业,还可以是暂扣或吊销许可证和营业执照等处罚种类,但唯独不能再是罚款。由于法律、法规对于"一事不再罚"的适用缺乏详尽的规定和统一的标准,且行政违法行为尤其是环境违法行为的违法样态众多,在环境行政处罚及环境行政诉讼的实践中,关于"一事不再罚"的具体适用仍存在较多争议,其中大多数争议都集中在对"一事"的界定上。以本案为例,N市环保局于同一天对A能源公司作出了两个行政处罚决定,处罚种类都是罚款,A能源公司认为N市环保局针对自身违法排污这"一事"作出了两个罚款决定,违反了"一事不再罚"原则。然而,要判断N市环保局的处罚决定是否违反了"一事不再罚"原则,首先需要从违法行为的构成要件来进行具体分析。

根据行为模式、损害后果等要素的不同,环境违法行为构成要件如下:一是必须有环境违法行为存在,即行政相对人客观上实施了污染或破坏生态环境的行为,且该行为违反了法律、法规的相关规定;二是该行政相对人实施该违法行为在主观上存在过错;三是该行政相对人必须具有承担相应法律责任的能力;四是该环境违法行为造成了法律规定之内的危害结果；五是该环境违法行为与危害结果具有因果关系。以本案为例，A 能源公司违反法律规定向外环境偷排超标废水这一行为违反了《水污染防治法》的相关规定；A 能源公司具有主观上的过错；A 能源公司是独立的企业法人，具有承担法律责任的能力；A 能源公司偷排超标废水的行为与造成水体污染的危害结果之间具有直接因果关系。故而，A 能源公司的行为符合上述环境违法行为构成要件，应当受到行政处罚，A 能源公司对此也未持异议。

然而，若环境行政相对人为达到某一违法目的，其实施方式与危害结果构成不同形式的违法时，能否认定为“一事”呢？在行政处罚及行政诉讼的实践中，行政相对人对此通常与行政机关及司法机关持有相反意见，本案即是一个典型案例。N 市环保局作出的两个行政处罚决定即是分别针对 A 能源公司的违法方式与危害结果作出的。其中，91 号行政处罚决定是针对 A 能源公司的违法方式所作。《水污染防治法》第 39 条规定：“禁止利用渗井、渗坑、裂隙、溶洞，私设暗管，篡改、伪造监测数据，或者不正常运行水污染防治设施等逃避监管的方式排放水污染物。”A 能源公司通过设置在酒精废液浓缩车间集水池旁的污水溢流口等方式，将酒精废液浓缩车间集水池污水等生产废水排入厂区内雨水沟，再经污水排放口旁边的雨水排放口排入生产厂区外环境，违反了该项规定，N 市环保局依照《水污染防治法》第 83 条第 3 项、《广西壮族自治区规范环境行政处罚自由裁量权实施办法》第 5 条和第 7 条、《广西环境行政处罚自由裁量权细化标准》第 10 条第 3 项的规定，对 A 能源公司处以罚款 400, 000 元。而 93 号行政处罚决定系针对 A 能源公司的违法结果所作出。《水污染防治法》第 10 条规定：“排放水污染物，不得超过国家或者地方规定的水污染物排放标准和重点水污染物排放总量控制指标。”N 市环保局通过采样分析发现，A 能源公司雨水排放口外排废水 CODCr 浓度已超过相关国家标准限值的 1. 56 倍，该项损害结果违反了上述法律规定，N 市环保局遂依照相关法律规定，对 A 能源公司处以罚款 850, 000 元。

N 市环保局对 A 能源公司作出的 91 号行政处罚决定和 93 号行政处罚决定，是否违反了“一事不再罚”原则，我们须结合立法本意综合评判。《水污染防治法》的立法本意是保护环境，防治水污染，该法第 10 条主要规范行政相对人不得排放超过国家或地方制定标准的水污染物，第 39 条主要禁止行政相对人利用渗井、渗坑、裂隙、溶洞，私设暗管，篡改、伪造监测数据，或者不正常运行水污染防治设施等逃避监管的方式排放水污染物。前者行为方式体现在无论是采取逃避监管的方式排放水污染物还是以合法的方式排放水污染物，经检测排放的水污染物超标，即符合处罚要件，构成超标排放水污染物的违法行为，也就是说，“只看结果不问原因”。后者行为方式侧重于行为人主观上故意逃避行政监管，客观上实施了法律禁止性行为，即使排放的水污染物没有超过国家或地方制定标准，也符合处罚要件构成违法行为，即“只看原因不问结果”。本案中，A 能源公司“不正常运行水污染防治设施”排放水污染物，违反了《水污染防治法》第 39 条的规定，经检测又发现排放的水污染物超标，又违反了该法第 10 条的规定。这实际上是 A 能源公司在实施前一个“不正常运行水污染防治设施”排放水污染物的违法行为时，其结果又构成后一个违法行为“超标准排放水污染物”，虽然两者之间存在原因、目的与结果、后果之间的牵连关系，但实质上符合两个行政违法行为的法律构成要件，属于两个独立的行政违法行为，故不应适用“一事不再罚”原则。基于以上分析，N 市环保局认定 A 能源公司实施违法行为的事实清楚，定性正确，其于同一日作出的两项行政处罚决定的法律效力亦被生效判决认可。

在环境行政处罚实务中，除本案的情形之外，还有很多在适用“一事不再罚”原则时容易出现偏差的情形。如行为人同一违法行为同时触犯一个法律规范的同一个条款的两项或两项以上禁止性规定，是否适用“一事不再罚”原则？依然以《水污染防治法》为例，该法第 33 条第 1 款规定，“禁止向水体排放油类、酸液、碱液或者剧毒废液”；第 2 款规定，“禁止在水体清洗装贮过油类或者有毒污染物的车辆和容器”。若某主体同时做出上述两项禁止性规定的行为，行政机关是否应将其行为认定为“一事”呢？再如，行政相对人在已经接受过一次处罚后，又实施相同性质的违法行为，行政机关是否可以对其再次处罚？若对其再次处罚是否违反“一事不再罚”原则呢？笔者认为，无论何种情况，均应从前述环境违法行为的构成要件来分析，上述两种情况的违法行为均属于独立的违法行为，不应适用“一事不再罚”原则，行政机关应当对行政相对人的每个独立违法行为作出处罚决定。

案例 30

单位违法“双罚制”的适用范围

——L 市生态环境局重复处罚案[①]

【裁判要旨】

“双罚制”的适用主体应是具有法律意义上的独立“人格”的法人或组织,对个人独资企业等非法人组织作出行政处罚决定的,不可就同一违法行为再处罚其投资人。

【基本案情】

2019 年 8 月 15 日,L 市生态环境局发现 B 厂存在“注塑机生产线需要配套建设的环境保护设施未建设且未验收,主体工程即投入生产”的违法行为。L 市生态环境局作出行政处罚决定,对 B 厂处以 50 万元罚款。2019 年 12 月 24 日,L 市生态环境局又依据《行政处罚法》第 23 条[②]及《建设项目环境保护管理条例》第 23 条的规定,作出行政处罚决定,对 B 厂厂长潘某罚款 15 万元。潘某认为 L 市生态环境局认定事实不清,适用法律不当,且对其处以较重的处罚显失公平,向法院提起行政诉讼,一审法院驳回其诉讼请求。潘某提起上诉,称 B 厂是个人独资企业,L 市生态环境局对该厂及其本人同时进行处罚违反“一事不再罚”原则。二审法院认为,当责任主体和直接负责的主管人员是

---

① 二审:辽宁省辽阳市中级人民法院(2021)辽 10 行终 5 号行政判决书。

一审:辽宁省灯塔市人民法院(2020)辽 1081 行初 58 号行政判决书。

② 此处的《行政处罚法》是全国人大常委会于 2017 年 9 月 1 日修正版,该法已于 2021 年 1 月 22 日修订,原第 23 条被修订为第 28 条第 1 款。——编者注

同一个主体时，不得给予两次以上罚款的处罚决定，遂判令撤销一审行政判决书及 L 市生态环境局对潘某所作的行政处罚决定书。

【法理分析】

“一事不再罚”原则是行政处罚的基本原则，“双罚制”就是其例外。“双罚制”又名“两罚制”，是与“单罚制”相对应的概念。“单罚制”是指只处罚自然人或者只处罚单位的处罚制度；而“双罚制”是为了强化对单位违法犯罪的威慑和处罚而建立的制度，是指对于单位的某些违法犯罪行为，既要处罚单位，也要处罚单位的直接责任人员。该制度起源于刑法领域，后来出于行政执法需要，其精神内核逐步被行政法借鉴吸收。从目前的法律规定来看，对单位行政违法的处罚原则大多数采取的还是替代责任，即由单位承担责任。替代责任的立法目的和“一事不再罚”一样，均是体现过罚相当原则。替代责任的立法原意在于，虽然实施违法行为的是单位的成员，但由于该成员是为单位之利益而行动，故只追究单位的责任。然而，面对一些行为极其恶劣、损害后果极其严重的单位行政违法行为，若仍坚持适用“一事不再罚”或替代责任，则会出现违法责任主体与行为主体相分离、“罚非其人”或“罚不抵过”的情况，此时，法律出于善意的规定则会成为恶的“避风港”。因此，为了更有效地预防恶劣违法行为的发生，立法者设计了“双罚制”。

相比于刑法领域关于“双罚制”丰富的学术研究和详尽的立法规定，行政法领域关于“双罚制”的法律规定和理论研究尚未形成体系。关于“双罚制”的适用规则之争论历来有之。有人主张凡是除法律另有规定之外，对单位行政违法行为均应当适用“双罚制”；也有人主张对单位行政违法行为应当以“单罚制”为原则，以“双罚制”为例外。然而，2021 年 1 月 22 日正式审议通过的《行政处罚法》未出现关于“双罚制”的规定。这意味着立法者在行政领域的“双罚制”适用问题上仍持谨慎态度。目前，我国关于“双罚制”的规定散见于《固体废物污染环境防治法》《建设工程质量管理条例》等法律规定当中。由此可见，我国行政法上的“双罚制”采用的是“法有规定才适用”方式，无规定不适用。

然而，由于规范的缺位，行政机关时常无法准确把握“双罚制”的适用主体，导致实践中出现很多因错误适用“双罚制”而被法院撤销行政处罚决定的案例。毋庸置疑的是，“双罚制”的适用主体是“单位”。然而，“单位”一词是与“自然人”相对的一个法律拟制概念。参照《刑法》第30条对“单位”的范围的规定,“单位”包括公司、企业、事业单位、机关、团体。但刑法学上关于“单位”的范围并不当然适用于行政处罚领域,更不能当然地将刑法中单位犯罪的主体范围等同于单位行政违法“双罚制”的适用主体范围。需要明确的是,“双罚制”的适用主体应当是可以独立承担行政处罚后果的责任主体,须具有法律意义上的独立“人格”,而判定一个法律主体是否具有独立“人格”的关键在于其承担责任的方式。“双罚制”作为一种行政处罚的制度,其必然应在《行政处罚法》的范围内发挥其制度功能,因而其主体范围必然应与《行政处罚法》的规定一致,或者根据具体适用领域的不同有所缩小,但一定不能超出《行政处罚法》规定的主体范围。《行政处罚法》第4条规定:“公民、法人或者其他组织违反行政管理秩序的行为,应当给予行政处罚……”该条款明确了行政处罚的对象为三类:一是公民;二是法人;三是其他组织。针对单位行政违法行为,对照这三类处罚对象,个人首先应予以排除,“双罚制”的主体也只能是法人和其他组织。根据《民法典》第57条的规定,法人是指具有民事权利能力和民事行为能力,能依法独立享有民事权利和承担民事义务的组织。因此,行政机关完全可以依照相关法律对法人适用“双罚制”。对于其他组织,则需要根据不同种类组织的具体样态来分析是否适用“双罚制”。

个人独资企业是一种特殊的企业组织形式。《民法典》第102条也明确了个人独资企业的性质为非法人组织。该条规定:“非法人组织是不具有法人资格,但是能够依法以自己的名义从事民事活动的组织。非法人组织包括个人独资企业、合伙企业、不具有法人资格的专业服务机构等。”《个人独资企业法》第2条规定:“本法所称个人独资企业,是指依照本法在中国境内设立,由一个自然人投资,财产为投资人个人所有,投资人以其个人财产对企业债务承担无限责任的经营实体。”从企业设立来看,个人独资企业的设立是所有企业形式中要求最简单的,只需一个自然人投资即可,这也使个人独资企业的构成比较单一。从企业的经营和管理来看,由于投资人只有一个,个人独资企业的经营方式也很灵活,企业的决策和管理均由作为投资者的个人完全掌握。从企业财产来看,企业的财产归投资者个人所有和控制,所有经营风险由投资者个人承担,全部经营收益由投资者个人享有。从责任承担方式来看,当企业的资产不足以清偿全部债务时,需要由投资者以个人财产承担清偿责任。从企业解散来看,由于个人独资企业对投资者的依附性强,企业解散完全由投资者个人决定,当投资者死亡,个人独资企业也随之解散。

综上所述,个人独资企业中的“个人”与“企业”是无法相分离的。正是由于个人独资企业的上述特征,作为非法人组织的个人独资企业,它的“直接负责的主管人员和其他责任人员”就是它的投资人,两者是同一个主体。因此,不宜将个人独资企业囊括进单位行政违法的“单位”中,也不宜对个人独资企业适用“双罚制”。只有违法责任主体与“直接负责的主管人员和其他责任人员”不是同一个主体时,才可以适用“双罚制”;否则,就违反了“一事不再罚”的原则。

本案中,B 厂系潘某以个人资产出资经营的个人独资企业, B 厂存在“注塑机生产线需要配套建设的环境保护设施未建设且未验收,主体工程即投入生产”的环境违法行为,L 市生态环境局在对 B 厂作出处罚后又对 B 厂厂长潘某作出处罚,最终两项处罚都需由潘某一人承担,显然违背了“一事不再罚”原则。

案例31

按日计罚须谨慎把握适用前提

——L公司按日计罚案①

【裁判要旨】

适用按日计罚,须有行政相对人被责令改正但拒不改正的前置条件,且应遵循教育与惩罚相结合的原则。

【基本案情】

2016年3月14日至15日,M县环保局执法人员对L公司进行现场检查时(暗查方式)发现,L公司实施了环境违法行为。经M县环境监测站检测,L公司西侧窑炉总排口二氧化硫排放浓度为496mg/m^3,烟尘排放浓度为161mg/m^3,氮氧化物排放浓度为2610mg/m^3,均超过国家标准。M县环保局执法人员因此于2016年3月15日现场送达(2016)0503号《责令改正环境违法行为决定书》。2016年4月12日至13日,M县环保局复查时发现西侧窑炉总排口排放的废气仍然超标。M县环保局于2016年4月13日再次下达(2016)0504号《责令改正环境违法行为决定书》,责令L公司立即停止环境违法行为。

2016年6月13日,M县环保局作出(2016)045号《行政处罚决定书》:(1)责令立即停止违法行为;(2)自2016年3月16日起至2016年4月12日共

① 再审:河南省高级人民法院(2019)豫行申61号。
二审:河南省洛阳市中级人民法院(2018)豫03行终132号。
一审:河南省孟津县人民法院(2017)豫0322行初3号。

28天,连续按日计罚[依据(2016)044号,每天罚款70万元]。L公司认为M县环保局的行政处罚程序和实体均违反法律规定,诉至法院。

庭审中,法院通知专家证人韩某出庭作证,证明:玻璃行业的冶炼温度远高于冶钢及冶金行业,最高温度在1600℃,窑炉需要不断加入原料,不断出玻璃,不能中断。窑炉是在不停产的情况下进行检测,是有报废年限的,只要一停止就报废掉,就需要建新炉子。即便在治理过程中也要进行生产,否则检测不到真实数据。法院审理后认为,M县环保局对L公司同一个违法行为在同一天分别作出数个行政处罚决定,其所依据的基础罚[(2016)044号]错误,违反了《行政处罚法》第24条[①]关于"一事不再罚"的基本原则。且根据玻璃行业的特殊性质,M县环保局责令L公司立即停止违法行为,不具有实际可操作性。遂判决撤销被告的行政处罚决定。

【法理分析】

环境违法行为除具有行为隐匿、危害后果难以估量的特点外,其污染行为还具有持续性。2014年4月24日修订的《环境保护法》出台前,由于法定的罚款方式单一、数额较低,低额的一次性处罚难以纠正持续性环境违法行为,更不足以震慑、遏制、制裁环境违法行为,部分企业宁愿选择违法排污、缴纳罚款也不治理污染,各类持续性环境违法现象屡禁不止,严重损害了环境法律应有的威严。为改变我国长期存在的环境违法成本低、违法行为屡禁不止的被动局面,"按日计罚"应运而生。"按日计罚"的制度雏形最早见于2007年5月制定的《重庆市环境保护条例》,并曾于《水污染防治法(修订草案)》审议时被建议入法。几经波折,"按日计罚"最终于2014年4月24日作为第59条的规定写入《环境保护法》,并由原环境保护部出台《环境保护主管部门实施按日连续处罚办法》作为配套措施。"按日计罚"制度具有如下功能与价值:一是能够对环境违法行为进行严厉打击。在"按日计罚"制度下,生产经营主体将面临前所未有的违法成本,高昂的罚款会迫使曾经拒不改正的违法企业主动地去纠正环境违法行为,加大对先进生产设备以

---

① 此处的《行政处罚法》是全国人大常委会于2017年9月1日修正的版本,该法已于2021年1月22日修订,原第24条被修订为第29条第1款。——编者注

及技术的投入，力求减少违法成本，保证企业竞争优势。二是能够为执法行为提高权威性。“按日计罚”制度明确细致地规定了适用对象以及处罚方法，使执法更具可操作性。除此之外，“处罚不设上限”大大地提升了执法的力度，违法企业屡教不改的现象有了极大的改善，无形之中树立了执法的权威性，提高了执法的效力。三是能够对环境与经济的平衡发展起到促进作用。“按日计罚”制度的目的实则在于督促生产经营者加大对生产技术、生产设备的投入，提高自身产品竞争优势，探寻环保生产模式，从而实现经济与环境的双赢。

本案中，M县环保局于2016年3月15日对L公司送达《责令改正环境违法行为决定书》，但由于玻璃行业的特殊性质，L公司无法立即停止违法行为。其后M县环保局于2016年4月12日至13日复查，并送达《责令改正环境违法行为决定书》，在L公司未停止违法行为的情形下，M县环保局对L公司2016年3月16日至2016年4月12日的违法行为作出了“按日计罚”的决定，对此L公司不服。判断M县环保局对L公司排污行为实施“按日计罚”是否具有合法性，应从以下两个方面展开：

首先，应厘清执法机关对排污者实施“按日计罚”的构成要件。《环境保护主管部门实施按日连续处罚办法》第5条规定：“排污者有下列行为之一，受到罚款处罚，被责令改正，拒不改正的，依法作出罚款处罚决定的环境保护主管部门可以实施按日连续处罚：(一)超过国家或者地方规定的污染物排放标准，或者超过重点污染物排放总量控制指标排放污染物的；(二)通过暗管、渗井、渗坑、灌注或者篡改、伪造监测数据，或者不正常运行防治污染设施等逃避监管的方式排放污染物的；(三)排放法律、法规规定禁止排放的污染物的；(四)违法倾倒危险废物的；(五)其他违法排放污染物行为。”可见，执法机关对排污者实施“按日计罚”需满足三个构成要件：一是排污者实施了违法排污行为；二是执法机关必须对违法排污者进行了行政罚款处罚；三是受到罚款处罚的违法排污者被环保执法机关责令改正，拒不改正。当然，本案中，由于玻璃行业的特殊性，L公司无法停止违法行为，其主观过错较轻，这也应予以考虑。2021年7月15日起实施的《行政处罚法》第33条第2款规定：“当事人有证据足以证明没有主观过错的，不予行政处罚。法律、行政法规另有规定的，从其规定。”可见，在行政处罚中贯彻过错原则已经成为行政处罚的发展趋势。如果本案中的L公司确实无法停止违法行为，给予其按日计罚也是不公平的。

其次,M县环保局对L公司2016年3月16日至2016年4月12日的违法行为作出了“按日计罚”的计算是否合理。司法实践中,关于“按日计罚”的计算存在三种观点。第一种观点是执法机关先对违法行为人作出责令改正环境违法行为的行政命令和决定书,再作出《行政处罚决定书》,在决定书送达后一定的时间再复查,“按日计罚”的计算从《责令改正违法行为决定书》送达违法行为人的第二天起至复查日止。第二种观点是执法机关作出责令改正的行政命令后,留一定的时间进行复查,复查中发现排污者拒不改正违法排污行为的,环境保护主管部门可以对其实施按日连续处罚。按日计罚的起始时间为责令改正之日的次日。本案M县环保局属于此种情形。第三种观点是当执法机关发现违法行为后,先对违法行为人处以一次行政处罚,同时作出并送达责令改正的行政命令,并给予一定的时间,等待行政机关复查时,如果违法行为人拒不改正,对环境违法行为人处以按日计罚。“按日计罚”自责令改正违法行为决定书送达排污者之日的次日起至环境保护主管部门复查之日止。再次复查仍拒不改正的,计罚日数累计执行。三种观点的不同之处在于不同的时间作出《责令改正违法行为决定书》和《行政处罚决定书》,导致启动“按日计罚”的时间不同,罚款数额也相应地不同,进而导致“按日计罚”不能起到“先教后罚”的教育作用。第一种观点的缺陷是,“按日计罚”的起算时间实际上是从责令改正命令作出的时间开始的。这不仅未对首次违法行为的性质作出最终界定,就启动了“按日计罚”,造成行政相对人权益的减损,而且若只是下达责令改正的命令,不能实现教育功能,因为只有对其进行处罚后,使其了解到事情的严重性与危害性,再作出责令改正的行政命令,启动“按日计罚”,才能符合规定“按日计罚”的最初目的。《责令改正违法行为决定书》,不能很好地体现出“先教后罚”的宗旨,唯有实在性地对违法行为人处以罚款,再以责令改正违法行为的行政命令作为辅助措施,方能实现预期效果。第二种观点是在执法机关完成执法,作出责令改正命令并复查之后,才下达首次行政处罚决定书,其除存在第一种观点的缺陷外,还忽略了首次行政处罚决定书的作出时间。对于执法机关来说,丧失了对违法行为人教育和惩戒的机会。对于违法行为人来说,《责令改正违法行为决定书》不能起到警示或震慑的作用,且违法行为人无法评估违法行为给其带来的损失,无法评估守法成本与违法代价的比重。因此,第三种观点更为合理。合理的“按日计罚”计算方式应是“当执法机关发现违法行为后,先对违法行为人处以一次行政处罚,同时作出并送达责令改正的行政命令,并给予一定的时间，等待行政机关复查时，如果违法行为人拒不改正，对环境违法行为人处以按日计罚”。可见，“按日计罚”的前提是先有行政机关作出的罚款处罚，且行政相对人被责令改正但拒不改正。本案中，M县环保局未查明玻璃行业的特殊性质，责令L公司立即停止违法行为，不具有实际可操作性，在本案中失去了“按日计罚”的基础。且“按日计罚”也应当坚持教育与处罚相结合的原则，M县环保局适用“按日计罚”制度，多次通过暗访的方式，对企业处以1960万元罚款的做法值得商榷。

案例32

按日连续计罚要有事实依据及引用条文

——G公司按日连续计罚案①

【裁判要旨】

实施按日连续计罚,要在《行政处罚决定书》中明确按日连续计罚的事实依据及引用的法律条文,并详细阐明处以罚款的计算标准、计罚日数的计算方式等。《行政处罚决定书》未载明上述内容,则不符合法律规定的形式和实体要件,应予撤销。

【基本案情】

G公司成立于2004年12月2日,主营制造、销售化学纤维、塑料制品、轻质建筑材料、棉、化纤纺织等。2018年1月23日,原S市环保局在配合其他单位暗访督察中,发现G公司涉嫌排放超标生产废水,遂对现场取样的生产废水委托监测。市环境监测站于2018年1月29日作出《监测报告》,载明:"本次G公司污水排放口废水所测污染物中化学需氧量和五日生化需氧量浓度值均超过《污水综合排放标准》(GB 8978－1996)表4中一级标准中最高允许排放浓度。其中化学需氧量浓度值的超标倍数为0.92,五日生化需氧量浓度值的超标倍数为1.8。"原S市环保局于2018年2月11日对G公司的违法排污行为进行立案查处。2018年2月12日,原S市环保局作出《责令改正违法行为决定书》,并于当日送达G公司。在履行调查取证、处罚告知、听证及听取陈述

① 二审:四川省资阳市中级人民法院(2019)川20行终23号行政判决书。
一审:四川省资阳市雁江区人民法院(2019)川2002行初1号行政判决书。

申辩等程序后，于4月11日作出处罚决定：责令G公司限制生产，并处以罚款10万元。

2018年2月27日，原S市环保局依法对其2018年2月12日作出的《责令改正违法行为决定书》进行复查，并委托市环境监测站对G公司所排废水进行监测，市环境监测站于3月7日作出《监测报告》，载明："G公司总排口废水本次所测污染物中化学需氧量和五日生化需氧量浓度值均超过《污水综合排放标准》（GB 8978－1996）表4中一级标准中最高允许排放浓度。其中化学需氧量浓度值的超标倍数为0.49，五日生化需氧量浓度值的超标倍数为0.96。"2018年3月12日，原S市环保局对G公司未完全履行《责令改正违法行为决定书》，仍超标排放生产废水的行为进行立案查处，再次作出《责令改正违法行为决定书》，并于当日送达G公司。后原S市环保局分别于2018年3月19日、3月27日、7月24日进行了三次复查，复查结论为G公司已停产。原S市环保局依法履行处罚程序并于2018年7月2日作出Z环罚（2018）15号《行政处罚决定书》，决定对G公司处以：责令停产整治；罚款150万元。

G公司不服提起诉讼，请求撤销Z环罚（2018）15号《行政处罚决定书》。一审法院认为，虽然原S市环保局作出的Z环罚（2018）15号《行政处罚决定书》对证据分析认定不够全面，未运用事实依据和引用《环境保护主管部门实施按日连续处罚办法》的相关条文进行充分说理，未详细阐明处以罚款的计算标准、计罚日数的计算方式等，致使该行政行为存在一定的瑕疵，但该瑕疵不影响该行政处罚的成立，G公司请求撤销于法无据，驳回了G公司诉请。G公司提出上诉，二审法院认为，案涉行政处罚决定未运用事实依据和引用《环境保护主管部门实施按日连续处罚办法》的相关条文进行充分说理，未详细阐明处以罚款的计算标准、计罚日数的计算方式等，属于适用法律、法规错误。终审改判撤销Z环罚（2018）15号《行政处罚决定书》。

【法理分析】

2015年1月1日起施行的《环境保护法》首次规定了按日计罚制度。该法第59条第1款规定："企业事业单位和其他生产经营者违法排放污染物，受到罚款处罚，被责令改正，拒不改正的，依法作出处罚决定的行政机关可以自责令改正之日的次日起，按照原处罚数额按日连续处罚。”该条第 3 款授权地方性法规可以根据环境保护的实际需要，增加第 1 款规定的按日连续计罚的违法行为的种类。2014 年 12 月 19 日，原环境保护部发布《环境保护主管部门实施按日连续处罚办法》。《环境保护主管部门实施按日连续处罚办法》设专章用 10 个条款的篇幅，详细规定了实施按日连续计罚程序，即初次处罚、责令改正、复查、作出按日连续计罚决定等流程。原环境保护部环境监察局有关负责人就《环境保护主管部门实施按日连续处罚办法》解读时称，根据《环境保护法》的规定，实施按日连续计罚必须具备四个条件：企业事业单位和其他生产经营者违法排放污染物，受到罚款处罚，被责令改正，拒不改正。这四个条件之间有一定的逻辑关系：只有企业事业单位和其他生产经营者违法排放污染物，才能受到罚款处罚；只有被责令改正，才存在拒不改正的情形。在规定责令改正的时限和方式时，为达到及时纠正环境违法行为的目的，《环境保护主管部门实施按日连续处罚办法》规定环保部门可以当场认定违法排放污染物的，应当在现场调查时即责令排污者立即停止违法排放污染物行为；鉴于超标排污，环保部门需要通过环境监测来认定，《环境保护主管部门实施按日连续处罚办法》规定，环保部门应当在取得环境监测报告后 3 个工作日内送达排污者，责令立即停止违法排放污染物行为。在规定复查期限时，综合考虑复查工作开展的及时性和执法实践的可行性，《环境保护主管部门实施按日连续处罚办法》规定环保部门应当在送达责令改正违法行为决定书之日起 30 日内，以暗查方式对违法排放污染物行为的改正情况组织复查。在按日连续处罚的处罚周期中，需要作出两个行政处罚决定：一是初次检查发现违法排放污染物行为所作的处罚决定，即原处罚决定；二是复查发现违法排放污染物行为拒不改正，依法作出的按日连续处罚决定。对于两个处罚决定的前后顺序，《环境保护主管部门实施按日连续处罚办法》规定按日连续处罚决定应当在原处罚决定之后作出。按日连续处罚采取按照违法行为持续的日数，不断累加罚款数额的动态罚款模式。计罚日数和日处罚数额是决定按日连续处罚的关键因素。《环境保护主管部门实施按日连续处罚办法》根据《环境保护法》第 59 条“按照原处罚数额按日连续处罚”的规定，规定按日连续处罚每日的罚款数额，为原《行政处罚决定书》确定的罚款数额；按日连续处罚的罚款总数额，为原《行政处罚决定书》确定的罚款数额乘以计罚日数。对于计罚日数的确定，鉴于“被责令改正”是认定“拒不改正”的前提，《环境保护主管部门实施按日连续处罚办法》规定按日连续计罚的计罚日数为《责令改正违法行为决定书》送达排污者之日的次日起,至环保部门复查发现违法排污行为之日止;再次复查仍拒不改正的,计罚日数累计执行。但在其后的执行过程中,《环境保护主管部门实施按日连续处罚办法》暴露了诸多不合理之处。为进一步加大环境执法力度,增强按日计罚措施的可操作性,原环境保护部决定修改并于 2017 年 5 月 18 日公布了征求意见稿,据生态环境部介绍,《环境保护主管部门实施按日连续处罚办法》的修改主要集中在两个方面:一方面是调整了适用范围,增加一项即"未依法取得排污许可证排放污染物的"。同时,将"违法倾倒危险废物的"修改为"非法排放、倾倒、处置危险废物的"。另一方面是取消复查期限 30 日的规定。但修改版至今未公布。

《水污染防治法》第 95 条规定按日连续计罚的适用条件,即"企业事业单位和其他生产经营者违法排放水污染物,受到罚款处罚,被责令改正的,依法作出处罚决定的行政机关应当组织复查,发现其继续违法排放水污染物或者拒绝、阻挠复查的,依照《中华人民共和国环境保护法》的规定按日连续处罚"。从本案查明的事实来看,原 S 市环保局一共对 G 公司作出了两次罚款的行政处罚。第一次是 2018 年 4 月 11 日作出《行政处罚决定书》,是针对 2018 年 1 月 23 日暗访督查中发现 G 公司存在超标排放生产废水的违法行为所作出的;第二次是 2018 年 7 月 2 日作出的 Z 环罚(2018)15 号《行政处罚决定书》,是针对 2018 年 2 月 12 日责令 G 公司改正违法行为后,于同月 27 日复查时发现 G 公司仍继续违法超标排放生产废水作出的按日连续处罚。原 S 市环保局的两次罚款行政处罚是针对 G 公司两个不同的违法行为。包括行政处罚、行政强制、行政命令等具体行政行为的表现方式是对行政相对人产生法律效力的行政法律文书,如《行政处罚决定书》《行政强制决定书》《限期改正决定书》,都确定了具体行政行为种类,也表明了其是最终的、成熟的,并产生公定力、确定力的行政行为。因此,《行政诉讼法》第 70 条中规定的确定行政行为合法条件"证据充分,适用法律、法规正确"就需体现在行政法律文书中。《行政处罚法》就明确规定了《行政处罚决定书》应当载明的内容,该法第 59 条第 1 款规定:"行政机关依照本法第五十七条的规定给予行政处罚,应当制作行政处罚决定书。行政处罚决定书应当载明下列事项:……(三)行政处罚的种类和依据;……"就本案所涉行政处罚应适用的规章《环境保护主管部门实施按日连续处罚办法》第 16 条第 2 款第 2 项和第 3 项更加明确了《行政处罚决定书》应当载明的相关内容,即"初次检查发现的环境违法行为及该行为的原处罚决定、拒不改正的违法事实和证据；按日连续处罚的起止时间和依据”。从原S市环保局作出的《行政处罚事先告知书》和Z环罚（2018）15号《行政处罚决定书》所载明的内容可见，其没有明确初次检查G公司发现的环境违法行为及对该公司的原处罚决定，以及按日连续处罚依据之一《环境保护主管部门实施按日连续处罚办法》和按日连续处罚的起止时间。因此，案涉行政处罚决定未运用事实依据和引用《环境保护主管部门实施按日连续处罚办法》的相关条文进行充分说理，未详细阐明处以罚款的计算标准、计罚日数的计算方式等，属于适用法律、法规错误。应根据《行政诉讼法》第70条的规定，撤销案涉行政处罚决定。一审关于上述行政处罚在适用法律、法规上出现的问题属于“瑕疵”的认定错误，依法予以纠正。

案例 33

刑事立案后应根据法律规定判断能否行政处罚

——Z 公司违法处置危险废物案[①]

【裁判要旨】

对于行政违法案件,如果已经刑事立案,那么行政机关就不能再对当事人进行行政处罚,即原则上来说二者不可同时适用。行政机关先立案,之后又因涉嫌犯罪而被移送的案件,究竟能否适用行政处罚,要根据法律的规定加以处理。

【基本案情】

Z 公司于 2011 年成立,主营建筑材料、矿产品销售,并提供环保建材新产品的研究、开发及技术咨询服务,但未取得收集、贮存、处置危险废物经营许可证。H 公司有一批脱硫石膏需要处置,于是两公司签订了《脱硫石膏处置合同》,约定 H 公司将其产生的 20,000 吨脱硫石膏以每吨 52.1 元交给 Z 公司,由其按国家规定的方法进行处置。合同签订后,Z 公司与 T 村民口头约定后,将 18,414.74 吨脱硫石膏倾倒在 L 区 D 岭。经鉴定,该批脱硫石膏属于危险废物,Z 公司未采取任何防护措施。Z 公司因此获得 750,216.03 元处置费。

根据举报,L 市生态环境局于 2019 年 1 月 18 日对 Z 公司涉嫌污染环境案进行立案调查,并于同年 1 月 22 日向 L 市公安局移送该案。公安机关立案侦查终结后,检察机关就该案向法院提起公诉。2020 年 1 月 2 日,法院作出判决,以污染环境罪对单位和主要负责人作出了刑事处罚。除此之外,L 市生态环境局在 2019 年 3 月 14 日对 Z 公司作出《行政处罚决定书》,没收 Z 公司的

---

① 一审:广西壮族自治区柳州市柳江区人民法院(2019)桂 0221 行初 91 号行政判决书。

违法所得,并处以违法所得三倍的罚款。

Z公司不服该处罚决定提起诉讼,请求撤销该行政处罚决定。法院认为,根据刑事立案后不能进行行政处罚的规定,L市生态环境局作出的行政处罚决定缺乏法律依据,因此作出撤销处罚决定的判决。

【法理分析】

在我国,行政责任与刑事责任具有一定的相似性,即都是因违法行为而承担的后果,因此也容易引起混淆。正如一些学者所言,我国实际上存在以行政处罚体系、刑事处罚体系和收容教养体系并存的三种公共处罚体系。一般而言,构成行政违法的,不一定构成刑事犯罪,而构成刑事犯罪的,往往都会构成行政违法,不仅要追究其刑事责任,还可能追究其行政责任。在构成刑事犯罪的情况下,就需要考虑刑事责任与行政责任的衔接与协调问题,而如何协调行政处罚体系与刑事处罚体系之间的关系,在实践中存在较多争议。

第一,对于行政执法中发现的犯罪线索,我国规定了移送制度。很多犯罪线索是在行政执法过程中发现的,为了实现行政执法与刑事司法的衔接,我国《行政处罚法》规定了行政机关在执法过程中发现可能构成犯罪的,应向司法机关移送的制度;国务院制定了《行政执法机关移送涉嫌犯罪案件的规定》(2001年7月9日起实施,2020年8月7日修订);同时也制定了大量的行政规章和司法解释,探索行政执法与刑事司法两法衔接问题。

在执法过程中,如果行政机关发现违法行为可能涉及刑事犯罪,有义务将该案移送到公安机关。对此,《行政执法机关移送涉嫌犯罪案件的规定》第11条第1款规定:“行政执法机关对应当向公安机关移送的涉嫌犯罪案件,不得以行政处罚代替移送。”除此之外,《关于加强行政执法与刑事司法衔接工作的意见》也明确规定,“行政执法机关向公安机关移送涉嫌犯罪案件……在移送案件时已经作出行政处罚决定的,应当将行政处罚决定书一并抄送公安机关、人民检察院;未作出行政处罚决定的,原则上应当在公安机关决定不予立案或者撤销案件、人民检察院作出不起诉决定、人民法院作出无罪判决或者免予刑事处罚后,再决定是否给予行政处罚”。即行政机关一旦发现行政违法行为涉嫌构成犯罪,必须及时将其移送至有管辖权的司法机关。究竟如何处罚,要等最终的司法裁判结果出来后才能定论。如果该违法行为构成犯罪,仍然要予以行政处罚的,就需要在刑事诉讼程序终结后再进行处罚。

第二,关于行政执法和刑事司法“两法衔接”中的责任追究的顺序问题,存在争议。针对行政执法和刑事司法“两法衔接”中行政处罚优先还是刑事处罚优先的问题,存在两种观点:第一种观点坚持“完全的刑事处罚优先原则”,即无论何种情形,刑事处罚均优先于行政处罚;第二种观点支持“有限的刑事处罚优先原则”,即行政处罚与刑事处罚的适用情形和功能不同,仅在特定情形下刑事处罚优先。目前,已经形成了一定的共识,即行政处罚和刑事处罚具有相同种类和功能的处罚,或者刑事处罚独有的处罚,原则上应当坚持刑事处罚优先;行政处罚和刑事处罚种类功能不同的,或者行政处罚独有的处罚,原则上应当坚持行政处罚和刑事处罚并行。《行政执法机关移送涉嫌犯罪案件的规定》第 11 条第 2 款和第 3 款也规定了特殊情况下行政处罚优先的情况。该条款规定:“行政执法机关向公安机关移送涉嫌犯罪案件前已经作出的警告,责令停产停业,暂扣或者吊销许可证、暂扣或者吊销执照的行政处罚决定,不停止执行。依照行政处罚法的规定,行政执法机关向公安机关移送涉嫌犯罪案件前,已经依法给予当事人罚款的,人民法院判处罚金时,依法折抵相应罚金。”

例如,2017 年 1 月 25 日印发的《环境保护行政执法与刑事司法衔接工作办法》第 16 条规定,“环保部门向公安机关移送涉嫌环境犯罪案件,已作出的警告、责令停产停业、暂扣或者吊销许可证的行政处罚决定,不停止执行。未作出行政处罚决定的,原则上应当在公安机关决定不予立案或者撤销案件、人民检察院作出不起诉决定、人民法院作出无罪判决或者免予刑事处罚后,再决定是否给予行政处罚。涉嫌犯罪案件的移送办理期间,不计入行政处罚期限”。

第三,如何协调行政处罚与刑事处罚两类责任。由于相对人(或犯罪嫌疑人)可能会面临行政处罚或刑事制裁两类责任,如何协调这些责任,就是一个需要考虑的问题。主要的做法如下:

一是对于已经进行刑事处罚的,不再进行行政处罚,即根据“一事不再罚”原则来控制责任过重的问题。《行政处罚法》第 29 条规定:“对当事人的同一个违法行为,不得给予两次以上罚款的行政处罚。同一个违法行为违反多个法律规范应当给予罚款处罚的,按照罚款数额高的规定处罚。”该规定被称为“一事不再罚”原则。根据该条规定和司法实践,“一事不再罚”具有以下三个方面的含义:其一,同一行政机关对行为人同一违法行为不得给予两次及以上的罚款的处罚；其二，不同机关依据不同理由和法律规范对行为人同一违法行为不得给予两次及以上罚款行政处罚；其三，违法行为已受到刑罚后，除法律规定或特殊情况外，不得再给予行为人行政处罚。制定“一事不再罚”原则的目的是防止对同一当事人的同一违法行为，以相同或类似的措施多次处罚。行政处罚作为一种法律制裁手段，是通过惩罚的行为达到教育行政相对人的目的，最终是使行政相对人今后不再重犯同一违法行为。“一事不再罚”原则有利于防止重复处罚和多次处罚，体现过罚相当的法律原则，有利于保障相对人的合法权益。

最高人民法院针对山东省高级人民法院《关于枣庄永帮橡胶有限公司诉山东省枣庄市国家税务局税务行政处罚一案的请示》的答复中已经明确，根据《行政机关移送涉嫌犯罪案件的规定》第3条、第5条、第8条、第11条的规定，税务机关在移送公安机关之前已经给予当事人罚款处罚的，法院在判处罚金时应当折抵罚金。税务机关在发现涉嫌犯罪并移送公安机关进行刑事侦查后，不再针对同一违法行为作出行为罚和申诫罚以外的行政处罚；刑事被告人构成涉税犯罪并处以人身和财产的刑罚后，税务机关不应再作出罚款的行政处罚。若当事人行为不构成犯罪，则公安机关应将案件退回税务机关，税务机关可依法追究当事人的行政违法责任。这一原则也适用于其他的行政违法与刑事犯罪竞合的情形。

二是对已经进行行政处罚的，在刑事制裁中进行折抵。如果在移送案件前，行政机关已经作出行政处罚的，不再撤销该处罚决定。在移送案件前，如果行政执法机关已经基于准确的事实和相关法规作出了行政处罚，那么就没有必要撤销该处罚决定。这样既有利于维护行政执法机关作出的行政处罚决定的权威性，又避免撤销行为会降低工作效率，造成重复工作。那么，对于这种例外情况，如何处理已经作出的行政处罚和刑事处罚二者间的关系，我国法律对此也有规定。《行政处罚法》第35条规定：“违法行为构成犯罪，人民法院判处拘役或者有期徒刑时，行政机关已经给予当事人行政拘留的，应当依法折抵相应刑期。违法行为构成犯罪，人民法院判处罚金时，行政机关已经给予当事人罚款的，应当折抵相应罚金；行政机关尚未给予当事人罚款的，不再给予罚款。”除了《行政处罚法》的该条规定，《行政执法机关移送涉嫌犯罪案件的规定》第11条第2款和第3款也有类似规定：“行政执法机关向公安机关移送涉嫌犯罪案件前已经作出的警告，责令停产停业，暂扣或者吊销许可证、暂扣或者吊销执照的行政处罚决定，不停止执行。

依照行政处罚法的规定,行政执法机关向公安机关移送涉嫌犯罪案件前,已经依法给予当事人罚款的,人民法院判处罚金时,依法折抵相应罚金。"从法律规定中可以看出,为了避免重复惩罚,对于已经作出的行政处罚决定,在执行方面,无论是尚未执行的还是部分或全部执行的;在种类方面,无论是财产方面的罚金还是人身自由方面的拘留等,在追究刑事责任时要进行相应折抵。

本案中,L 市生态环境局对 Z 公司涉嫌污染环境案进行立案调查,发现该案件可能涉及刑事犯罪,于是将案件移送公安机关,由检察机关向人民法院提起公诉。之后,L 市生态环境局又对该公司作出没收其违法所得及处以违法所得三倍罚款的行政处罚决定。虽然 L 市生态环境局在 2019 年 3 月 14 日作出《行政处罚决定书》,早于法院于 2020 年 1 月 2 日作出的刑事判决,但该案由行政机关移送到公安机关的日期为 2019 年 1 月 22 日,即 L 市生态环境局作出的行政处罚决定发生在向公安机关移送涉嫌犯罪案件之后。行政处罚作为一种法律制裁,是对违反行政管理法规的行政相对人的一种惩戒、教育手段,目的是使相对人今后不再重犯同一违法行为。Z 公司因违法处置有害废物的行为被追究刑事责任,只有在刑事诉讼程序终结之后,行政机关才能根据刑事责任的内容来决定是否对企业进行行政罚款的处罚,而不能在刑事程序过程中对 Z 公司进行罚款处罚,当然,在刑事程序过程中,行政机关可以作出行为罚、申诫罚这样的处罚。因此,本案中 L 市生态环境局作出的行政处罚决定,缺乏法律依据。

案例34

违法行为连续发生于新法实施前后应分别认定

——A公司违法转移危险废物案[①]

【裁判要旨】

违法行为连续发生于新法实施前后时，应对前后行为依据新旧法律的适用原则分别进行定性，并在行政处罚决定中明确具体被处罚的违法行为。

【基本案情】

A公司系2014年4月15日依法注册成立的企业法人，其经营范围为城市生活垃圾填埋气、生物质能发酵沼气、发电机组余热开发利用，沼气污染治理与资源化利用工程建设和设备开发等（其中填埋气发电项目已取得相应的行政许可）。

2017年4月19日，W区环保局环境监察人员对A公司进行现场检查时发现其贮存间存有危险废油（废润滑油），未张贴标识标牌及规章制度，并且在没有填写危险废物转移联单、未经批准的情况下擅自转移废油。后查实：2016年1月30日，A公司与Z废矿物油回收有限公司签订《收购合同》，按合同约定，从2016年1月30日起至2018年12月30日止，A公司将发电机器设备产生的废润滑油交由Z回收公司收集、转移。2016年2月至12月，A公司在未办理相关手续的情况下，擅自将2.2吨废油（1次/月，1桶/次，200升/桶）交Z回收公司转移。

---

① 二审：湖南省长沙市中级人民法院（2019）湘01行终397号行政判决书。
一审：湖南省长沙市岳麓区人民法院（2017）湘0104行初89号行政判决书。

2017 年 5 月 19 日，W 区环保局以 A 公司没有填写危险废物转移联单、未经批准擅自转移危险废物，认定 A 公司的涉案行为违反了《固体废物污染环境防治法》①第 59 条第 1 款的规定，并依据该法第 75 条第 6 项之规定，决定给予 A 公司罚款人民币 20 万元的处罚。A 公司申请复议，复议机关维持原处罚决定。A 公司提起诉讼，一审法院认为，A 公司没有填写危险废物转移联单，未经批准擅自转移废油的违法行为，发生时间在 2016 年 2 月至 12 月(每月 1 次，共计 11 次)，即同一性质的违法行为多次发生于《固体废物污染环境防治法》第三次修正前后，应分别作出认定，并依据新旧法律的适用原则进行定性与处罚，W 区环保局并未区分相关事实，致处罚事实不清、证据不足，遂判决责令其依法对 A 公司涉嫌违法转移危险废物的行为重新作出处理，撤销复议决定。判决后各方均上诉，二审法院审理后认为一审法院认定事实清楚，适用法律、法规正确，审判程序合法，维持原判。

【法理分析】

对跨越新旧法的连续犯罪如何适用法律问题，涉及法律的一个基本原则，即法不溯及既往和从旧兼从轻原则。《法国民法典》(1804 年)第 2 条规定的古罗马法律格言曰："法律仅仅适用于将来，没有溯及力。"该格言涉及法的溯及力问题。法不溯及既往是指新的法律颁布后，对其生效前的事件和行为不适用新法的原则，体现了法律的确定性和可预期性。《立法法》第 93 条规定："法律、行政法规、地方性法规、自治条例和单行条例、规章不溯及既往，但为了更好地保护公民、法人和其他组织的权利和利益而作的特别规定除外。"该条规定了法不溯及既往的原则以及有利溯及的例外情形，该例外情形也被称作从旧兼从轻原则，它是处理新旧法律适用问题的一项基本原则，属于法的溯及力范畴。

刑事法律上，《刑法》第 12 条规定了法的溯及力，该条第 1 款规定："中华人民共和国成立以后本法施行以前的行为，如果当时的法律不认为是犯罪的，适用当时的法律；如果当时的法律认为是犯罪的，依照本法总则第四章第八节的规定应

① 此处的《固体废物污染环境防治法》是全国人大常委会于 2016 年 11 月 7 日第三次修正的版本，现行有效的版本是 2020 年 4 月 29 日修订的，本案同。——编者注

当追诉的，按照当时的法律追究刑事责任，但是如果本法不认为是犯罪或者处刑较轻的，适用本法。”《最高人民检察院关于对跨越修订刑法施行日期的继续犯罪、连续犯罪以及其他同种数罪应如何具体适用刑法问题的批复》（1998 年 12 月 2 日起实施）指出：“对于开始于 1997 年 9 月 30 日以前，继续或者连续到 1997 年 10 月 1 日以后的行为，以及在 1997 年 10 月 1 日前后分别实施的同种类数罪，如果原刑法和修订刑法都认为是犯罪并且应当追诉，按照下列原则决定如何适用法律：一、对于开始于 1997 年 9 月 30 日以前，继续到 1997 年 10 月 1 日以后终了的继续犯罪，应当适用修订刑法一并进行追诉。二、对于开始于 1997 年 9 月 30 日以前，连续到 1997 年 10 月 1 日以后的连续犯罪，或者在 1997 年 10 月 1 日前后分别实施的同种类数罪，其中罪名、构成要件、情节以及法定刑均没有变化的，应当适用修订刑法，一并进行追诉；罪名、构成要件、情节以及法定刑已经变化的，也应当适用修订刑法，一并进行追诉，但是修订刑法比原刑法所规定的构成要件和情节较为严格，或者法定刑较重的，在提起公诉时应当提出酌情从轻处理意见。”根据该批复，对跨越修订《刑法》施行日期的跨法犯，一律适用新法，但如旧法的处理轻于新法，则在适用新法的前提下适当从轻。

行政法领域的从旧兼从轻原则，来源于《刑法》（此处应理解为刑事法律）的上述规定。2004 年 5 月 18 日，最高人民法院发布《关于审理行政案件适用法律规范问题的座谈会纪要》（法〔2004〕96 号），对有关新旧法律适用以及法不溯及既往问题作了明确规定。该纪要第三部分“关于新旧法律规范的适用规则”规定，在存在新旧法律衔接问题的情况下，人民法院审查行政行为的合法性时，实体问题适用旧法规定，程序问题适用新法规定，但下列情形除外：（1）法律、法规或规章另有规定的；（2）适用新法对保护行政相对人的合法权益更为有利的；（3）按照具体行政行为的性质应当适用新法的实体规定的。当然，也有例外。在“未验先投”违法行为发生在《建设项目环境保护管理条例》（自 1998 年 11 月 29 日起施行）施行期间，一直连续或继续到 2017 年修订的《建设项目环境保护管理条例》（自 2017 年 10 月 1 日起施行）施行之后的，如何适用法律问题上，生态环境部结合生态环境执法实践，并经征求最高人民法院和司法部意见，于 2019 年 10 月 17 日出台了《生态环境部关于“未验先投”违法行为行政处罚新旧法律规范衔接适用问题的意见》，指出《关于审理行政案件适用法律规范问题的座谈会纪要》中提到的“行政相对人的行为发生在新法施行以前”，是指行政相对人的行为终了之日发生在新法施行以前。如果行政相对人的违法行为一直持续到新法施行之后,则不属于"行政相对人的行为发生在新法施行之前"。因此,"未验先投"违法行为发生在旧条例施行期间,一直连续或继续到新条例施行之后的,不属于《关于审理行政案件适用法律规范问题的座谈会纪要》规定的"行政相对人的行为发生在新法施行以前"的情形,不存在新旧条例的选择适用问题,应当适用新条例作出行政处罚。2020 年 6 月 28 日,全国人大常委会法制工作委员会副主任许安标在第十三届全国人民代表大会常务委员会第二十次会议上所作《关于〈中华人民共和国行政处罚法(修订草案)〉的说明》指出:"增加'从旧兼从轻'适用规则,行政处罚的依据适用违法行为发生时的法律、法规和规章的规定,但是新的法律、法规和规章的规定更有利于当事人的,适用新的法律、法规和规章的规定。"审议通过的《行政处罚法》最终采纳了该意见。《行政处罚法》第 37 条规定:"实施行政处罚,适用违法行为发生时的法律、法规、规章的规定。但是,作出行政处罚决定时,法律、法规、规章已被修改或者废止,且新的规定处罚较轻或者不认为是违法的,适用新的规定。"相较于草案,审议通过后的《行政处罚法》将原来的"更有利于当事人"修订为"法律、法规、规章已被修改或者废止,且新的规定处罚较轻或者不认为是违法的",更有利于当事人并具有更强的可操作性。

民事法律上,最高人民法院于 2020 年 12 月 29 日发布的《最高人民法院关于适用〈中华人民共和国民法典〉时间效力的若干规定》,自 2021 年 1 月 1 日起施行,也作了类似规定。其第 1 条规定:"民法典施行后的法律事实引起的民事纠纷案件,适用民法典的规定。民法典施行前的法律事实引起的民事纠纷案件,适用当时的法律、司法解释的规定,但是法律、司法解释另有规定的除外。民法典施行前的法律事实持续至民法典施行后,该法律事实引起的民事纠纷案件,适用民法典的规定,但是法律、司法解释另有规定的除外。"第 2 条规定:"民法典施行前的法律事实引起的民事纠纷案件,当时的法律、司法解释有规定,适用当时的法律、司法解释的规定,但是适用民法典的规定更有利于保护民事主体合法权益,更有利于维护社会和经济秩序,更有利于弘扬社会主义核心价值观的除外。"

本案中,《固体废物污染环境防治法》于 2016 年 11 月 7 日经第十二届全国人民代表大会常务委员会第二十四次会议进行了第三次修正。本次修正前,在省内转移危险废物的,须由产生单位按照国家有关规定报批危险废物转移计划,待批准后再向移出地环境保护行政主管部门申请领取联单后方可进行转移。自本次修正之日(2016 年 11 月 7 日)起,取消了危险废物省内转移审批手续,11 月 7 日后直接填单转移。该法第 75 条未作修改。另外,依据《危险废物转移联单管理办法》(原国家环境保护总局令第 5 号)第 5 条、第 6 条的规定,危险废物产生单位每转移一车、船(次)同类危险废物,应当填写一份联单,该联单一式五联。危险废物产生单位在领取该联单后,将联单第一联副联自留存档,将联单第二联交移出地环境保护行政主管部门,联单第一联正联及其余各联交付运输单位随危险废物转移运行。A 公司的违法行为在《固体废物污染环境防治法》修正前共有 9 次(2016 年 2 月至 11 月),修正后共有 2 次,根据该法规定,前 9 次行为属于不按照国家规定填写危险废物转移联单、未经批准擅自转移危险废物的行为,后 2 次因取消了危险废物省内转移审批程序,但仍须由产生单位按照国家有关规定填写、领取危险废物转移联单。W 区环保局在作出行政处罚时,未能明确被处罚的具体违法行为致处罚的事实不清,违反了从旧兼从轻的法律适用规则,人民法院依法予以撤销。

案例 35

对违法行为的处罚应适用效力等级较高的上位法

——G 卫生中心不正常运行水污染防治设施案①

【裁判要旨】

将医疗污水处理设备处于断电状态直接排放医疗污水的，属于《水污染防治法》第 39 条所规定的“不正常运行水污染防治设施等逃避监管的方式排放水污染物”的情形，亦属于《医疗废物管理条例》规定的“未按照本条例的规定对污水、传染病病人或者疑似传染病病人的排泄物，进行严格消毒”的违法行为，对该违法行为进行处罚时应当适用效力等级较高的法律、法规或者规章。

【基本案情】

2018 年 7 月 11 日，B 区生态环境局的执法人员进行现场检查时，发现 G 卫生中心安装的臭氧消毒发生器处于断电状态，医疗污水未经处理直接排放入市政管道。同年 7 月 12 日，B 区生态环境局进行立案调查。同年 10 月 12 日，B 区生态环境局作出《行政处罚决定书》，认为该单位虽然安装有水污染处理设施，但水污染处理设施处于断电状态，医疗污水未经处理直接排放，属不正常运行水污染防治设施逃避监管的方式排放水污染物，违反了《水污染防治法》第 39 条的规定，依据《水污染防治法》第 83 条第 1 款第 3 项的规定，决定责令改正，处 10 万元罚款。

① 二审：北京市第一中级人民法院（2019）京 01 行终 837 号行政判决书。
一审：北京市海淀区人民法院（2019）京 0108 行初 216 号行政判决书。
该案例入选 2019 年度人民法院环境资源典型案例。

G卫生中心不服,向B区政府申请行政复议。同年12月27日,B区政府复议维持了B区生态环境局处罚决定。G卫生中心不服诉至法院,请求撤销B区生态环境局处罚决定及B区政府行政复议决定。一、二审法院均驳回G卫生中心的诉讼请求。

【法理分析】

与工业污水相比,医疗污水对环境的影响更大,危害也更大。医疗污水的乱排乱放不仅污染环境,而且存在一定的安全隐患。因为医疗污水不同于一般污水,有其特殊性,其中包含的病原体微生物数量巨大、种类繁多,而且致病性较强,医疗污水还常常含有重金属、消毒剂、有机溶剂、酸、碱以及放射性物质等,如果不经过消毒、灭活等无害化处理,直接排入城市下水道,不仅容易造成急性传染和潜伏性传染,还往往会造成水、土壤的污染,破坏生态环境。

正因为医疗污水的特殊性,医疗污水排放应符合相应的严格标准。根据《环境保护法》《水污染防治法》等的相关规定,新建、改建、扩建医疗建设项目时应当依法进行环境影响评价,水污染防治设施应当与主体工程同时设计、同时施工、同时投入使用,并且应当符合经批准或者备案的环境影响评价文件的要求。水污染防治设施与主体工程不符合"三同时"要求的,将无法通过建设项目竣工环境验收。建设项目环境、保护设施验收不合格,申请医疗机构执业登记的,登记机关不予登记。建有水污染防治设施的医疗机构应加强水污染防治设施的运行管理,确保设施正常运行,污染排放物达标。生态环境主管部门应定期开展医疗污水排放的监督检查,依法查处违法违规超标排污等行为。

《水污染防治法》第36条规定,"含病原体的污水应当经过消毒处理;符合国家有关标准后,方可排放";第39条规定,"禁止利用渗井、渗坑、裂隙、溶洞,私设暗管,篡改、伪造监测数据,或者不正常运行水污染防治设施等逃避监管的方式排放水污染物"。《医疗废物管理条例》第20条规定:"医疗卫生机构产生的污水、传染病病人或者疑似传染病病人的排泄物,应当按照国家规定严格消毒;达到国家规定的排放标准后,方可排入污水处理系统。"

本案中,G卫生中心作为医疗机构负有保护水资源、防止水污染的义务,按照规定,其不得将医疗污水直接排放至市政管道。G卫生中心正因配备了臭氧消毒发生器这一避免将医疗污水直接排放至市政管道的设备,方能通过建设项目环境保护竣工验收从而正式营业,该卫生中心配置的臭氧消毒发生器并非属于医疗废物处置设施,而是水污染防治设施。参照2014年1月1日起施行的《城镇排水与污水处理条例》第31条的规定,污水处理设施维护运营单位不得擅自停运城镇污水处理设施,因检修等原因需要停运或者部分停运城镇污水处理设施的,应当在90个工作日前向城镇排水主管部门、环境保护主管部门报告。根据该规定,G卫生中心应加强水污染防治设施的运行管理,确保设施正常运行,污染排放物达标,如因检修等原因需要停运水污染防治设施的,应当向相关主管部门报告。但B区生态环境局在进行现场检查时,发现该单位安装的水污染处理设施处于断电状态,设施并未正常运行,医疗污水未经处理直接排放入市政管道。G卫生中心安装的水污染处理设施断电的行为属于《水污染防治法》第39条所规定的"不正常运行水污染防治设施等逃避监管的方式排放水污染物"的情形。B区生态环境局在对G卫生中心的违法行为调查取证过程中,取得了现场检查笔录、询问笔录等证据,证明G卫生中心存在违法事实客观存在,并依据《水污染防治法》的规定依法作出《行政处罚决定书》,处罚行为并无不当。

除了事实认定上存在是否适用《水污染防治法》的争议,本案在法律适用方面亦存在一定争议。即同一个违法行为同时违反两个以上法律、法规或者规章条款时,行政机关如何适用法律进行处罚的问题。

关于医疗污水的监管与处罚,涉及卫生、环保、住建等部门监管职责,多部法律、法规和规章均有相应的规定。其中法律类包括《环境保护法》《水污染防治法》《环境影响评价法》等,行政法规包括《医疗废物管理条例》《城镇排水与污水处理条例》等,部门规章类包括《医疗卫生机构医疗废物管理办法》《医疗废物管理行政处罚办法》等。行政机关在适用法律进行行政处罚时,常常会面临法律选择适用的问题。就法律适用一般原则而言,上位法优于下位法,特别法优于一般法,新法优于旧法。《环境行政处罚办法》对一个违法行为同时违反两个以上法律条款时的法律适用性进行了明确规定。根据《环境行政处罚办法》第9条的规定,当事人的一个违法行为同时违反两个以上环境法律、法规或者规章条款,应当适用效力等级较高的法律、法规或者规章;效力等级相同的,可以适用处罚较重的条款。

本案中,G卫生中心在其办公地点安装的臭氧消毒发生器将日常产生的医疗废水通过臭氧加过滤吸附方式消毒后排放至市政污水管道，是G卫生中心配置的唯一处理医疗污水的设备。对该设备断电的后果是将医疗污水未经任何处理直接排放至市政管道，会造成水污染的严重后果。G卫生中心的行为既符合《水污染防治法》第39条所规定的“不正常运行水污染防治设施等逃避监管的方式排放水污染物”的情形，又符合《医疗废物管理条例》第47条所规定的医疗机构“未按照本条例的规定对污水、传染病病人或者疑似传染病病人的排泄物，进行严格消毒，或者未达到国家规定的排放标准，排入污水处理系统”的情形。生态环境主管部门进行处罚时，可依据《水污染防治法》的相关规定处罚，也可依照《医疗废物管理条例》的相应规定进行处罚。

根据《水污染防治法》第83条的规定，利用渗井、渗坑、裂隙、溶洞，私设暗管，篡改、伪造监测数据，或者不正常运行水污染防治设施等逃避监管的方式排放水污染物的，由县级以上人民政府环境保护主管部门责令改正或者责令限制生产、停产整治，并处10万元以上100万元以下的罚款。根据《医疗废物管理条例》第47条的规定，医疗机构未按照规定对污水、传染病病人或者疑似传染病病人的排泄物，进行严格消毒，或者未达到国家规定的排放标准，排入污水处理系统的，由县级以上地方人民政府卫生行政主管部门或者环境保护行政主管部门按照各自的职责责令限期改正，给予警告，并处5000元以上1万元以下的罚款；逾期不改正的，处1万元以上3万元以下的罚款。鉴于G卫生中心安装的臭氧消毒发生器断电的后果是将医疗污水未经任何处理直接排放至市政管道，对水资源的污染后果极其严重，直接涉及民生安全问题，故B区生态环境局适用法律效力等级更高、处罚更重的《水污染防治法》对G卫生中心实施行政处罚。这同时也体现了对破坏环境违法行为的打击力度，符合法律适用原则，彰显了司法规范医疗废物处理，保障人民群众生命健康安全的力度。

案例 36

违反错峰生产与重点大气污染物排放总量控制属于不同法律行为

——D 公司不服 W 市环保局行政处罚案[①]

【裁判要旨】

违反排污许可证的规定错峰生产,不属于超过重点大气污染物排放总量控制指标排放大气污染物的行为;依据《大气污染防治法》有关大气污染物排放总量控制的法律规定对行政相对人进行处罚,属于适用法律错误,应予撤销。

【基本案情】

D 公司于 2018 年 5 月 14 日获得排污许可证,排污许可证记载的错峰生产时段的许可排放量限值,其中二氧化硫、氮氧化物错峰生产时段月许可排放量限值均为无,D 公司所在省错峰生产时间为自 2018 年 11 月 5 日起至 2019 年 4 月 5 日止,即 D 公司在此期间应停止生产。经调查发现,D 公司 1 号水泥熟料生产线自 2018 年 11 月 5 日至 2018 年 11 月 15 日处于生产状态,排放二氧化硫、氮氧化物污染物,未错峰生产。W 市环保局认为,D 公司未错峰生产的行为,属于超过重点大气污染物排放总量控制指标排放大气污染物的行为,违反了《大气污染防治法》第 18 条的规定"向大气排放污染物的,应当符合大气污染物排放标准,遵守重点大气污染物排放总量控制要求",且情节特别严重。依据《大气污染防治法》的规定,对其处以罚款 100 万元的行政处罚。

① 一审:辽宁省庄河市人民法院(2019)辽 0283 行初 54 号行政判决书。

D公司不服该处罚决定，提起复议，复议机关维持了原处罚行为。D公司不服复议结果，向法院提起诉讼。法院审理后认为，错峰生产与重点大气污染物排放总量控制属于不同法律规范，W市环保局的行政处罚适用法律错误，判决撤销行政处罚决定和复议决定，责令W市环保局对D公司排放污染物的行为重新作出处理。

【法理分析】

错峰生产是排污许可管理制度中对被许可人较常见的一项要求。错峰生产主要指在大气污染防治的重点区域和重污染天气集中出现的采暖季节，由政府部门组织一些企业全部或部分停止生产的制度。在错峰生产期间，重点排污单位、大型建设工程和产能过剩行业企业应当对生产经营时间进行调整，主要是减少或停止产生排放大气污染物的生产作业。错峰生产最早是在水泥行业产能严重过剩的情况下，化解过剩产能的一种做法，后将其演变为重点区域秋冬季大气污染防治的一种常态化举措。在排污许可管理制度中，它表现为在特殊时段内禁止排放污染物或者对排放污染物的种类和数量进行限制，并将其明确记载于排污许可证中。

根据行政许可的一般原理，申请获得许可后，被许可人应该严格按照许可的范围、方式、期限和其他事项从事被许可的活动。在此过程中，如果监督检查机关发现被许可人未遵守许可的内容或未遵守法定义务，从事违法活动，可以依照行政许可法和相关法律法规的规定，对被许可人进行处理，包括暂时中止、永久撤销许可、对违法行为人进行罚款等。例如，《排污许可管理办法(试行)》第58条规定："排污单位存在以下违反排污许可证行为的，由县级以上环境保护主管部门依据《中华人民共和国环境保护法》《中华人民共和国大气污染防治法》《中华人民共和国水污染防治法》的规定，责令改正或者责令限制生产、停产整治，并处十万元以上一百万元以下的罚款；情节严重的，报经有批准权的人民政府批准，责令停业、关闭：(一)超过排放标准或者超过重点大气污染物、重点水污染物排放总量控制指标排放水污染物、大气污染物的；……"可见，对于超出排污许可进行排污的，可以给予处罚。国务院制定并自2021年3月1日起施行的《排污许可管理条例》第35条也规定："违反本条例规定，排污单位有下列行为之一的，由生态环境主管部门责令改正,处5万元以上20万元以下的罚款;情节严重的,处20万元以上100万元以下的罚款,责令限制生产、停产整治:(一)未按照排污许可证规定控制大气污染物无组织排放;(二)特殊时段未按照排污许可证规定停止或者限制排放污染物。"虽然本案中D公司的违法行为发生在《排污许可管理条例》施行之前,但其基本原理是相同的。在《排污许可管理条例》施行之后,如果被许可人违反错峰生产的规定,在特殊时段未按照排污许可证的规定停止或限制排放污染物,就可以根据该条例第35条的规定对其予以处理。

重点污染物总量控制制度是环境治理中的一项重要制度。污染物排放总量控制,简称总量控制,是将某一区域作为一个完整的系统,采取措施将排入这一区域的污染物总量控制在一定数量之内,以满足该区域的环境质量要求。重点大气污染物排放总量控制制度,是在大气环境容量的限度内许可排放重点大气污染物,对大气环境进行治理的制度。环境容量指的是在不导致环境质量下降的前提下,在一定的环境里可容纳污染物的最大负荷值。大气环境具有自净能力,但这一自净能力是存在界限的,这就是环境容量,重点污染物总量控制制度的主要目的就是从环境容量的角度来加强环境保护。

从法律责任的角度看,总量控制制度是要求政府承担环境责任的一种重要方式,而不可直接作为对相对人处罚的依据。违反总量控制要求的责任是违反地区会受到暂停新增总量项目环评审批,这是一种整体承担的责任,也是政府环境责任的体现。重点大气污染物排放总量控制的具体实施方法是:国务院生态环境主管部门在征求国务院有关部门和各省、自治区、直辖市人民政府意见后,会同国务院经济综合主管部门报国务院批准并向各省、自治区、直辖市人民政府下达具体数额。省、自治区、直辖市人民政府应当按照国务院下达的总量控制目标,控制或者削减本行政区域的重点大气污染物排放总量。根据上述法律规定,国家对重点大气污染物排放实行总量控制,总量控制目标由政府逐级下达,其中并无错峰生产的相关总量控制陈述,故不能将错峰生产与重点大气总量控制直接挂钩。

被许可人的行为违法,需要承担对应的法律后果。但对其处理时,必须准确适用法律。具体行政行为的作出要求认定事实清楚,证据确凿,适用法律正确,程序合法,内容适当。《行政复议法》第28条中规定:"行政复议机关负责法制工作的机构应当对被申请人作出的具体行政行为进行审查,提出意见,经行政复议机关的负责人同意或者集体讨论通过后,按照下列规定作出行政复议决定:……

（三）具体行政行为有下列情形之一的，决定撤销、变更或者确认该具体行政行为违法；决定撤销或者确认该具体行政行为违法的，可以责令被申请人在一定期限内重新作出具体行政行为：……2. 适用依据错误的；……”《行政诉讼法》第 70 条规定，行政行为适用法律、法规错误的，人民法院判决撤销或者部分撤销，并可以判决被告重新作出行政行为。即便相对人确实存在行政违法的行为，证据确凿、程序合法，但如果适用法律错误，行政处罚决定也难以得到司法判决的支持。

本案中，W 市环保局依照《大气污染防治法》中的重点大气污染物排放实行总量控制的相关规定，对行政相对人的违法行为进行定性和处罚。而根据《大气污染防治法》的规定，国家对重点大气污染物排放实行总量控制，总量控制目标由政府逐级下达，其中并无错峰生产的相关总量控制陈述，不宜对其进行扩大解释。在 W 市环保局的行政处罚决定中，将未错峰生产的行为认定为《大气污染防治法》第 99 条第 2 项规定中的超过重点大气污染物排放总量控制指标排放大气污染物的行为，并未提供相关证据予以证明，亦未作出合理解释或说明，故人民法院依法撤销处罚决定并责令重新作出处理。

案例 37

经许可从事餐饮业同时违反环境法律的处理

——H 饭店行政处罚案[①]

【裁判要旨】

公民、法人或其他组织合法取得国家工商部门颁发的营业执照以及相关经营许可，在从事餐饮服务中，如果发生违反《大气污染防治法》的规定，生态环境主管部门可以对经营者作出责令关闭的行政处罚。

【基本案情】

2019 年 9 月 7 日，Q 市 S 区综合行政执法局（以下简称 S 区行政执法局）对 H 饭店作出《处罚决定书》，认定 H 饭店在 S 区江西路 97 号商住综合楼内与居住层相邻的商业楼层新建产生油烟、异味、废气的餐饮服务项目，违反《大气污染防治法》第 81 条第 2 款之规定，对 H 饭店作出“予以关闭，罚款人民币壹万元整”的处罚决定。

H 饭店不服该处罚决定提起诉讼。一审法院认为，S 区行政执法局作出行政处罚决定，认定事实清楚、证据充分、适用法律正确，判决驳回 H 饭店的诉讼请求。H 饭店不服提起上诉。二审法院认为，H 饭店虽然取得营业许可执照，按照营业执照的经营范围开展经营活动，但确实存在在商住综合楼内与居住层相邻的商业楼层产生油烟、异味、废气的行为，违反了《大气污染防治法》的规定，依法应予处罚。遂驳回 H 饭店的上诉，维持原判。

① 二审：山东省青岛市中级人民法院（2020）鲁 02 行终 570 号行政判决书。
一审：山东省青岛市市南区人民法院（2020）鲁 0202 行初 59 号行政判决书。

【法理分析】

近年来,餐饮业得到了快速发展,但同时也产生了大量的油烟、噪声污染,给周边住户的正常生活带来了严重的影响。对此,生态环境主管部门(一些地方规定为市场监管部门)加强了相关执法活动,进而引发了一些行政争议。本案H饭店在商住综合楼内与居住层相邻的商业楼层新建了产生油烟、异味、废气的餐饮服务项目,行政机关认为该行为违反《大气污染防治法》第81条第2款的规定,对其进行行政处罚。H饭店不服诉至法院。法院对依法取得餐饮许可与违反《大气污染防治法》条款之间的关系进行了论证,即"相关职权部门为H饭店颁发相关证照的行为,与涉案行政处罚行为非同一行政法律关系,相关职权部门通过事中、事后监管,发现H饭店存在违反法律禁止性规定的行为,可以依据法律规定进行行政处罚"。就法理而言,本案反映了经营许可与《大气污染防治法》关系的处理,具体分为两个方面,分述如下:

一是市场监管部门在许可审批时,是否应根据《大气污染防治法》来进行审查。

其一,市场监管部门在工商许可审批时,是否应当执行《大气污染防治法》的规定?一种观点认为,市场监管部门在进行许可审批时,应当考虑《大气污染防治法》的规定。理由在于关于企业许可登记事项中,一般有兜底条款的规定,如《食品经营许可管理办法》第11条规定,"申请食品经营许可,应当符合下列条件",其中第五种情形是"法律、法规规定的其他条件"。而这里的法律、法规包括《大气污染防治法》等其他相关法律法规。相反的观点则认为,市场监管部门在经营许可审批时,其规定的"法律、法规规定的其他条件",应该是与前面四种情形相似的内容,即与食品安全、食品卫生相类似的条款,而不是所有的法律法规条款,不包括与食品安全、食品卫生没有直接关系的《大气污染防治法》的规定。从体系的角度看,第二种观点更合理。将《大气污染防治法》的规定作为经营许可的前提也与转变市场监管理念相违背。一般来说,就当事人提出的登记申请,对于不违反法律法规禁止性规定的,登记机关依法应当予以核准并颁发营业执照;对于违反法律法规禁止性规定的,登记机关如作出不予核准决定,本身亦不侵犯当事人合法权益。对于是否违反法律法规禁止性规定的判断,登记机关需要综合自身行政管理范围、日常生活经验等来判断,特别是针对需要其他职能机关进行专业判断的内容,不宜在登记程序中径行判断。"放管服"改革实行以来,我国优化了行政审批程序、转变了市场监管理念，有利于激发市场活力、促进民营经济发展；“先照后证”制度的重要价值，即在登记机关对当事人申请是否违反法律法规禁止性规定不确定或者无权作出认定时，登记机关一般应当先予核准并颁发营业执照，相关问题可以通过加强事中、事后监管来解决。

其二，市场监管部门在登记程序中，判断经营场所是否同时属于在“未配套设立专用烟道的商住综合楼”以及“商住综合楼内与居住层相邻的商业楼层”内新建产生油烟的餐饮服务项目，缺乏必要性。《大气污染防治法》第 118 条第 2 款规定：“违反本法规定，在居民住宅楼、未配套设立专用烟道的商住综合楼、商住综合楼内与居住层相邻的商业楼层内新建、改建、扩建产生油烟、异味、废气的餐饮服务项目的，由县级以上地方人民政府确定的监督管理部门责令改正；拒不改正的，予以关闭，并处一万元以上十万元以下的罚款。”由该规定可以看出，违反《大气污染防治法》第 81 条第 2 款的规定，并不必然导致当事人不能经营餐饮服务项目，而属于能够改正的范畴；对于拒不改正的情形，该规定也明确可以加以责令关闭的行政处罚。也就是说，《大气污染防治法》第 81 条第 2 款的规定并非登记程序中一定需要考量的相关因素，且开设餐饮服务类项目，除领取营业执照外，尚需要办理其他手续，获得登记核准并不意味着可以开始营业。故市场监管部门在登记程序中对经营场所是否符合《大气污染防治法》第 81 条第 2 款的审查缺乏必要性，有关大气污染防治的目的可以由相关职能部门通过事中、事后监管的方式得以实现。

其三，需要说明的是，并非在所有的行政登记中，市场监管部门均不能适用《大气污染防治法》第 81 条第 2 款的规定。如果市场监管部门依据日常生活经验即可判断，相关申请事项违反了《大气污染防治法》的前述规定，就可以依法作出不予许可的决定。例如，当事人申请在居民住宅楼或者完全没有烟道的商住综合楼新建必定产生油烟的餐饮服务项目，市场监管部门可以依法不予许可。但在相关判断存疑或者需要专业知识辅助时，登记机关应当综合具体个案情形和相关政策审慎决定。

二是经营者获得相关许可后，违反了《大气污染防治法》第 81 条第 2 款的法律责任问题。

根据《行政许可法》的规定，公民、法人或者其他组织依法取得的行政许可受法律保护，行政机关不得擅自改变已经生效的行政许可。但这里的规定主要指的是作出行政许可的原行政机关不得改变原行政许可。如果相对人取得行政许可后,从事生产经营活动中,违反了其他的法律规范,也应承担相应的责任。

因此,在具体的执法中,应注意以下两点:

其一,应判断经营者的经营场所是否合法。一方面,本案中,经营者的经营场所系商住综合楼,应对其是否存在"专用烟道"进行判断。烟道是否属于"专用烟道"应当根据建设标准、使用情况和效果进行判断,而囿于市场监管部门的日常行政管理范围,其显然缺乏作出上述判断的专业性知识,应由专业机构进行判断。另一方面,在具体案件中,对"商住综合楼内与居住层相邻的商业楼层"中"相邻"的理解,应符合一般人的常规认知,不应做不当扩大解释。

其二,生态环境主管部门在具体执法时,关于异味界定问题,可参考"生态环境部在部长信箱栏中针对'异味'扰民问题的回复"。依据《饮食业油烟排放标准(试行)》(GB 18483 -2001)第5.5部分的规定,饮食业产生特殊气味时,参照《恶臭污染物排放标准》臭气浓度指标执行。根据《恶臭污染物排放标准》(GB 14554 -93),净化设施高于15米属于有组织排放,应在净化设施采样位置监测臭气浓度,达标判定参照臭气浓度排放标准值执行;净化设施高度低于15米或者逸散的无组织排放的特殊气味,应在餐饮服务项目法定边界进行监测臭气浓度,达标判定参照《恶臭污染物排放标准》(GB 14554 -93)中臭气浓度厂界标准值执行。如果餐饮经营者违反了上述几个方面规定,在没有专用烟道的场所从事有油烟、异味、废气的餐饮业,则相关行政机关可以根据《大气污染防治法》第118条第2款的规定,由县级以上地方人民政府确定的监督管理部门责令改正;拒不改正的,予以关闭,并处1万元以上10万元以下的罚款。可见,在取得相应的许可后,餐饮经营者如果违反了《大气污染防治法》的规定,则仍应承担相应的法律责任。

本案中,生态环境主管部门认为H饭店虽然取得了从事餐饮许可,可以从事餐饮服务,但由于其经营行为产生油烟、异味、废气的后果,违反了《大气污染防治法》的规定,又无法改正从事餐饮服务过程中的油烟、异味、废气后果,因此生态环境主管部门可以对之进行关闭。

案例 38

不正常运行水污染防治设施不以超标为处罚要件

——Q 公司不正常运行水污染防治设施案①

【裁判要旨】

不正常运行水污染防治设施属于逃避监管行为，不以排放的水污染物超标为处罚要件，只要存在排放水污染物的事实即可。如果行为人排放的水污染物超标，则应被认定牵连违法行为，从一重处罚。

【基本案情】

2019 年 1 月 30 日 21 时 30 分许，K 台商投资区管理委员会环境与国土资源局（以下简称 K 台商投资区环境与国土局）对 Q 企业进行现场检查时，发现污水处理工序中的自动加氯机关机未通电运行，中和池加药管未出水。执法人员随即进行取证，并委托第三方检测机构现场取水样检测。检测结果为：粪大肠菌群超标。由于总排口污水排放执行的是《污水综合排放标准》（GB 8978－1996）表 4 的三级标准及《污水排入城镇下水道水质标准》（CK 343－2010）表 1 的 B 等级排放标准，粪大肠菌群没有相应的执行标准，因此，总排污口排出的污水未超标。K 台商投资区环境与国土局对 Q 公司作出责令改正并处罚款 10 万元的行政处罚决定。

Q 公司提起诉讼请求撤销处罚决定。一、二审均驳回 Q 公司的诉请。

① 一审：福建省泉州市惠安区人民法院（2019）闽 0521 行初 2 号行政判决书。

【法理分析】

不正常运行水污染防治设施排放污染物与超标排放污染物同时存在时如何适用法律,存在不同观点。一种观点认为,应分别定性处罚,因涉及两种不同的法律关系,法律对两个不同的违法行为同时处罚无禁止性规定,行政机关应将案件拆分,对不正常运行水污染防治设施排放污染物与超标排放污染物同时进行定性处罚;另一种观点认为,此种情形属于行政违法牵连,不正常运行水污染防治设施排放污染物与超标排放污染物之间往往具有因果关系,应从一重处罚。

我们同意第一种观点,重点分析第二种观点。牵连违法行为是指行为人实施了一个违法行为,其手段行为或原因行为与目的行为或结果行为又符合其他违法行为构成要件的违法形态。牵连的行政违法行为必须同时满足以下条件:一是基于同一个违法目的,这是构成牵连违法行为的主观条件。行为人实施违法行为的最终目的只有一个,即实施数个违法行为都是在同一个违法目的支配下;如果不是基于同一违法目的而实施的数个违法行为则不构成牵连违法行为。二是客观上存在数个独立的违法行为,这是构成牵连违法行为的前提条件。行为人只有实施了数个行为才有可能形成彼此之间的牵连关系,而且这数个违法行为均具有可罚性。否则,即便行为人实施了两个或两个以上的行为,但其中一个行为并不被法律所禁止,也不构成牵连违法行为。三是数个违法行为之间存在必然的联系,这是构成牵连违法行为的实质条件。行为人实施的数个违法行为从表面看虽然是各自独立的,但相互之间存在方法与目的或原因与结果的密切关系,分别表现为目的行为、方法行为或结果行为,并以目的行为为轴心,方法行为为实现目的行为而服务,结果行为由目的行为派生而引发,数行为相辅相成形成一个有机的整体。四是数个违法行为分别触犯了不同的法律规范或条文,这是构成牵连违法行为的必要条件。具有两个以上的违法行为,是事实上的关系;触犯了数个不同的法律规范或条文,则是法律上的关系。也就是说,当事人实施的数个不同行为,无论是目的行为或手段行为还是原因行为或结果行为,各自都具备不同性质的违法行为构成要件。如果不是触犯数个不同的法律规范或条文,就不是牵连违法行为,而可能是连续或继续状态的违法行为。《行政处罚法》没有对牵连违法行为的处罚作出明文规定,实践中对牵连违法行为的处理,依据吸收原则,遵循“从一重罚”的原则。也有学者认为《行政处罚法》与《刑法》均属公法范畴,两者在法理和实践上有互通与关联之处,可以衔接与配合。无论何种观点,对牵连违法行为从一重处罚已基本趋于一致。

本案中,《水污染防治法》第10条规定:"排放水污染物,不得超过国家或者地方规定的水污染物排放标准和重点水污染物排放总量控制指标。"第39条规定:"禁止利用渗井、渗坑、裂隙、溶洞,私设暗管,篡改、伪造监测数据,或者不正常运行水污染防治设施等逃避监管的方式排放水污染物。"第83条规定:"违反本法规定,有下列行为之一的,由县级以上人民政府环境保护主管部门责令改正或者责令限制生产、停产整治,并处十万元以上一百万元以下的罚款;情节严重的,报经有批准权的人民政府批准,责令停业、关闭:……(二)超过水污染物排放标准或者超过重点水污染物排放总量控制指标排放水污染物的;(三)利用渗井、渗坑、裂隙、溶洞,私设暗管,篡改、伪造监测数据,或者不正常运行水污染防治设施等逃避监管的方式排放水污染物的;……"《环境保护法》第63条规定:"企业事业单位和其他生产经营者有下列行为之一,尚不构成犯罪的,除依照有关法律法规规定予以处罚外,由县级以上人民政府环境保护主管部门或者其他有关部门将案件移送公安机关,对其直接负责的主管人员和其他直接责任人员,处十日以上十五日以下拘留;情节较轻的,处五日以上十日以下拘留:……(三)通过暗管、渗井、渗坑、灌注或者篡改、伪造监测数据,或者不正常运行防治污染设施等逃避监管的方式违法排放污染物的;……"根据《水污染防治法》的规定,不正常运行水污染防治设施排放污染物与超标排放污染物的处罚幅度及标准相同,但《环境保护法》第63条对不正常运行防治污染设施违法排放污染物的,除承担"责令改正或者责令限制生产、停产整治,并处十万元以上一百万元以下的罚款;情节严重的,报经有批准权的人民政府批准,责令停业、关闭"的法律责任外,还要承担行政拘留。显然,不正常运行防治污染设施违法排放污染物的处罚标准要重于超标排放水污染物,本案中就应当适用前者处罚标准。

案例39

责令改正违法行为期间内能否作出行政处罚

——D医院违反环保设施“三同时”验收制度案[①]

【裁判要旨】

责令改正或限期改正违法行为不属于行政处罚，属行政命令，不适用行政处罚程序的规定。责令改正违法行为与行政处罚之间并不矛盾，两者可以并行。执法中是否要等到责令改正期限届满后才能作出处罚决定，要视具体法律规定而定。

【基本案情】

D医院于1999年成立，是一所专业从事眼科疾病诊断与治疗的医疗机构。2010年，因业务扩张决定将原医院楼房拆除重建，新建的楼房于2011年上半年投入运营至今。D医院设有五个病房，28张床位。2018年8月7日，S市生态环境局对D医院进行现场检查时发现，配套建设的环境保护设施未经验收即投入使用，该医院的当日住院人数为23人，该医院的主管人员在S市生态环境局的询问笔录中称医院共设置了28张床位，当天住院23人。

S市生态环境局于2018年8月20日作出了《责令改正违法行为决定书》，责令D医院在收到决定书之日起六个月内完成配套建设的环境保护设施的验收，否则将处以100万元以上200万元以下的罚款。D医院未在规定的期限内完成验收。S市生态环境局于2018年9月14日下发《行政处罚决定书》，决定

---

① 二审：海南省三亚市中级人民法院（2019）琼02行终126号行政判决书。
一审：海南省三亚市城郊人民法院（2019）琼0271行初55号行政判决书。

对D医院作出20万元罚款。D医院以在责令改正期限内作出行政处罚决定程序违法为由申请复议,S市人民政府认为《责令改正违法行为决定书》与《行政处罚决定书》是并存关系,不存在先后顺序,D医院违反环保设施"三同时"验收制度的违法行为一直处于连续或继续状态,遂决定维持原决定。D医院提起诉讼,一、二审法院均判决驳回D医院诉讼请求。

【法理分析】

关于责令改正与行政处罚的关系,最高人民法院在淄博市政府与王某和行政复议案[(2018)最高法行申4718号]中作了详细的阐述:一是两者的概念不同。行政处罚是行政主体对违反行政管理秩序的行为依法定程序所给予的法律制裁;而责令改正或限期改正违法行为是指行政机关在实施行政处罚的过程中对违法行为人发出的一种作为命令。二是两者的性质内容不同。行政处罚是法律制裁,是对违法行为人的人身自由、财产权利的限制和剥夺,是对违法行为人精神和声誉造成损害的惩戒;而责令改正或者限期改正违法行为,其本身并不是制裁,只是要求违法行为人履行法定义务,停止违法行为,消除不良后果,恢复原状。三是两者的规制角度不同。行政处罚是从惩戒的角度,对行政相对人科处新的义务,以告诫违法行为人不得再违法,否则将受罚;而责令改正或者限期改正则是命令违法行为人履行既有的法定义务,纠正违法,恢复原状。四是两者的形式不同。《行政处罚法》规定的行政处罚种类包括:警告、通报批评;罚款、没收违法所得、没收非法财物;暂扣许可证件、降低资质等级、吊销许可证件;限制开展生产经营活动、责令停产停业、责令关闭、限制从业;行政拘留;法律、行政法规规定的其他行政处罚。《环境行政处罚办法》规定的环境行政处罚的种类包括:警告;罚款;责令停产整顿;责令停产、停业、关闭;暂扣、吊销许可证或者其他具有许可性质的证件;没收违法所得、没收非法财物;行政拘留;法律、行政法规设定的其他行政处罚种类。以上种类均不包括责令改正。责令改正或者限期改正违法行为,因各种具体违法行为不同而分别表现为停止违法行为、责令退还、责令赔偿、责令改正、限期拆除等形式。

责令改正与行政处罚可以并用。如《行政处罚法》第28条第1款规定:"行政机关实施行政处罚时,应当责令当事人改正或者限期改正违法行为。"《固体废物污染环境防治法》第 103 条规定:“违反本法规定,以拖延、围堵、滞留执法人员等方式拒绝、阻挠监督检查,或者在接受监督检查时弄虚作假的,由生态环境主管部门或者其他负有固体废物污染环境防治监督管理职责的部门责令改正,处五万元以上二十万元以下的罚款;对直接负责的主管人员和其他直接责任人员,处二万元以上十万元以下的罚款。”《水污染防治法》第 82 条规定:“违反本法规定,有下列行为之一的,由县级以上人民政府环境保护主管部门责令限期改正,处二万元以上二十万元以下的罚款;逾期不改正的,责令停产整治:(一)未按照规定对所排放的水污染物自行监测,或者未保存原始监测记录的;(二)未按照规定安装水污染物排放自动监测设备,未按照规定与环境保护主管部门的监控设备联网,或者未保证监测设备正常运行的;(三)未按照规定对有毒有害水污染物的排污口和周边环境进行监测,或者未公开有毒有害水污染物信息的。”《土壤污染防治法》第 87 条规定:“违反本法规定,向农用地排放重金属或者其他有毒有害物质含量超标的污水、污泥,以及可能造成土壤污染的清淤底泥、尾矿、矿渣等的,由地方人民政府生态环境主管部门责令改正,处十万元以上五十万元以下的罚款;情节严重的,处五十万元以上二百万元以下的罚款,并可以将案件移送公安机关,对直接负责的主管人员和其他直接责任人员处五日以上十五日以下的拘留;有违法所得的,没收违法所得。”

责令改正的适用除与行政处罚并用的情形外,还包括单处、与行政处罚选用、将责令改正作为行政处罚的前置条件等几种情形。例如,《放射性污染防治法》第 55 条规定:“违反本法规定,有下列行为之一的,由县级以上人民政府环境保护行政主管部门或者其他有关部门依据职权责令限期改正;逾期不改正的,责令停产停业,并处二万元以上十万元以下罚款;构成犯罪的,依法追究刑事责任:(一)不按照规定设置放射性标识、标志、中文警示说明的;(二)不按照规定建立健全安全保卫制度和制定事故应急计划或者应急措施的;(三)不按照规定报告放射源丢失、被盗情况或者放射性污染事故的。”即在改正期限届满后才可决定是否给予行政处罚。再如,《大气污染防治法》第 108 条规定,“违反本法规定,有下列行为之一的,由县级以上人民政府生态环境主管部门责令改正,处二万元以上二十万元以下的罚款;拒不改正的,责令停产整治”;《固体废物污染环境防治法》第 105 条规定,“违反本法规定,生产经营者未遵守限制商品过度包装的强制性标准的,由县级以上地方人民政府市场监督管理部门或者有关部门责令改正;拒不改正的,处二千元以上二万元以下的罚款;情节严重的,处二万元以上十万元以下的罚款”,等等。这些是将责令改正作为行政处罚的前置条件。

本案中,S市生态环境局在查处D医院违法建设行为的过程中,已向其送达《行政处罚事先(听证)告知书》,告知了拟作出行政处罚的事实、理由、依据以及陈述、申辩和要求听证的权利。后根据调查情况,依据《建设项目环境保护管理条例》的相关规定作出处罚决定,程序并不违法。再者,《建设项目环境保护管理条例》第23条第1款规定,“违反本条例规定,需要配套建设的环境保护设施未建成、未经验收或者验收不合格,建设项目即投入生产或者使用,或者在环境保护设施验收中弄虚作假的,由县级以上环境保护行政主管部门责令限期改正,处20万元以上100万元以下的罚款;逾期不改正的,处100万元以上200万元以下的罚款”。根据该条款规定,责令限期改正与处20万元以上100万元以下的罚款是并行的,若违法行为逾期不改正,将在改正期限届满后作出处100万元以上200万元以下罚款的行政处罚决定。其中规定处20万元以上100万元以下罚款处罚幅度,是为了解决违法行为人的违法行为被查实时行政机关如何处罚的问题;规定处100万元以上200万元以下罚款幅度,是为了解决违法行为人逾期不改正时如何处罚的问题。如果责令改正违法行为后,不能对违法行为人处以20万元以上100万元以下罚款,则此规定就没有存在的意义。

因此,责令改正违法行为期间能否作出行政处罚,要依据具体法律规定判断。

案例 40

责令整改属于行政诉讼受案范围

——S 公司诉 H 县生态环境局行政命令案[①]

【裁判要旨】

责令整改通知不必然是行政处罚的准备行为。当其未附随于特定的行政处罚行为,而能独立地对行政相对人的权利义务产生实际影响时,属于行政诉讼受案范围,具有可诉性。

【基本案情】

2018 年 11 月 30 日,原 H 县环境保护局、原 H 县水产畜牧兽医局、原 H 县海洋局(机构改革后,上述机构不再保留,其相应的职权分别由 H 县生态环境局、H 县农业农村局、H 县自然资源局行使)联合向 S 渔业公司发出《责令整改通知书》,责令其于 2018 年 12 月 10 日前自行对养殖产品、移动管护设备、滤水净水设备、供水供电设施、房屋围栏进行清理,逾期不清理的,将依法进行强制清理,所有损失由该公司自行承担。

S 渔业公司就此向法院起诉,要求撤销《责令整改通知书》。一审法院认为,案涉责令整改通知属于实施行政处罚的准备行为,对行政相对人的合法权益不产生实际影响,不属于人民法院受案的范围,裁定驳回 S 渔业公司的起诉。

---

① 二审:广西壮族自治区高级人民法院(2019)桂行终 1496 号行政判决书。
一审:广西壮族自治区北海海事法院(2019)桂 72 行初 23 号行政判决书。

S 渔业公司不服一审裁定，提起上诉。二审法院认为，《责令整改通知书》作出后，上诉人按照通知书的要求停止了部分区域的养殖活动并拆除了相关设施，对其权利义务产生实际影响；且自《责令整改通知书》作出到提起诉讼和上诉时，未对行政相对人作出行政处罚或其他具体行政行为，一审法院认为该责令整改行为是实施行政处罚的准备行为缺乏事实依据，裁定驳回 S 渔业公司的起诉不当。诉请撤销《责令整改通知书》属于人民法院受理行政诉讼的受案范围，故裁定撤销一审法院不予受理的裁定。

【法理分析】

行政诉讼的受案范围，是指人民法院可以受案审理的行政争议的范围。行政诉讼的受案范围意味着法院和其他国家机关在解决行政争议问题中的权限划分，它既是行政诉权行使的边界，也是司法权对行政权进行监督的边界。

行政诉讼受案范围的确定，是目的、技术和现实诸因素综合考量的结果。在我国，受对行政权进行限制和司法终局等观念的影响，行政诉讼的受案范围总体呈现扩大的趋势。现行《行政诉讼法》综合运用概括式和列举式的方法，对受案范围进行了界定。所谓概括式，是指由统一的行政诉讼法典对受案范围进行原则性规定；所谓列举式，是指以法律条文明确列举的方式规定受案范围，包括肯定式的列举和否定式的列举。其中，《行政诉讼法》第 2 条属于概括式规定，第 12 条属于肯定式列举，第 13 条属于否定式列举。

《行政诉讼法》第 2 条规定："公民、法人或者其他组织认为行政机关和行政机关工作人员的行政行为侵犯其合法权益，有权依照本法向人民法院提起诉讼。前款所称行政行为，包括法律、法规、规章授权的组织作出的行政行为。"此条对行政诉讼的受案标准进行了概括性规定，即行为标准、职权标准和结果标准，引起行政争议的行为须是行政行为，该行为须是基于行政职权而行使，该行为须以当事人认为侵害其合法权益为条件。

《行政诉讼法》第 12 条第 1 款明确列举的可以进入行政诉讼的案件类型，具体包括行政处罚、行政强制措施、行政许可、行政确权、征收征用及其补偿、行政不作为、侵犯经营自主权、行政垄断、违法要求履行义务、行政给付和行政协议等十一种类型。需要注意的是，《行政诉讼法》中的肯定式列举属于不周延列举条款。

该条款第12项属于兜底条款，也就是说，即便行政争议不属于前述所列举的11种中的类型，当事人"认为行政机关侵犯其他人身权、财产权等合法权益的"，也可以起诉，也属于行政诉讼的受理范围。该条第2款规定："除前款规定外，人民法院受理法律、法规规定可以提起诉讼的其他行政案件。"这是一个开放性的规定，为后续其他单行法继续拓宽行政诉讼的受案范围保留了较大的空间。比如，《政府信息公开条例》第51条规定："公民、法人或者其他组织认为行政机关在政府信息公开工作中侵犯其合法权益的，可以向上一级行政机关或者政府信息公开工作主管部门投诉、举报，也可以依法申请行政复议或者提起行政诉讼。"

《行政诉讼法》第13条明确排除了四类不能进入行政诉讼受案范围的行为，即国家行为、抽象行政行为、内部行为和法定行政终局裁决行为。国防、外交等国家行为具有高度的政治性，因而不在行政法的调整范围之内，其他如实行戒严、宣告紧急状态等也属此类。行政法规、规章或者行政机关制定、发布的具有普遍约束力的决定、命令，其针对的是不特定的对象，只有经过具体行政行为的实施，才可能对特定对象的权利义务产生实际的影响，因而不能对其直接提起诉讼。这里需要注意两点：一是对于抽象行政行为，只是不能"直接"提起诉讼，根据《行政诉讼法》第53条的规定，"公民、法人或者其他组织认为行政行为所依据的国务院部门和地方人民政府及其部门制定的规范性文件不合法，在对行政行为提起诉讼时，可以一并请求对该规范性文件进行审查。前款规定的规范性文件不含规章"。二是抽象行政行为的本质在于其针对对象的不特定性，而不在于"决定""决议"这样的外在形式。对工作人员的奖惩、任免等内部行为主要应从人事关系的层面来理解，非人事关系的处理不应视为内部行为。在个别案件中，虽然行政机关的行为完全符合行政行为的全部要件，但基于法律的特别规定而被排除在受案范围之外，这就是法定行政终局裁决行为，典型的如国务院作出的裁决。这里的法律是狭义上的，即全国人大及其常委会通过法定权限和程序制定的法律。

除了《行政诉讼法》第13条明确规定的四种类型，还有一些行为虽然由行政机关及其工作人员在进行，但由于其根本不属于行政行为，因而不在行政诉讼的受案范围内，如刑事侦查、行政调解、行政指导行为等。对于行政机关对其已经作出的行为加以解释、强调、坚持、重复的行为，其并没有引起权利义务的变化，这种重复处理的行为也不属于行政诉讼受案范围。

本案涉及的是另一种应排除出行政诉讼受案范围的类型，即阶段性行政行为,它是指行政机关在一个行为尚未最终完成时作出的阶段性处理或意见。此时,行政行为尚未最终完成,不对当事人产生任何效力;只有等该行政行为最终完成之后,才能对最后的决定提起行政诉讼。阶段性行政行为在实践中非常常见,比如在适用听证程序的行政处罚中,行政机关通过初步调查会形成一个处罚意见,并向当事人出具《行政处罚告知书》,通知当事人并告知其有申请听证的权利。行政处罚须等到听证结束后才会作出,告知行为本身并不对当事人的权利义务产生实际影响,当事人也不能就行政机关告知有对其实施处罚的可能性提起行政诉讼。但在某些情况下,阶段性的行政行为有可能对当事人的权利义务产生事实上的影响,实际上已经等同于一个行政行为了。诉请撤销责令整改通知是否属于行政诉讼的受案范围,有赖于对责令整改通知这一行为性质的判定,不能一概而论。

本案中,行政机关在责令整改通知发出后直至当事人提起诉讼,未有后续的处罚行为,且该行为事实上对当事人的权利义务产生了影响,因而不能视为阶段性行政行为,属于行政诉讼的受案范围。

案例 41

过罚相当原则要体现在行政处罚的全过程

——M 公司未按国家规定填写危废转移联单案①

【裁判要旨】

行政处罚的根本目的在于预防和制止违法行为，促使相对人依法履行义务。违法行为发生后拒不承认且拒绝改正的，理应予以处罚。对于违法行为轻微，在收到整改通知后立即进行整改，纠错行为积极，没有造成危害后果的，属于依法可以不予行政处罚的范畴，行政机关给予行政处罚明显不当，应予撤销。

【基本案情】

M 公司成立于 2007 年 11 月，主营生活垃圾的综合回收利用等。公司按相关规定通过 G 省固体废物管理信息平台申报登记飞灰产生、处理、转移和处置等情况，并按规定填写自制的纸质转移联单，内容为：产废监督（M 公司过磅单，飞灰固化结算明细）——运输、填埋监督（填埋场过磅单，飞灰固体填埋明细）——质量监督（飞灰固化物检测报告）。

2018 年 5 月 23 日，原 G 市环境保护局（后更名为 G 市生态环境局）工作人员对 M 公司进行检查，发现该公司飞灰在转移过程中，未按国家规定填写危险废物转移联单。原 G 市环境保护局遂进行立案调查取证，并于 2018 年 5 月 29 日进行现场检查。2018 年 6 月 5 日，原 G 市环境保护局作出《责令改正违法行为决定书》，责令 M 公司自收到决定书之日起立即停止违法行为，按照

① 一审：广东省茂名市茂南区人民法院（2019）粤 0902 行初 1 号行政判决书。

国家规定填写危险废物转移联单，并于收到决定书之日起5日内就有关整改情况提交书面报告。其间，M公司立即进行了整改，并于2018年6月7日上报整改措施报告，随后也完成了电子转移联单的填报。

2018年7月2日，原G市环境保护局向M公司发出《听证告知书》，并依M公司的申请于8月3日举行了听证。2018年8月28日，原G市环境保护局作出《处罚决定书》，认定M公司2017年以来在转移属于危险废物的飞灰(HW18)过程中，不按照国家规定填写危险废物转移联单，转移的总量超过20吨，存在违法行为，决定对M公司处人民币150,000元罚款。M公司不服申请复议。G市人民政府经过审查，维持原决定。M公司提起行政诉讼。法院认为，M公司违法行为轻微并及时纠正，没有造成危害后果，属于依法不予行政处罚的范畴，原G市环境保护局的行政处罚不当，G市人民政府据此作出的复议决定亦应同时予以撤销。

【法理分析】

过罚相当，指的是对行政相对人处以行政处罚的种类、幅度等应当与其违法行为的事实、性质、情节，以及对公共利益和社会秩序的危害程度相匹配、相适应。[①] 行政处罚具有惩罚和教育双重功能，通过处罚既要达到纠正违法行为的目的，也要起到教育违法者及警示其他公民自觉守法的作用。既不能过度处罚，滥用行政处罚权，加重行政相对人负担甚至侵害其合法权益，也不能行政责任缺位，对违法行为放任不究或者无原则地轻缓处理，导致法律矫正效果不足，公共利益受损。也有观点将过罚相当原则称为比例原则，但二者有着本质的区别。比例原则是制约行政裁量的基本原则，而过罚相当原则是设定和实施行政处罚的法定原则。在行政处罚中，比例原则和过罚相当原则缘起不同、功能不同。但比例原则和过罚相当原则均可以用于约束行政处罚实体裁量。在行政处罚的实体裁量过程中，过罚相当原则本身无法提供相当性判断标准，比例原则则可以进行过罚相当的分析。可以将比例原则引入过罚相当原则的判断中，在考量过罚相当原则所包含的违法行为构成要素的基础上，通过比例原则的适当性、必要性和均衡性要

① 参见周永龙：《〈中华人民共和国行政处罚法〉注释本》，法律出版社2021年版，第16页。

求来分析判断过罚是否相当。[①]

《行政处罚法》第 5 条第 2 款规定："设定和实施行政处罚必须以事实为依据，与违法行为的事实、性质、情节以及社会危害程度相当。"第 32 条规定："当事人有下列情形之一，应当从轻或者减轻行政处罚：(一)主动消除或者减轻违法行为危害后果的；(二)受他人胁迫或者诱骗实施违法行为的；(三)主动供述行政机关尚未掌握的违法行为的；(四)配合行政机关查处违法行为有立功表现的；(五)法律、法规、规章规定其他应当从轻或者减轻行政处罚的。"第 33 条规定了免予处罚的情形，即"违法行为轻微并及时改正，没有造成危害后果的，不予行政处罚。初次违法且危害后果轻微并及时改正的，可以不予行政处罚"。以上规定都是过罚相当原则的体现。地方立法中，也有对不予行政处罚作出规定。如《南京市生态环境部门对环境违法行为情节轻微认定的意见》对于"本市范围内及时改正，没有造成危害后果的，应当认定为违法情节轻微，可以不予罚款处罚"的违法情形进行了列举，并规定不予罚款处罚的同时应当予以行政指导，充分体现了教育与惩罚相结合的行政处罚目的。

本案中，原 G 市环境保护局认定 M 公司存在未按国家规定填写危险废物转移联单的基本事实属实，根据《固体废物污染环境防治法》第 59 条及第 75 条第 1 款第 6 项[②]之规定，就该违法事实应处 2 万元以上 20 万元以下的罚款。但是，M 公司的违法情节明显轻微，在收到《责令改正违法行为决定书》后立即进行整改，完成电子转移联单的填报，证明 M 公司认错态度良好，纠错行为积极，社会效果明显，且 M 公司未按国家规定填写危险废物转移联单的行为并没有对环境造成危害后果。据此，M 公司的上述行为属于《行政处罚法》第 27 条第 2 款[③]规定的依法不予行政处罚的范畴，应当不予处罚。原 G 市环境保护局作出罚款 150,000 元的行政处罚明显不当，没有遵循过罚相当和比例原则，有悖于行政处罚的根本目的和立法精神。

---

① 参见杨登峰、李晴：《行政处罚中比例原则与过罚相当原则的关系之辨》，载《交大法学》2017 年第 4 期。

② 此处的《固体废物污染环境防治法》是全国人大常委会于 2016 年 11 月 7 日修正的版本，该法已于 2020 年 4 月 29 日修正。——编者注

③ 此处的《行政处罚法》是全国人大常委会于 2017 年 9 月 1 日修正的版本，该法已于 2021 年 1 月 22 日修订。——编者注

案例 42

逃避监管排污的"主观故意"可以直接推定

——张某冲私设暗管排污案[①]

【裁判要旨】

对于是否属于以逃避监管方式排放水污染物,应当根据客观事实判定,只要行为人具有违反法律法规的客观情形,存在排污的事实,就可以推定其具有逃避监管的主观故意,进而在当事人提供的证据不足以证明其没有主观过错的情况下给予行政处罚。

【基本案情】

2018 年 11 月 21 日,Q 县环境保护局执法人员检查发现,张某冲的养殖场抽排养殖废水流入淇河,即制作现场检查(勘察)笔录,对现场拍照、录像,并询问张某冲。张某冲陈述,养殖废水经储存池沉淀用于灌溉周边农田,浇树时由于水量大,工人不小心冲开地头围堰,流入淇河。Q 县环境保护局要求立即停止违法行为并作出责令限期改正决定,同时委托 Q 县环境保护监测站对送交养殖废水进行检测。2018 年 11 月 22 日,Q 县环境保护监测站出具监测报告,显示:张某冲养殖场的废水污染化学含氧量为 7.97×10^3mg/L,氨氮量为 1.10×10^3mg/L,总磷量为 35.8mg/L。依据国家环境保护总局、国家质量监督检验检疫总局《畜禽养殖业污染物排放标准》(GB 18596 - 2001),生猪集约化畜禽养殖场Ⅱ级规模为 500 头≤Q<3000 头,集约化畜禽养殖业水污染物最高允

---

① 二审:河南省鹤壁市中级人民法院(2020)豫 06 行终 8 号行政判决书。
一审:河南省浚县人民法院(2019)豫 0621 行初 25 号行政判决书。

许日均排放浓度为五日化含氧量为150mg/L,氨氮量为80mg/L,总磷量为8mg/L,张某冲的养殖场排放废水已经严重超标。2018年12月4日,Q县环境保护局经集体审议,作出对张某冲处20万元罚款并移送公安机关行政拘留的意见。

张某冲提起行政诉讼。一审法院认为,Q县环境保护局未对张某冲初次提出的辩解理由展开调查,也未对其情节进行分析排除或认定,实体部分事实不清,程序部分违法,遂判决撤销Q县环境保护局作出的处罚决定。Q县环境保护局不服上诉。二审法院认为,案涉管道连接着张某冲经营的养殖场内储粪池和河道,且管道附近的河道中存有养殖废水,张某冲利用管道排污行为属于"私设暗管"排放行为,Q县环境保护局处罚适当,判决驳回张某冲的诉请。

【法理分析】

行政执法实践和司法实务中,应受行政处罚行为的成立是否须有主观过错一直备受争议。一种观点认为,应受行政处罚的行为必须包括行为违法和主观上有过错两个要件。如《治安管理处罚法》第49条规定:"盗窃、诈骗、哄抢、抢夺、敲诈勒索或者故意损毁公私财物的,处五日以上十日以下拘留,可以并处五百元以下罚款;情节较重的,处十日以上十五日以下拘留,可以并处一千元以下罚款。"《消防法》第64条规定,过失引起火灾,尚不构成犯罪的,处十日以上十五日以下拘留,可以并处五百元以下罚款。另一种观点认为,行政处罚适用"不问主观状态"的客观归责原则(如《税收征收管理法》第60条第1款)。《行政处罚法》在2021年1月22日修订前并未明确规定行政处罚必须以行为人主观上存在过错为要件。根据《民法典》第7编"侵权责任"之第7章"环境污染和生态破坏责任"的规定,环境侵权责任的归责原则适用的是无过错原则,即行为人只要给他人造成损失,不问其主观上是否有过错而都应承担责任。根据《环境行政处罚办法》第6条的规定,行为人的过错程度仅为处罚主体行使自由裁量权时予以考虑的情节之一,而非处罚的构成要件。因此,大部分行政处罚均以客观违法为核心要件,无论相对人有无主观过错,只要客观上违法,都应给予处罚。如果要求行政机关举证证明行为人主观过错,会加重执法机关的负担。但这并不意味着行政处罚采取完全的客观归责,对不具备可谴责性的行为也要处罚,而是可从相对人违法的结果推定其主观上有故意或过失。[①] 同时，如果具体法律条文中包含有主观故意的明确规定则应从其规定。《行政处罚法》于 2021 年 1 月 22 日修订后明确规定适用过错推定原则，该法第 33 条第 2 款规定："当事人有证据足以证明没有主观过错的，不予行政处罚。法律、行政法规另有规定的，从其规定。"该条款一方面将行为人主观过错作为应受行政处罚行为成立的必要条件；另一方面并未要求行政机关承担证明行为人具有主观过错的证明责任，而是将此证明责任归于行为人，由其自行证明没有主观过错，证明不了即推定行为人有主观过错。

适用过错推定原则，应注意如下问题：一是注意其与刑事责任、民事责任的区别。刑事责任主观过错侧重危害结果或侵犯的法益，民事责任主观过错侧重损害后果，行政处罚责任主观过错侧重违法行为本身，即只要有行为，无论是否产生危害结果或损害后果，均应推定当事人主观上有过错。二是区分故意与过失两种形态。《行政处罚法》规定的是主观过错包括故意与过失。故意作为处罚要件的，行政机关必须证明当事人主观上存在故意。未规定故意作为处罚要件的，只要当事人有过失即可处罚。行政机关应当辨明特定的法律用语是否已经包含故意的内涵，不能认为法律没有故意的规定就误以为无须以故意为处罚条件。[②] 三是行政机关对当事人的主观过错仍负有举证义务。《行政诉讼法》第 34 条规定："被告对作出的行政行为负有举证责任，应当提供作出该行政行为的证据和所依据的规范性文件。被告不提供或者无正当理由逾期提供证据，视为没有相应证据。但是，被诉行政行为涉及第三人合法权益，第三人提供证据的除外。"《行政复议法》第 23 条、第 28 条规定，被申请人应当提交当初作出具体行政行为的证据、依据和其他有关材料。四是重视当事人的反证。当事人有证据足以证明没有主观过错的，应当充分查证。如《食品安全法》第 136 条规定，"食品经营者履行了本法规定的进货查验等义务，有充分证据证明其不知道所采购的食品不符合食品安全标准，并能如实说明其进货来源的，可以免予处罚"。经营者提供没有主观过错的证据时，行政机关应充分查证。五是违法行为的阻却。违法阻却事由是指行为在形式上与违法行为具有相似性，但实质上不具有法益侵害性，因而不构成违法的情形。违法阻却事由包括法律明文规定的事由和法律没有明文规定而从法秩序的精神引申出来的事由，这种违法阻却事由（正当化事由）又被称为超法规的违法阻却

① 参见马怀德：《〈行政处罚法〉修改中的几个争议问题》，载《华东政法大学学报》2020 年第 4 期。
② 参见江必新：《论应受行政处罚行为的构成要件》，载《法律适用》1996 年第 6 期。

（正当化）事由。法定的违法阻却事由包括正当防卫和紧急避险。超法规的违法阻却事由包括法令行为、正当业务行为、义务冲突等。

《环境保护法》第42条第4款规定："严禁通过暗管、渗井、渗坑、灌注或者篡改、伪造监测数据，或者不正常运行防治污染设施等逃避监管的方式违法排放污染物。"该条款列举了三类逃避监管方式：一是通过暗管、渗井、渗坑、灌注等不经法定排放口的方式违法排放污染物以逃避监管。关于暗管，2015年1月1日起施行的《行政主管部门移送适用行政拘留环境违法案件暂行办法》第5条作出了明确的解释，即暗管是指通过隐蔽的方式达到规避监管目的而设置的排污管道，包括埋入地下的水泥管、瓷管、塑料管等，以及地上的临时排污管道。2018年3月27日，浙江省高级人民法院、浙江省人民检察院、浙江省公安厅、浙江省环境保护厅印发《关于办理环境污染刑事案件若干问题的会议纪要（三）》的通知，对在雨污管道分离后利用雨水管道或者从厕所排污管道等生活设施管道排放、倾倒、处置有放射性的废物、含传染病病原体的废物、有毒物质的，认定为属于《最高人民法院、最高人民检察院关于办理环境污染刑事案件适用法律若干问题的解释》第1条第5项中"逃避监管的方式"。二是篡改、伪造监测数据。三是不正常运行防治污染设施。以逃避监管方式违法排放污染物的，对直接负责的主管人员和其他直接责任人员实行双罚制。2019年2月20日，最高人民法院、最高人民检察院、公安部、司法部、生态环境部联合发布《关于办理环境污染刑事案件有关问题座谈会纪要》。该纪要认为"判断犯罪嫌疑人、被告人是否具有环境污染犯罪的故意，应当依据犯罪嫌疑人、被告人的任职情况、职业经历、专业背景、培训经历、本人因同类行为受到行政处罚或者刑事追究情况以及污染物种类、污染方式、资金流向等证据，结合其供述，进行综合分析判断"；"实践中，具有下列情形之一，犯罪嫌疑人、被告人不能作出合理解释的，可以认定其故意实施环境污染犯罪，但有证据证明确系不知情的除外：……（6）通过暗管、渗井、渗坑、裂隙、溶洞、灌注等逃避监管的方式排放污染物的"。

从立法本意考量，以逃避监管方式排放污染物有别于其他违法行为，逃避监管本身即具有主观上的故意。也就是说，该条在立法之初已将行为人的主观心态考虑其中。故只要行为人具有违反法律法规的客观情形，存在排污的事实，则直接推定其具有逃避监管的主观故意，从而进行处罚。结合本案事实来看，无论张某冲私设管带基于何种目的，客观上都存在违反法律规定排污的事实。即使废水流入淇河的最初原因出于偶然,作为防止水污染责任主体,张某冲也应当及时采取立即封堵排放口等防止水污染物外排的相应措施,而张某冲在明知的情况下,放任了水污染物排放至淇河。综合上述客观事实,可以推定张某冲具有逃避监管的主观故意,其行为应被认定为私设暗管排污,执法机关无须再行举证证明其“主观故意”。如果张某冲有证据足以证明其没有主观过错,则行政机关应对其不予处罚。

案例 43

行政执法的法律适用与司法变更问题

——Y 金属公司排污案①

【裁判要旨】

当事人一个行为违反不同法律时，属于法律竞合，行政机关应根据《立法法》的规定和法律适用原理来选择最适当的法律规范。

对于因适用法律错误而存在明显不当的行政处罚，人民法院可以根据《行政诉讼法》的规定，对量罚明显不当的行为作出变更判决。

【基本案情】

2018 年 5 月 14 日，S 市生态环境局 B 管理局(以下简称 B 管理局)发现 Y 金属公司存在超标排放行为，遂责令 Y 金属公司立即停止超标排污行为，并处以罚款 100 万元人民币，吊销排污许可证。Y 金属公司不服提起诉讼。一审法院认为，Y 金属公司超标排污行为属实，该行为同时违反不同的法律，存在法律竞合情形。B 管理局存在法律适用错误，故将被诉行政行为的罚款金额由 100 万元变更为 20 万元，驳回 Y 金属公司其他诉讼请求。Y 金属公司不服提出上诉。

二审法院认为，B 管理局作出处罚决定的法律依据有多种：一是《水污染防治法》；二是《S 经济特区环境保护条例》(以下简称《条例》)；三是《特区排

---

① 二审：深圳市中级人民法院(2020)粤 03 行终 453 号行政判决书。
一审：深圳市盐田区人民法院(2019)粤 0308 行初 900 号行政判决书。

污许可证管理办法》(以下简称《办法》);四是《S市环境行政处罚裁量权实施标准(第五版)》(以下简称《裁量标准》)。在本案中,这些法律规范存在法律竞合。根据《立法法》第92条第2款的规定,应当按照《条例》的规定作出处罚。另外,Y金属公司主张《裁量标准》与作为规章的《办法》存在矛盾之处。《办法》制定于1998年,是为实施《条例》(1994年)而制定。《条例》在2017年修订过程中对"情节严重违法排污"的处罚作了规定,即"情节严重的,并吊销排污许可证"。《办法》未作相应修改,而《裁量标准》对"情节严重"进行了细化,这突破了《办法》的规定,但符合《条例》的要求。因此,结合《条例》和《裁量标准》作出的吊销排污许可证的处罚决定合法。

【法理分析】

现实中的行政执法并非"三段论"逻辑的简单展开,会面临各种复杂情形,以行政执法的法律适用为例,法律适用不仅有合法性的要求,也有合理性要求。前者的要求是适用最为恰当的法律及法律条款;后者的要求是在适用具体法律条款时应尽裁量义务,做到结果适当、符合合理性要求。本案就是如此,不仅涉及应适用何种法律规范的问题,还有适用法律规范准确性的问题。

一是行政执法中的法律竞合与法律适用问题。本案中,执法机关需要考虑的处罚规范包括四个:《水污染防治法》第83条第2项、《条例》①(2017年修正)第69条第1款第2项、《S经济特区污染物排放许可证管理办法》第30条(2020年修订后为第24条)及《S市环境行政处罚裁量权实施标准(第五版)》的相关规定。由于Y金属公司只有一个违法排污行为,而可以适用的法律规范有许多,这就出现了法律适用的法律竞合问题。

法律竞合是法律适用过程中的正常现象。在现代立法体系下,由于立法主体多元、立法时间久远、立法调整的对象与目标不尽相同,会出现同一行为由不同的法律规范调整的现象,这就是法律竞合。法律竞合可以分为法条竞合与想象竞合:法条竞合是指一个行为会涉及不同的法律规范,而这些法律规范之间存在交叉或包容关系,只能选择适用某一法律规范来加以处理的现象,此时根据"上位法

① 本案例中的《条例》是指2017年《深圳经济特区环境保护条例》,现已失效。

优于下位法、特别法优于普通法、新法优于旧法”的规则来选择法律;想象竞合是指一行为触犯数个同种或异种法律规范,这些法律规范之间不存在交叉或包容关系的现象,此时需要根据择一重处原理来选择法律。

法律竞合也是立法与执法所不可避免的现象。在出现法律竞合时,应根据《立法法》的规定和法律原理来合理地适用法律。我国《立法法》确定了一些基本规则,如“新法优于旧法、特别法优于一般法”等。在行政执法过程中,需要提高执法人员的法律适用能力,以准确地适用存在竞合关系的法律。当然,也需要借助行政诉讼制度,由法院来监督与解释行政执法中的法律适用问题,法院在法律适用方面更加具有专业性;从行政诉讼法律适用特征来看,行政诉讼法律适用具有二次性与终局性。

在本案中,Y 金属公司的违法排污行为涉及四个法律规范。从法律位级的角度来说,应适用《水污染防治法》第 83 条第 2 项,即“责令改正或者责令限制生产、停产整治,并处十万元以上一百万元以下的罚款;情节严重的,报经有批准权的人民政府批准,责令停业、关闭”。但《立法法》第 90 条第 2 款规定,“经济特区法规根据授权对法律、行政法规、地方性法规作变通规定的,在本经济特区适用经济特区法规的规定”,而经全国人大常委会的授权,S 经济特区人大及其常委会可以在特区范围内制定地方性法规,其法规具有优先适用效力。因此,本案应优先适用《条例》,而《条例》第 69 条第 2 项规定,“排污者未遵守排污许可证载明的环境管理要求的,责令限期改正,处五万元以上十万元以下罚款;未按照排污许可证规定排放污染物的,责令限期改正,处十万元以上二十万元以下罚款;情节严重的,并吊销排污许可证”。B 管理局在原行政处罚决定中适用了《水污染防治法》第 83 条第 2 项,对 Y 金属公司处以 100 万元罚款的处罚,存在法律适用的错误。

二是《S 市环境行政处罚裁量权实施标准(第五版)》的效力问题。本案中,《裁量标准》属于行政规范性文件,一般来说,S 市生态环境局的规范性文件是不能与 S 市人民政府的规章《办法》相冲突的,如果冲突当然适用《办法》。这也是 Y 金属公司的主张与理由,即“裁量标准作为规范性文件,不应当违反《特区排污许可证管理办法》的规定”。但是,Y 金属公司存在一定的误解。

第一,《裁量标准》是对《条例》相关规定的执行细则,而不是对《办法》的执行细则。即在“第十章 实施吊销排污许可证裁量标准”中,将“当事人近一年内因超标、超量排污受到 2 次以上行政处罚”作为《条例》第 69 条第 1 款第 2 项的“情节严重”的情形。可见,根据《条例》第69条第1款第2项和《裁量标准》第10章来对Y金属公司予以吊销排污许可证的处罚,是合法的。

第二,即使《裁量标准》和《办法》都是根据《条例》制定的,根据本案的具体情况,根据《条例》和《裁量标准》来予以处罚,也是合法的。从理论上说,《办法》的效力高于《裁量标准》,如果两者冲突,《办法》效力高于《裁量标准》。但由于《办法》一直没有修订,而其所依据的《条例》已经作出了重大修改,其趋势是对环境保护的力度越来越大、对违法行为的制裁越来越严,例如对于情节严重的违法排污,《条例》没有“限期治理”的要求,而是规定“并吊销排污许可证”,这不仅符合国家环境法治的要求,也体现了对于严重违法者的严厉制裁的立法政策、具有政策导向的功能。而《裁量标准》不断根据《条例》的修订内容进行修改,在本案发生时,已经修订到了第五版,更加符合《条例》的立法要求和立法精神。因此,即使两者都是对《条例》的执行性规范,从公共政策的发展趋势来看,也应适用更加严格的、更加符合上位法的《裁量标准》,而不是《办法》。

在本案中,生态环境部门根据《裁量标准》来认定Y金属公司违法排污的行为属于“情节严重”,作出吊销其排污许可证的行政处罚决定,是合法的。

三是本案的司法变更权问题。司法变更权是指在行政诉讼中,法院对于争议行政行为的内容直接加以改变的权力。行政行为具有确定力,非依法定程序不得撤销或变更。但如果行政行为违法或者是不适当,法定机关依法定程序可以加以变更,在行政救济过程中,行政复议机关和人民法院都具有对原行政行为内容加以变更的权力,即复议变更权与司法变更权,但两者的范围和程度是不同的。根据《行政复议法》第28条第1款第3项的规定,具体行政行为有下列情形之一的,决定撤销、变更或者确认该具体行政行为违法:(1)主要事实不清、证据不足的;(2)适用依据错误的;(3)违反法定程序的;(4)超越或者滥用职权的;(5)具体行政行为明显不当的。而根据《行政诉讼法》第77条第1款的规定,“行政处罚明显不当,或者其他行政行为涉及对款额的确定、认定确有错误的,人民法院可以判决变更”。对比这两部法律的规定可以发现,行政复议变更权的权限更多,这是因为行政复议变更权是上级行政机关对下级机关或者本级机关自身的变更,是基于行政权固有的全面监督功能而产生的;而司法变更权是司法权基于法律的规定而获得的有限变更,受到司法审查有限性原则的限制,必须考虑到司法权与行政权的界限,体现司法谦抑,因此司法变更权只具有有限变更权。

在本案中,法院运用到了变更权,对争议行政行为进行了直接变更。但在本案中的变更权也存在一定的特殊性,根据《行政诉讼法》第70条的规定,“行政行为有下列情形之一的,人民法院判决撤销或者部分撤销,并可以判决被告重新作出行政行为:……(二)适用法律、法规错误的……(六)明显不当的”。而根据《行政诉讼法》第77条的规定,“行政处罚明显不当”的,人民法院可以判决变更。本案实际上涉及这两种情况,也属于法条竞合的情形。在本案中,考虑在适用第69条第2项后,20万元的罚款已经该条款的最高额度,法院没有撤销原行政行为并要求行政机关重新作出行政行为,而是直接作出了变更判决,符合实质性解决行政争议和诉讼经济原则,体现了司法的能动性。

案例 44

行政处罚决定错误应依照法定程序和方式纠正

——L 环保局处罚决定书笔误案①

【裁判要旨】

行政处罚决定一经送达便发生法律效力，其对行政机关和行政相对人具有同样的拘束力。行政处罚决定书存在错误时，行政机关应当依照法定程序和方式予以纠正，而不能直接用新的行政处罚决定书代替前者。

【基本案情】

C 公司主营机动车、电子产品和日用品修理业务。2019 年 4 月 18 日，L 环保局对 C 公司作出 L 环罚字(2018)0220 号行政处罚决定，认定 C 公司将危险废物提供给无危险废物经营许可证的单位处置，决定对 C 公司罚款 30,000 元，并于 2019 年 4 月 18 日送达。处罚决定载明了认定行为的事实及证据、违反法律的具体规定、作出处罚所依据的法律条文、处罚的具体金额、缴纳罚款的相关内容以及提出行政复议和行政诉讼的内容。同时还载明："我局于 2019 年 2 月 12 日以《行政处罚事先告知书》[L 环罚告字(2018)0220 号]告知你公司陈述申辩权，你公司未在法定期限内向我局提出陈述申辩。"

2019 年 4 月 24 日，L 环保局对 C 公司作出相同案号[L 环罚字(2018)0220 号]的处罚决定书并于 2019 年 4 月 25 日送达，该行政处罚决定书与 2019 年 4 月 18 日作出的行政处罚决定书内容一致，区别在于关于陈述申辩的内容为："我局于 2019 年 2 月 12 日以《行政处罚事先告知书》[L 环罚告字(2018)

① 一审：四川省成都市新都区人民法院(2019)川 0114 行初 24 号行政判决书。

0220号]告知你公司陈述申辩权,你公司于2019年2月20日向我局提交了陈述申辩书,请求减免行政处罚。经局案审会研究,对你公司减免行政处罚的陈述申辩理由及相关请求不予采纳。"

C公司认为,L环保局就同一事实作出两份有效的处罚决定,违反了《行政处罚法》第24条[①]确立的"一事不再罚"原则,属于存在重大且明显违法的情形,应予确认无效,故向人民法院提起诉讼。A市L区人民法院认为,L环保局依据C公司同一个违法行为,基于同样的事实对其给予两次罚款的处罚决定,明显违反法律规定,遂判决确认L环保局于2019年4月24日对C公司作出的L环罚字(2018)0220号行政处罚决定无效。

【法理分析】

行政处罚决定一经送达便发生公定力、确定力、执行力和拘束力,非经法定程序不得擅自变更、撤销或随意停止执行。行政机关在将行政处罚决定书送达行政相对人之前发现制作有错误的,应当重新制作行政处罚决定书,不得直接在行政处罚决定书上涂改。直接涂改的行政处罚决定书无效,行政相对人有权拒绝执行。送达后发现有错误则应按照纠错机制来处理。《行政处罚法》第75条第2款规定,"行政机关应当认真审查,发现有错误的,应当主动改正"。但如何改正没有具体规定。根据行政诉讼法律未规定参照民事诉讼法律规定的原则及执法实务,我们可根据不同的错误类别作出不同的改正:

(1)笔误。《民事诉讼法》第154条第1款规定:"裁定适用于下列范围:……(七)补正判决书的笔误;……"《最高人民法院关于适用〈中华人民共和国民事诉讼法〉的解释》第245条规定:"民事诉讼法第一百五十四条第一款第七项规定的笔误是指法律文书误写、误算,诉讼费用漏写、误算和其他笔误。"根据上述规定,若行政处罚决定书中出现编号、字迹、日期等错误时,可参照上述规定通过补正通知予以弥补,无须重新履行行政处罚告知程序。

(2)程序错误。其分为轻微程序违法和重大程序违法。前者如重大案件未告

① 此处的《行政处罚法》是全国人大常委会于2017年9月1日修正的版本,该法已于2021年1月22日修订,原第24条被修订为第29条第1款。——编者注

知相对人陈述申辩权利但保障了其听证权利，因听证权较之于陈述申辩权更严谨，更能充分保障当事人合法权益，故根据《行政诉讼法》第 74 条第 1 款的规定，"行政行为有下列情形之一的，人民法院判决确认违法，但不撤销行政行为：……（二）行政行为程序轻微违法，但对原告权利不产生实际影响的"，此种轻微程序违法可不予撤销。若重大案件中未告知听证权利属重大且明显违法的，则构成重大程序违法，根据《行政处罚法》第 38 条第 2 款的规定，"违反法定程序构成重大且明显违法的，行政处罚无效"，必须撤销原行政处罚决定书，重新履行调查程序，作出新的处罚决定。

（3）实体错误。若发现行政处罚决定书存在处罚种类或处罚幅度、适用法律法规错误，违法事实不清或证据不足的，必须撤销原行政处罚决定书，并根据违法事实是否存在作出不同处理。违法事实不存在的应撤案；违法事实存在的行政机关应当重新履行立案、调查取证、听证告知等调查程序，再作出新的处罚决定。法律规定在行政复议或行政诉讼期间，行政机关不能自行收集证据，但行政机关主动纠错（撤销原处罚决定书）符合《行政处罚法》的立法主旨及要求。

案例 45

排污应取得排污许可证

——B 公司违法排放污染物案[1]

【裁判要旨】

排污单位应当按照国家规定进行排放污染物申报登记，申请领取排污许可证，按照排污许可证的规定排放污染物。未取得排污许可证排放水污染物的，应受行政处罚。

【基本案情】

B 公司于 2008 年开办养猪场。2018 年 2 月 7 日，其所在 C 区环保局的执法人员到其经营的养猪场进行现场检查，发现其有工商营业执照，未依法取得排污许可证排放水污染物。调查取证过程中，B 公司管理人员称养猪场已办理工商营业执照、动物防疫合格证和规模畜禽养殖小区备案，已配套建设有污染物治理设施，但未办理环保报批手续和未通过环保竣工验收，未领取排污许可证。经营过程中会产生养殖废水和废气，养殖废水经统一收集，排入污水站，通过固液分类分离设备后，固废（猪粪）统一堆放，分离后的废水经处理排入约 10 亩的鱼塘进行自然净化，达标排放外环境，养殖废气无组织排放。经调查取证和听证程序，2018 年 7 月 31 日，C 区环保局认定 B 公司的行为违反了《广东省环境保护条例》第 21 条规定，依据《广东省环境保护条例》第 66 条规定，责令 B 公司停止排放污染物，并对其作出罚款 10 万元的行政处罚。

---

① 一审：广州铁路运输法院（2019）粤 7101 行初 366 号行政判决书。

B公司不服申请行政复议,复议机关维持原处罚决定。B公司向法院提起诉讼,一审法院认为,B公司已在开庭前关闭养猪场,撤销责令停止排放污染物已无意义,故判决撤销行政处罚,驳回B公司的其他诉讼请求。

【法理分析】

我国在环境治理中实行排污许可制度。排污许可是指环境保护主管部门依排污单位的申请和承诺,通过发放排污许可证这样的法律文书形式,依法依规和限制排污单位排污行为并明确环境管理要求,依据排污许可证对排污单位实施监管执法的环境管理制度。《环境保护法》第45条规定:“国家依照法律规定实行排污许可管理制度。实行排污许可管理的企业事业单位和其他生产经营者应当按照排污许可证的要求排放污染物;未取得排污许可证的,不得排放污染物。”《大气污染防治法》第19条规定,“排放工业废气或者本法第七十八条规定名录中所列有毒有害大气污染物的企业事业单位、集中供热设施的燃煤热源生产运营单位以及其他依法实行排污许可管理的单位,应当取得排污许可证”。《水污染防治法》第21条规定,“直接或者间接向水体排放工业废水和医疗污水以及其他按照规定应当取得排污许可证方可排放的废水、污水的企业事业单位,应当取得排污许可证;城镇污水集中处理设施的运营单位,也应当取得排污许可证”。2021年3月1日起,国务院制定的《排污许可管理条例》正式施行。上述法律法规为我国实施排污许可制度提供了规范依据。

在法律性质上,排污许可属于行政许可。行政许可的本质特征是对法律一般禁止的解除。出于保护公共安全、公共资源合理配置以及公民人身、财产安全的需要,国家往往会利用法律、法规在特定领域设置一般性禁止,限制相对人的某种权利或资格。这种禁止并非完全绝对的,而在于对进入某些领域的相对人的数量或资质进行适当控制,从而实现安全保护的目标。因而,在立法创设一般性禁止的同时,通过行政机关对相对人进行审查,然后对符合要求的相对人解除禁止,使其获得在特定领域进行某一行为的资格。行政许可的实施,以行政相对人的申请为条件,需要经过申请、受理、审查、决定等阶段,而在许可的申请获得通过之前,实施该特定行为是违法的。

排污许可具有行政许可的一般属性。因而,排污单位应当按照国家规定进行排放污染物申报登记，申请领取排污许可证，按照排污许可证的规定排放污染物，并按规定缴纳排污费。在未取得排污许可证之前，排放水污染物是被禁止的违法行为，应受行政处罚。需要说明的是，其违法性并不要求排放行为必然造成某种特定的后果，在未取得许可证、许可证失效或超越许可证范围的情况下，排放行为本身即构成违法。

同时，在排污许可制度中，需要区分排污单位和非排污单位。并非所有排放污水的行为主体都需要取得排污许可证，比如我们在日常家庭生活中排放污水一般就不属于排污许可管理的范围，属于非排污单位；而排污单位是指依照法律规定实行排污许可管理的企业事业单位和其他生产经营者。《排污许可管理条例》第 2 条规定，“实行排污许可管理的排污单位范围、实施步骤和管理类别名录，由国务院生态环境主管部门拟订并报国务院批准后公布实施”。具体而言，国家根据排污单位污染物产生量、排放量、对环境的影响程度等因素，分别实行重点管理、简化管理和登记管理。对污染物产生量、排放量或者对环境的影响程度较大的排污单位，实行排污许可重点管理；对污染物产生量、排放量和对环境的影响程度较小的排污单位，实行排污许可简化管理；对污染物产生量、排放量和对环境的影响程度很小的排污单位，实行排污登记管理。实行登记管理的排污单位，不需要申请取得排污许可证，在全国排污许可证管理信息平台填报排污登记表即可。

而违反排污许可的行为，则应受到法律制裁。2018 年 1 月 10 日公布并施行的《排污许可管理办法（试行）》第 57 条规定：“排污单位存在以下无排污许可证排放污染物情形的，由县级以上环境保护主管部门依据《中华人民共和国大气污染防治法》《中华人民共和国水污染防治法》的规定，责令改正或者责令限制生产、停产整治，并处十万元以上一百万元以下的罚款；情节严重的，报经有批准权的人民政府批准，责令停业、关闭：（一）依法应当申请排污许可证但未申请，或者申请后未取得排污许可证排放污染物的；（二）排污许可证有效期限届满后未申请延续排污许可证，或者延续申请未经核发环保部门许可仍排放污染物的；（三）被依法撤销排污许可证后仍排放污染物的；（四）法律法规规定的其他情形。”而 2021 年 3 月 1 日起施行的《排污许可管理条例》第 33 条规定：“违反本条例规定，排污单位有下列行为之一的，由生态环境主管部门责令改正或者限制生产、停产整治，处 20 万元以上 100 万元以下的罚款；情节严重的，报经有批准权的人民政府批准，责令停业、关闭：（一）未取得排污许可证排放污染物；（二）排污许可证有效期届满未申请延续或者延续申请未经批准排放污染物;(三)被依法撤销、注销、吊销排污许可证后排放污染物;(四)依法应当重新申请取得排污许可证,未重新申请取得排污许可证排放污染物。”

本案中,B 公司属于应申请取得排污许可证的排污单位,即便该公司声称“建设污水处理站,处理后的废水能达标排放至厂内生化塘,再回用于猪舍冲洗,循环利用不外排到外环境”,但其未取得许可证前的排污行为已属违法,应依照法定的程序和规定进行处罚。《广东省环境保护条例》①第 21 条第 1 款规定:“本省依照法律规定实行排污许可管理制度。禁止未依法取得排污许可证或者违反排污许可证的要求排放污染物。”第 66 条规定,“违反本条例第二十一条第一款规定,企业事业单位和其他生产经营者未依法取得排污许可证排放污染物的,由县级以上人民政府环境保护主管部门责令其立即停止排放污染物,并处十万元以上二十万元以下罚款;拒不停止排放污染物的,报经有批准权的人民政府批准,责令停业、关闭”。本案中,C 区环保局执法人员检查发现 B 公司经营的猪场在未取得排污许可证的情况下排放污染物,认定 B 公司的上述行为违反上述规定,事实清楚。C 区环保局综合考虑 B 公司项目的性质、规模、违法行为造成的危害后果、过错程度、改正违法行为的态度等因素,在法律规定的幅度内对 B 公司作出罚款 10 万元的行政处罚决定,适用法律法规正确,处罚适当。因 B 公司已于 2018 年 6 月 30 日关闭猪场,主动停止排放污染物,违法排放污染物行为早已停止,C 区环保局再责令 B 公司停止排放污染物已无现实必要。对于 B 公司提出的 C 区环保局不作为未核发排污许可及办理环评,涉案处罚决定书适用法律错误的意见,如 B 公司认为 C 区环保局存在行政不作为,应另寻途径主张权利,不构成 B 公司未取得排污许可排放污染物的理由。

需要注意的是,环评与排污许可是不同的行政审批项目。环评是建设项目管理的组成部分,而排污许可是对排污单位在生产经营过程中的要求,以环评手续未获批准为由主张无证排污行为无须受罚没有法律依据。从法律法规的适用上看,尽管 B 公司在 2008 年就已开设养猪场而行政处罚是在 2018 年才作出的,但该地的环境保护地方性法规在 2005 年就已施行且规定了排污许可制度,B 公司未取得排污许可排放污染物的行为处于持续状态,因而环保部门作出的处罚是合

① 已失效。裁判时有效。——编者注

法的。当然,由于B公司已经自行关闭了养猪场,责令停止排污的前提已经不存在,法院撤销争议的《行政处罚决定书》中“责令你单位停止排放污染物”的行政处罚也是符合法律规定的。

案例 46

危害后果不是罚款的考量要件

——H 公司不设置危险废物识别标志案[1]

【裁判要旨】

对于不设置危险废物识别标志的违法行为，环境保护行政主管部门在是否罚款的问题上并无裁量空间，不设置危险废物识别标志的违法行为是否造成危害后果并非是否罚款的考量要件。

【基本案情】

2020 年 5 月 26 日，B 市 C 区生态环境局（以下简称 C 区生态环境局）在对 H 公司实际经营地址检查时，发现该单位生产经营过程中产生的废矿物油和废切削液（以上两种物质属于《国家危险废物名录》中 HW09 类危险废物），存放在生产车间南侧，未设置危险废物识别标志。2020 年 5 月 29 日，C 区生态环境局向 H 公司送达了 C 环罚告字（2020）81 号《行政处罚事先听证告知书》，H 公司收到该告知书后，在规定期限内未申请听证。C 区生态环境局于 2020 年 6 月 8 日对 H 公司作出处罚决定，责令停止违法行为，限期改正，处以罚款人民币 2 万元整。H 公司不服提起行政诉讼。一审法院认为，依据《固体废物污染环境防治法》的规定，不设置危险废物识别标志的，由县级以上人民政府环境保护行政主管部门责令停止违法行为，限期改正，处以罚款。法院认为 C 区生态环境局的处罚决定合法，驳回了 H 公司的诉讼请求。

---

① 二审：北京市第一中级人民法院（2021）京 01 行终 18 号行政判决书。
一审：北京市昌平区人民法院（2020）京 0114 行初 204 号行政判决书。

H公司不服提起上诉，认为：《行政处罚法》(1996年)第27条规定，违法行为轻微并及时纠正，没有造成危害后果的，不予行政处罚。本公司仅是“未设置危险废物识别标志”，未造成任何危害后果，不应予以处罚。二审法院认为，根据《固体废物污染环境防治法》(2016年)第75条第1款第1项的规定，对于不设置危险废物识别标志的违法行为，环境保护行政主管部门在是否罚款的问题上并无裁量空间，不设置危险废物识别标志的违法行为是否造成危害后果并非是否罚款的考量要件。判决驳回上诉，维持原判。

【法理分析】

危险废物，是指具有急性毒性、毒性、腐蚀性、感染性、易燃易爆性的废物。随着社会的发展，人类产生的危险废物越来越多，危险废物对自然环境的威胁也越来越大，对于危险废物的管理成为国家日益严峻的任务。目前，我国危险废物主要是由《固体废物污染环境防治法》来加以调整，该法于1995年10月30日制定，以后经过多次修订，最近一次于2020年4月29日第二次修订。在该法中，都是以一整章来对危险废物加以规范，并且法律规范也越来越全面。在本案中，主要涉及危险废物法律规范的适用。具体可以从以下几方面展开讨论：

1. 严格危险废物管理的必要性。

危险废物比一般固体废物更加容易造成对人体健康和生态环境的严重后果，因此法律对危险废物污染环境实行严格控制和重点防治的原则。目前，国际上对危险废物进行全过程的风险控制，我国立法也因应国际上危险废物管理的先进经验，制定防范危险废物污染环境的制度，包括：危险废物名录制度、危险废物分级分类管理制度、危险废物集中处置制度、危险废物识别标识制度，等等。这些制度对于危险废物的治理，具有重要意义。

2. 企业设置危险废物识别标志的义务。

为了强化危险废物的治理，我国规定了不同主体的相应义务。企业在危险废物管理方面的义务，主要有设置危险废物识别标志、危险废物的管理台账制度、危险废物交由专门机构处置，等等。与本案相关的是，企业具有设置危险废物识别标志的义务。1995年《固体废物污染环境防治法》第44条(对应2020年修订后第77条)规定：“对危险废物的容器和包装物以及收集、贮存、运输、处置危险废物的设施、场所,必须设置危险废物识别标志。”危险废物识别标志是用于向人们提供危险废物产生、转移、贮存和处置利用过程中可能造成危害的符号,具有提醒警示功能,设置统一的危险废物识别标志,能方便和严格管制危险废物,能有效提高公众环境意识,是预防危险废物污染事故的有效措施。

3. 企业未设置危险废物识别标志的法律责任。

1995 年《固体废物污染环境防治法》第 64 条(2020 年修订后,该条调整为第 112 条,但内容存在差异)规定,违反本法有关危险废物污染环境防治的规定,有下列“不设置危险废物识别标志的”行为的,由县级以上人民政府环境保护行政主管部门责令停止违法行为,限期改正,处以 5 万元以下的罚款。对这一责任的理解,可以从以下方面展开:

第一,这里的法律责任是违反前述义务的法律后果。这一法律责任包括两种责任形式:责令停止违法行为和限期改正,是一种行政命令;处以罚款,则是行政处罚。行政命令与行政处罚是不同性质的责任。关于行政命令与行政处罚的区别,在“山东省淄博市人民政府、王某和再审审查与审判监督行政裁定书”中,最高人民法院认为,“首先,行政处罚是行政主体对违反行政管理秩序的行为依法定程序所给予的法律制裁;而责令改正或限期改正违法行为是指行政机关在实施行政处罚的过程中对违法行为人发出的一种作为命令。其次,行政处罚是法律制裁,是对违法行为人的人身自由、财产权利的限制和剥夺,是对违法行为人精神和声誉造成损害的惩戒;而责令改正或者限期改正违法行为,其本身并不是制裁,只是要求违法行为人履行法定义务,停止违法行为,消除不良后果,恢复原状”。与此相同的是,在本案中,法律规定的这两种责任是不同的。行政命令是对违法行为的纠正,防止原来的违法行为产生更为严重的后果。《行政处罚法》(1996 年)第 23 条规定,行政机关实施行政处罚时,应当责令当事人改正或者限期改正违法行为。可见,改正违法行为,是与行政处罚行为相联系的。两者既可以单独适用,也可以共同适用,一般而言,纠正违法行为具有优先性。在环境法中,为了环境保护,对于具有环境危险或者风险的违法行为,生态环境部门可以立即要求相对人停止违法行为,以防止对环境造成进一步的损害或危险。《环境行政处罚办法》也明确,根据最高人民法院关于行政行为种类和规范行政案件案由的规定,行政命令不属行政处罚。行政命令不适用行政处罚程序的规定。

第二,在适用停止违法行为这一行政命令后,是否可以再适用罚款这一行政处罚。行政命令和行政处罚可以单独适用,也可以同时适用。在本案中是否适用罚款,还需要看其他方面的问题。在本案中,H 公司提出了自己“违法行为轻微,没有造成任何危害,依法不应予以处罚”,这一说法是有法律根据的,即《行政处罚法》(1996 年)第 38 条中规定,“违法行为轻微,依法可以不予行政处罚的,不予行政处罚”。因此,需要考虑本案中原告的违法行为是否属于不予处罚的情形。

从过错方面来看。过错分为故意与过失,如一些学者所言,2021 年《行政处罚法》修改的一大亮点在于明确了行政处罚的主观归责原则。而我国的行政处罚领域是要求违法行为是故意和过失的,只不过是对过失的规定往往蕴含在对相关注意义务条款的违反之中。从这个角度说,由于《固体废物污染环境防治法》第 52 条(1995 年)明确规定了排污单位的设置危险废物识别标志的义务,而 H 公司没有履行这一义务,所以存在过错。

从后果方面来看。虽然原告的行为确实没有造成后果,但行政处罚并不需要具备危害后果。过去的行政法理论认为,行政违法行为属于行为犯或举动犯,并不要求具备危害后果。现在有理论认为,行政处罚应具备危害后果,但“大部分行政违法行为要么可归入‘危险’的危害结果类型,要么便是处在‘可能的危害结果’阶段”。即使是这样,H 公司的行为具有“可能的危害结果”特征。全国人大常委会法制工作委员会主编的《中华人民共和国固体废物污染环境防治法释义》(2005 年)指出,危险废物不同于一般的固体废物,具有一定的危险性,因此,要对危险废物实行重点控制和严格管理。尽管我国已经公布了《国家危险废物名录》和“危险废物鉴别标准”,但是对于哪些废物属于危险废物,哪些废物又是普通固体废物,不具有这方面知识的人是无法识别的,我们普通人只能通过最直观、最容易理解的危险废物识别标志,如文字、图像、色彩分辨出危险废物。将危险废物的容器和包装物以及收集、贮存、运输、处置危险废物的设施、场所,按照国家的统一规定使用、悬挂、粘贴、设置与废物性质和类别相应的识别标志,有助于人们远离危险废物,以免造成环境污染,危及人类的生存环境。可见,不设置危险废物识别标志,不仅容易造成企业生产经营过程中的混用、误用,而且容易对公众健康和生态环境造成巨大的隐患。所以,即使原告的行为没有造成确定的危害,也具有明显的潜在危险,而且原告不仅存在这一违法行为,还存在其他违法行为,不符合违法行为轻微的要求。

从行政机关的判断来看。行政机关在执法时,需要对这一条的适用加以分析。一方面，全国人大常委会法制工作委员会主编的《中华人民共和国固体废物污染环境防治法释义》(2005 年)认为，根据这一条的规定，县级以上人民政府环境卫生行政主管部门发现有关单位和个人有上述十三种行为之一的，以行政命令的方式责令违法行为人立即停止其违法行为，在一定期限内改正，并强制违法行为人交纳一定数量的罚款。这一释义明确对这一违法行为进行罚款，而不是根据违法情节选择是否行政处罚，可见这一违法行为具有较大的危害性。这一释义虽然不是法律解释或者是司法解释，并不具有法律效力，但对于本案的法律适用具有较大价值，而且与一般的社会常识也不违背。另一方面，被告具有《北京市生态环境系统行政处罚自由裁量基准》的依据，也就是说，《北京市生态环境系统行政处罚自由裁量基准》对原告的行为也没有规定不予处罚的情形，说明行政机关对未设置危险废物识别标志的行为都应进行罚款，而不能进行裁量。

总之，虽然 H 公司辩解自己的行为情节轻微，但由于涉及危险废物的治理问题，危险废物对公众与环境的危害巨大，而且 H 公司存在多种违法行为，对之直接进行处罚更有利于保障环境利益。所以法院认为“不设置危险废物识别标志是否造成危害后果并非是否罚款的考量要件”是符合法理要求的。

当然，“不设置危险废物识别标志是否造成危害后果并非是否罚款的考量要件”这一说法也不是绝对的，《北京市生态环境系统行政处罚自由裁量基准》也规定，“未依法设置危险废物识别标志，十日内完成整改；或者不规范贮存危险废物，现场检查时危险废物数量在 0.1 吨以内，两日内完成整改的”违法行为，也可以免予处罚。也就是说，如果情节确定轻微，没有造成严重后果，并且及时改正违法行为，也可以不予罚款。而结合本案的具体情况来看，H 公司并不符合这一条件。

最后，关于本案中 H 公司提出被告对其一个违法行为进行了多种处罚，违反了“一事不再罚”原则的问题，这是 H 公司的一种误解。在该案中，H 公司实际上存在多个违法行为，例如 C 环罚字(2020)83 号行政处罚决定书认为 H 公司未制定危险废物应急预案的行为，这一行为违反了《固体废物污染环境防治法》第 62 条的规定。因此，由于 H 公司违反了不同的法律规范，被告对之进行多个处罚并不违反“一事不再罚”原则。

第七部分

行政许可篇

案例 47

行政审批应严格遵循法定期限

——J 市生态环境局超期限审批项目申请案[①]

【裁判要旨】

行政机关收到项目申请后,应在法定时间内及时作出审批决定并通知申请人,超出法定审批期限的构成程序违法。行政机关应加强审批时限管理,实现审批时限"零超时"。因听证、专家评审和技术评估等特殊事由需要延长审批期限的,应及时履行相应的审批手续及告知义务。

除遵循严格审批期限外,生态环境主管部门对环境信息应全过程公开、多渠道公开,涉及国家秘密、商业秘密、个人隐私以及国家安全、公共安全、经济安全和社会稳定等内容,按国家有关法律、法规规定不予公开的除外。充分保障公众对建设项目环境信息的知情权。

【基本案情】

2016 年 6 月 12 日,J 市生态环境局受理了 J 市供电公司报送的《J 市 220kV 世纪输变电工程环境影响报告表》(以下简称《报告表》),并在 J 市生态环境局及 J 市人民政府网站发布受理公示。

2016 年 6 月 17 日,J 市环境影响评价技术审查中心主持召开专家评审会,并由评价单位对《报告表》进行修改和补充。2016 年 11 月 21 日,J 市生态环境局作技术审查意见。

2017 年 1 月 17 日,J 市生态环境局及 J 市人民政府网站发布《关于拟作出

① 二审:山东省济南市中级人民法院(2020)鲁 01 行终 86 号行政判决书。
一审:山东省济南市历下区人民法院(2019)鲁 0102 行初 124 号行政判决书。

J市供电公司J市220kV世纪输变电工程环境影响评价文件审批意见的公示》。2017年1月23日,J市生态环境局作出《J市环境局关于J市供电公司J市220kV世纪输变电工程项目环境影响报告表的批复》(以下简称《批复》)。同日,J市生态环境局及J市人民政府网站发布《关于作出J市供电公司J市220kV世纪输变电工程项目环境影响报告表审批决定的公告》。同意按照《报告表》中提出的性质、规模、地点和环境保护对策建设。

2018年11月9日,侯某、沈某、韩某以案涉变电工程侵害其合法权益为由向J市人民政府申请行政复议。2019年1月29日,J市人民政府作出《行政复议决定书》,复议决定维持原《批复》的具体行政行为。侯某诉至法院请求撤销《批复》。

一审法院认为,J市生态环境局于2016年6月12日对J市供电公司提交的《报告表》审批申请进行了公示,后于2017年1月17日作出拟审批意见的公示,并在2017年1月23日予以审批公告。但自2016年11月21日作出技术审查意见至2017年1月23日审批公告,已超出法律规定的审批期限,该行为应认定为程序违法,但因违法程度轻微且对侯某等人权利不产生实际影响,故确认违法但依法不应被撤销。侯某等人提出上诉。二审法院维持原判的同时指出,有关生态环境主管部门在作出行政行为过程中,可加大宣传力度,从专业角度向社会公众释明相关建设项目情况,并就建设项目的环境影响问题向公众答疑解惑,更好地保障公众对建设项目环境信息的知情权。

【法理分析】

行政审批是行政机关为实现行政管理目的而实施的一项重要管理职能,行政审批应严格遵循法定期限。生态环境主管部门收到项目申请后,应在法定时限内及时作出审批决定,并通知申请人,超出法定审批期限的,构成程序违法。《环境影响评价法》第22条第3款规定:"审批部门应当自……收到环境影响报告表之日起三十日内,分别作出审批决定并书面通知建设单位。"

本案中,J市供电公司于2016年6月12日向J市生态环境局报送《报告表》,该局予以受理并在J市生态环境局及J市人民政府网站发布了受理公示。按照法律规定,J市生态环境局应于30日内,即2016年7月12日前作出审批决定,但直至2017年1月17日，J市生态环境局才在J市生态环境局及J市人民政府网站上发布了关于作出《报告表》审批决定的公告。即使扣除听证、专家评审和技术评估、修改环评报告占用的时间，J市生态环境局的批复时间仍超出了法定的审批期限，属于程序违法。

行政诉讼是对行政行为进行监督的最终法律途径，司法审查在行政法律体系中占有重要位置。环境行政诉讼中，法院对案件的审查也主要从合法性和合理性两个方面展开，其中都涉及程序问题和实体问题的审查，但是程序问题在实践中多数有明确的法律标准，其审查以合法性审查为主。

《行政诉讼法》第74条第1款规定："行政行为有下列情形之一的，人民法院判决确认违法，但不撤销行政行为：……（二）行政行为程序轻微违法，但对原告权利不产生实际影响的。"《最高人民法院关于适用〈中华人民共和国行政诉讼法〉的解释》第96条规定："有下列情形之一，且对原告依法享有的听证、陈述、申辩等重要程序性权利不产生实质损害的，属于行政诉讼法第七十四条第一款第二项规定的'程序轻微违法'：（一）处理期限轻微违法……"本案一、二审法院即是依据上述法律及司法解释的规定作出判决的。

环境信息可促使民众行使权利。《环境保护法》第53条规定："公民、法人和其他组织依法享有获取环境信息、参与和监督环境保护的权利。各级人民政府环境保护主管部门和其他负有环境保护监督管理职责的部门，应当依法公开环境信息、完善公众参与程序，为公民、法人和其他组织参与和监督环境保护提供便利。"第56条规定："对依法应当编制环境影响报告书的建设项目，建设单位应当在编制时向可能受影响的公众说明情况，充分征求意见。负责审批建设项目环境影响评价文件的部门在收到建设项目环境影响报告书后，除涉及国家秘密和商业秘密的事项外，应当全文公开；发现建设项目未充分征求公众意见的，应当责成建设单位征求公众意见。"

本案也同时提醒生态环境主管部门在作出行政行为过程中，要主动扩大公示范围，建设项目环评信息应主动多渠道公开，尤其对涉及群众切身利益的重大项目，应广泛听取社会公众意见，加大宣传力度，从专业角度向社会公众释明相关建设项目情况，并就建设项目的环境影响问题向公众答疑解惑，方便公众及时了解建设项目的相关内容及其带来的环境影响，切实保障人民群众的知情权、参与权和监督权，从而更为有效地预防行政争议，促进社会和谐。

案例 48

行政许可后不履行监管职责构成行政不作为

——B 生态环境局不履行监管职责案①

【裁判要旨】

生态环境主管部门在作出环境影响报告行政许可后，即应履行监管职责，其在他人举报后才进行监管，属于行政不作为违法。

【基本案情】

1997 年 1 月，倪某纯入职 E 轮胎公司工作。2000 年，P 公司收购 E 轮胎公司。2004 年 3 月，P 公司购入电子加速器（又称 PT 机）一台，9 月又购入 X－ray 射线检测系统及 X 射线型传感照相机各一台，上述 3 台设备于同年 10 月开始调试安装投入使用。倪某纯 2004 年起被安排从事放射性工作。

2009 年 2 月 17 日，天津市辐射环境管理所接受 P 公司委托，对 PT 机、X 射线探伤机周围辐射环境进行监测并出具监测报告一份。2009 年 4 月 2 日，P 公司向 B 生态环境局提出报批 PT 机、X－ray 检测系统项目环境影响报告表的请示。2009 年 6 月 11 日，B 生态环境局出具了《关于 P 公司 PT 机、X 射线检测系统核技术应用项目环境影响报告表的批复》。

2014 年 3 月，倪某纯被诊断为多发性骨髓瘤。2015 年 2 月 10 日，倪某纯向 B 生态环境局举报 P 公司：(1) 出示购置、安装 PT 机未按规定到环保部门备案的法律文件；(2)2009 年接受监测时未出示辐射安全许可证；(3) 对 P 公

① 二审：北京市第四中级人民法院（2019）京 04 行终 4 号行政判决书。
一审：天津铁路运输法院（2017）津 8601 行初 7 号行政判决书。

司无辐射安全许可证使用PT机10年,要求查处。2015年2月26日,B生态环境局答复,P公司2004年至2014年无证使用射线装置的行为基本属实,下一步将依法进行调查处理,并将情况及时告知。2015年6月7日,倪某纯向B生态环境局申请公开对P公司10年无《辐射安全许可证》的处罚结果。2015年6月17日,B生态环境局答复:2015年4月对P公司安装并使用射线装置项目未依法办理竣工环境保护验收手续进行了处罚,处罚情况已经在网站公示。此外,2015年,倪某纯还向安监部门举报,该局回复:《辐射安全许可证》由环保部门发放。

2016年5月18日,倪某纯向B生态环境局申请公开自2004年至2013年年底对P公司PT机的日常监查记录。2016年6月6日,B生态环境局答复:经查证,没有2004年至2013年年底对P公司PT机的日常监查记录,无相关政府信息。

倪某纯对2016年6月6日的答复不满意提起行政诉讼,请求确认B生态环境局对P公司未尽监督管理职责属行政不作为违法。

一审认为,B生态环境局作为P公司环境影响评价文件的审批部门,具有相应的监督检查职责,其在2009年P公司申请射线装置环境影响报告的行政许可时,即应知道该企业有安装使用射线装置的计划,但直至2015年因倪某纯举报才对P公司进行检查,在监督管理上存在疏漏。遂确认B生态环境局自2009年至2013年年底未对P公司射线装置的安全和防护工作履行法定监督管理职责的行为违法。B生态环境局不服提出上诉,二审驳回B生态环境局的诉请。

【法理分析】

我国的法律及司法解释并未对什么是行政不作为作出明确的界定,行政机关的不予答复、拒绝履行、没有依法发放抚恤金、复议机关没有在规定期限内作出决定等行为一般被视为行政不作为。学术界也存在广泛争议,其中具有代表性的观点认为,行政不作为是指行政主体按照行政相对人的申请,应当履行也有履行的可能,但没有履行或者无故拖延履行的情形。司法实践中,对应于《行政诉讼法》规定的"被告不履行法定职责的,判决被告在一定期限内履行"的行政诉讼类型被称为“履责之诉”,“被告不履行或者拖延履行法定职责,判决履行没有意义的”被称为“确认违法之诉”。由此可见,我国法院行政诉讼视野下的行政不作为是一种行政机关不履行或者拖延履行法定职责的违法行为。

不作为理论的基本模式是义务加消极的行为。由于行政权的不可放弃性,行政诉讼中对于行政机关义务的审查实际上是对行政机关职权的审查。而对于行政机关是否存在消极的行为的判断则较为复杂,存在各种履行法定职责程度不同的情形。实践中的行政不作为是指行政机关在对申请事项负有职权的情况下,针对当事人的申请未在法定期限内形成任何明示的、回应性的意思表示。其形式具体包括以下两种:一种是完全未展开任何工作程序;另一种是进行了部分工作程序但法定期限内未果。行政机关作出书面不予受理或不予处理决定的,不应当属于不作为情形,对其提起诉讼的,亦不属于履责之诉。

认定行政不作为之所以较为复杂,是因为实践中各种不同程度履行职责的情况存在。判断是否构成不作为,不能简单地认为只要行政机关有所作为就履行了法定职责,还应当从履行职责的可能性、履行职责的程度和履行职责方式的适当性等因素考虑:(1)履行职责的可能性。该因素是考虑行政机关是否履行法定职责的首要问题,因为如果在法律上根本没有履行职责的可能,当然不能认为行政机关存在行政不作为。本案的焦点就是B生态环境局履行监管职责的可能性。P公司于2004年将3台射线装置安装投入使用,2009年1月递交环评报告,2009年6月B生态环境局予以批复,内容包括使用上述射线装置必须依法取得《辐射安全许可证》,要求企业每年1月31日前向市生态环境主管部门报送安全和防护状况年度评估报告,并请天津市辐射环境管理所负责该辐射应用项目实施过程中辐射环境保护的监督检查工作等。在上述报告出具前,B生态环境局所属的天津市辐射环境管理所到现场对P公司的射线装置进行了监测并出具监测报告。根据上述事实并结合相关法律规定,B生态环境局作为市级生态环境部门,属于县级以上生态环境主管部门,同时作为P公司环境影响评价文件的审批部门,其具有相应的监督检查职责,其亦未举证证明不同层级生态环境主管部门的具体分工,故不能排除其监管职责。(2)履行职责的程度。B生态环境局履行职责程度欠缺、不到位反映在:B生态环境局在2009年P公司申请射线装置环境影响报告的行政许可时,就应当知道该企业有安装使用射线装置的计划,对该企业应该更加予以关注、加强监管。而B生态环境局未及时发现该企业射线装置未经验收使用的事实,监督管理上存在疏漏。对于 2009 年之前 P 公司使用射线装置的情况,企业没有任何的申报行为,没有任何相关人员举报或信访的情况,也没有证据证实 B 生态环境局知道或者应当知道的情形,故不存在违法不作为的情况。2014 年 1 月,P 公司取得 B 生态环境局作出的环评批复;2014 年 6 月 20 日,B 生态环境局向 P 公司颁发《辐射安全许可证》,可以认为在 2014 年,B 生态环境局履行了相应的检查管理责任。故自 2009 年至 2013 年年底,B 生态环境局存在对 P 公司使用放射装置的情况关注不够、监管不足、未履行相应的法定监督管理职责的情形。(3)履行职责方式的适当性。履行职责的适当性是行政法比例原则反映在不履责之诉审查上的具体要求。简言之,就是行政机关履行法定职责应当实现手段与目的的妥当性和对称性。行政机关应当尽可能选择成本最小、效率最高和最有利于实现行政目的的方式来履行法定职责。

《行政诉讼法》第 72 条规定:“人民法院经过审理,查明被告不履行法定职责的,判决被告在一定期限内履行。”第 74 条第 2 款中规定:“行政行为有下列情形之一,不需要撤销或者判决履行的,人民法院判决确认违法:……(三)被告不履行或者拖延履行法定职责,判决履行没有意义的。”上述规定对行政不作为案件的处理,确立了判决履行的方式,即被告不履行或者拖延履行法定职责的,判决其在一定期限内履行。故对于行政不作为案件的处理方式应有六类,即裁定驳回起诉、驳回诉讼请求、判决履行、确认违法、责令采取补救措施、责令赔偿。本案中,B 生态环境局自 2009 年至 2013 年年底未对 P 公司射线装置的安全和防护工作履行法定监督管理职责,属于怠于行使职权的情形,但判决履行已没有实际意义,故确认 B 生态环境局行政不作为违法。

案例 49

撤销行政许可应符合法定程序

——W 新型墙材制造厂环评审批意见被撤销案[①]

【裁判要旨】

设定和实施行政许可，应当依照法定的权限、范围、条件和程序。撤销行政许可须符合事由法定、依据充分并依法定程序作出等要求。行政机关在撤销前应告知行政相对人，说明行政行为的依据、理由，以充分保障当事人的知情权和陈述申辩权。

【基本案情】

W 新型墙材制造厂于 2009 年 11 月 25 日成立，主要经营砖瓦用页岩开采、页岩烧结空心砖加工及销售等业务。2013 年 8 月 31 日，J 省政府印发《关于 J 省生态红线区域保护规划的通知》，将 X 市森林自然保护区列为市生态红线区域，自然保护区范围为二级管控区。

2016 年 4 月，W 新型墙材制造厂委托 H 环境科技公司为其编制了《砖瓦用页岩、建筑石料用灰岩开采加工项目环境影响报告表》（以下简称环评报告表），项目建设地点位于森林自然保护区管控区内的磨山，并由 W 新型墙材制造厂报送 T 区生态环境局（原 T 区环保局）予以审查审批。2016 年 4 月 26 日，T 区生态环境局就 W 新型墙材制造厂提交的环评报告表作出审批意见，认

① 二审：江苏省徐州市中级人民法院（2019）苏 03 行终 622 号行政判决书。
一审：徐州铁路运输法院（2018）苏 8601 行初 1411 号行政判决书。

为该项目在拟建位置具有环境可行性,并就该项目的设计、建设及日常经营提出具体要求。

2018年2月7日,X市委办公室、市政府办公室印发《X市贯彻落实J省第一环境保护督察反馈意见整改方案》,其中载明:省政府2013年8月30日印发《J省生态红线区域保护规划》后,T区国土局仍违规在森林自然保护区内设置、出让采矿权,发放采矿许可证,违规审批企业自然保护区内采石项目环评文件。要求对已作出审批或行政许可的项目,依法依规作出处理,立即要求项目停止建设,并逐步退出生态红线保护范围。2018年6月27日,T区生态环境局作出《关于撤销W新型墙材制造厂砖瓦用页岩、建筑石料用灰岩开采加工项目环境影响报告表的审批意见的决定》,并向W新型墙材制造厂进行送达。

2018年8月20日,W新型墙材制造厂向T区政府申请行政复议,请求依法撤销T区生态环境局对W新型墙材制造厂作出的撤销环评审批意见的决定。T区政府经审查后予以维持该案涉决定。

W新型墙材制造厂遂向法院提起诉讼,请求撤销T区生态环境局于2018年6月27日作出的案涉撤销决定及T区政府作出的复议决定书。一审法院认为,J省政府印发的《关于J省生态红线区域保护规划的通知》于2013年8月30日即已印发,T生态环境局在2016年4月进行环评审批时对涉案项目是否涉及自然保护区的问题具备相应的审查能力,T区生态环境局以W新型墙材制造厂的环评报告表评价分析失实、构成以欺骗手段取得行政许可为由予以撤销的具体行政行为主要证据不足;T区生态环境局在涉案项目环评审批意见撤销决定作出前,未依法履行告知义务,未听取W新型墙材制造厂的陈述、申辩意见,违反了行政行为的正当程序要求。一审法院因此判令撤销T区生态环境局于2018年6月27日作出的《关于撤销W新型墙材制造厂砖瓦用页岩、建筑石料用灰岩开采加工项目环境影响报告表的审批意见的决定》,并判令撤销T区政府作出的行政复议决定书。T区生态环境局不服一审判决,提起上诉。二审法院驳回上诉,维持原判。

【法理分析】

行政机关设定和实施行政许可，应当遵循公开、公平、公正的原则。公民、法人和其他组织依法取得的行政许可受法律保护，行政许可一经作出即具有公定力、确定力，对于行政机关和行政相对人均具有约束力，非因法定事由并经法定程序，行政机关不得擅自改变、撤回或撤销已生效的行政许可。《行政许可法》第8条第1款规定："公民、法人或者其他组织依法取得的行政许可受法律保护，行政机关不得擅自改变已经生效的行政许可。"该条规定是信赖保护原则在行政许可领域的体现。根据该原则，行政机关作出行政许可应当受到严格限制，在已经作出行政许可的情况下，撤销行政许可更应受到严格的限制，当事人已经取得行政许可后行政机关又决定撤销，当事人因此提起行政诉讼的，法院对该行政行为合法性审查的标准会更加严格。

行政机关作出撤销行政许可的决定应符合法定事由，事实依据应当充分。2004年3月22日，国务院发布《全面推进依法行政实施纲要》。该纲要规定，非因法定事由并经法定程序，行政机关不得撤销、变更已生效的行政决定；因国家利益、公共利益或者其他法定事由需要撤回或者变更行政决定的，应当依照法定权限和程序进行，并对行政管理相对人因此而受到的财产损失依法予以补偿。根据该纲要精神，在没有充分的事实依据且达到足以撤销的法定条件的情况下，行政机关不宜轻易撤销已作出的行政许可。非因法定事由并经法定程序，行政机关不得撤销、变更已生效的行政决定。

符合法定条件的，行政机关可以撤销行政许可。《行政许可法》第69条第1款规定了四种可以撤销行政许可的特定情形以及一项兜底性的其他情形：行政机关工作人员滥用职权、玩忽职守作出准予行政许可决定的；超越法定职权作出准予行政许可决定的；违反法定程序作出准予行政许可决定的；对不具备申请资格或者不符合法定条件的申请人准予行政许可的；依法可以撤销行政许可的其他情形。该条第2款规定了必须撤销许可的情形，即被许可人以欺骗、贿赂等不正当手段取得行政许可的，应当予以撤销。若因被许可人的违法行为取得了行政许可，行政机关撤销许可后无须对被许可人的损失进行赔偿。该条第3款规定了不得予以撤销的特殊情形，即若依照《行政许可法》第69条第1款、第2款的规定撤销行政许可，可能对公共利益造成重大损害的，行政机关则不予撤销。在行政许可行为违法的原因不可归责于被许可人的情况下，行政机关应首先立足于考虑被许可人的权益,除非撤销违法行政行为将会给国家、社会公共利益造成重大损失。

本案中,T 区生态环境局作为辖区生态环境主管部门,依法具有对辖区各类自然保护区的管理进行监督检查的职权,J 省政府印发的《关于 J 省生态红线区域保护规划的通知》于 2013 年 8 月 30 日即已印发,T 区生态环境局对其辖区内自然保护区的区域、范围等有关情况应当清楚,其在 2016 年 4 月进行环评审批时对涉案项目是否涉及自然保护区的问题具备相应的审查能力。T 区生态环境局在对 W 新型墙材制造厂提交的环评报告表作出环评审批意见前,应依法审查 W 新型墙材制造厂是否在生态红线内。T 区生态环境局已对涉案项目环评报告作出审批意见后,在未有证据证明 W 新型墙材制造厂及其委托单位 H 环境科技公司已知晓自然保护区的区域、范围等有关信息的情况下,即认定 W 新型墙材制造厂提交的环评报告表评价分析失实,构成以欺骗手段取得行政许可,并以此为由予以撤销行政许可,属于事实依据不足和法律适用错误。

行政机关作出撤销行政许可决定应当符合法定程序。随着依法治国的全面推进,遵循正当程序要求已成为行政执法的常态。法律法规明确规定应遵守正当程序的,行政机关应当依据正当程序作出行政决定。《行政许可法》第 7 条规定,公民、法人或者其他组织对行政机关实施行政许可,享有陈述权、申辩权。撤销行政许可亦属于实施行政许可,该规定适用于行政机关作出和撤销行政许可的行为。行政机关在作出对当事人不利的决定时,应事前告知当事人不利处分的法律依据及后果,且充分听取其陈述申辩,这是正当程序的应有之义,也是法律对程序的明确要求。需要特别说明的是,"撤销行政许可"虽然不属于行政处罚,而是一种行政管理措施,但因撤销行政许可涉及行政相对人的重大利益,一旦撤销行政许可将会对被许可人产生侵益性,导致行政许可对象因受益性行为产生的权益丧失,信赖利益受损,故行政机关在撤销行政许可前应告知行政相对人、利害关系人,并给予其陈述和申辩的机会,充分保障当事人的知情权和陈述申辩权,使利害关系人真正参与到行政程序中,确保行政机关全面把握案件事实,准确适用法律。行政管理相对人、利害关系人依法要求听证的,行政机关应当按照听证程序的要求组织听证。

T 区生态环境局于 2016 年 4 月 26 日就 W 新型墙材制造厂提交的环评报告表作出审批意见,认为该项目在拟建位置具有环境可行性,并就该项目的设计、建设及日常经营提出具体要求。2018 年 6 月 27 日,T 区生态环境局在未事先告知撤销理由的情况下，即作出撤销行政许可决定。T 区生态环境局对 W 新型墙材制造厂涉案项目环评审批意见的撤销，将对 W 新型墙材制造厂产生重大不利影响，但其在涉案撤销决定作出前，既未依法履行告知义务，亦未听取 W 新型墙材制造厂的陈述、申辩意见，违反了公开原则和基本的正当程序原则，构成违反法定程序。因 T 区生态环境局作出涉案撤销环境影响报告审批意见决定的行政行为主要事实依据不足，且程序违法，故应予撤销。

案例 50

逾期未作出准予延续决定不必然延续许可

——C 公司违法排污行政处罚案[①]

【裁判要旨】

被许可人需要延续依法取得的行政许可的,应当在该行政许可有效期届满 30 日前向作出行政许可决定的行政机关提出申请。行政机关应当根据被许可人的申请,在该行政许可有效期届满前作出是否准予延续的决定;逾期未作决定的,视为准予延续。但如果相对人不具备延期许可实质条件的,即使行政机关未能在行政许可有效期届满前作出决定,也可视为该许可不得延续。

【基本案情】

C 公司于 2002 年首次取得排污许可,其后按照排污许可所核定的排污标准和排污总量执行,按时缴纳排污费,并按规定在排污许可的有效期届满前向环保部门申请延续。2012 年 6 月 19 日,C 公司取得排放污染物许可,至 2014 年其所在的 L 市环境保护局既没有作出撤销许可的决定,也没有作出不予延期的决定。2016 年 12 月 16 日,L 市环境保护局发现 C 公司涉嫌环境违法。经立案调查和听证程序,2017 年 3 月 31 日,L 市环境保护局作出行政处罚决定书,决定对 C 公司处罚款人民币 20 万元。

C 公司不服申请行政复议,被维持后提起诉讼。一审法院认为,L 市环境保护局在对 C 公司作出行政处罚决定时,未对排污许可的有效期限、C 公司是

① 二审:湖南省娄底市娄星区人民法院(2017)湘 1302 行初 71 号行政裁定书。
一审:湖南省娄底市中级人民法院(2018)湘 13 行终 57 号行政判决书。

否在许可的有效期内向L市环境保护局提出过延续申请、L市环境保护局是否就C公司延续许可期限的申请作出相应决定等关键事实进行调查。因而,L市环境保护局的行政处罚证据不足,判决撤销其所作出的行政处罚决定。L市环境保护局提起上诉,二审裁定发回重审。一审重审后认为,C公司未提交其在许可有效期届满30日内向L市环境保护局申请过延续许可的相关证据,不能根据《行政许可法》第50条之规定认定C公司已依法取得排污许可证。因此,L市环境保护局对C公司作出的行政处罚决定合法。

【法理分析】

行政许可的延续又称行政许可的延展,是指在行政许可的有效期满后,经行政相对人的申请,行政主体延长行政许可有效期限的行为。一般而言,行政许可都有一定的有效期限。被许可人只能在行政许可的有效期内从事被许可的活动;若超过行政许可的有效期,进行有关活动便丧失法律依据,属于被禁止的违法行为。被许可人需要在有效期届满后继续从事有关活动的,应当在有效期届满前,向行政机关申请延续行政许可的有效期。《行政许可法》第50条就是解决行政许可延续问题的法律依据。行政许可的延续,主要包括申请、审查与决定这三个程序。

一是申请。从许可期限来看,行政许可可以分为有期限的行政许可和没有期限的行政许可。对于后者,不存在期限问题;而对于前者,则存在一定的期限,此时就需要考虑是否延续的问题。《行政许可法》第50条第1款规定:“被许可人需要延续依法取得的行政许可的有效期的,应当在该行政许可有效期届满三十日前向作出行政许可决定的行政机关提出申请。但是,法律、法规、规章另有规定的,依照其规定。”2021年3月1日起施行的《排污许可管理条例》第14条对排污许可证的有效期和延续都进行了规定。根据该条例规定,排污许可证有效期为5年,而排污许可证有效期届满,排污单位需要继续排放污染物的,应当于排污许可证有效期届满60日前向审批部门提出申请。这属于行政法规的特别规定。因而,就排污许可证的延续而言,排污单位应在有效期届满60日前提出申请,而非《行政许可法》中一般规定的30日。

二是行政机关的审查。对于相对人行政许可延续的申请,行政机关仍然要进行审查。主要是根据当时的法律、法规、规章和政策的需要来审查。正如“南充市高坪区自然资源和规划局、南充市富成页岩机砖厂资源行政管理:其他(资源)二审行政判决书”所言:虽然行政机关在审查延续许可申请时,既要受首次许可的约束,也要考虑信赖利益的保护,尤其在作出不予延续许可时,更应坚持审慎原则,但并不意味着被许可人在许可期满后当然获得准予延续许可,行政机关在判断是否准予延续许可时,仍应根据延续许可时情势变更情况,抑或基于公共利益需要,作出是否准予延续许可的决定。所以,行政机关的审查仍然是必要的。

三是关于行政许可延续的决定。行政许可延续,以默示批准为原则。默示批准是指行政许可机关在法定期限内没有对申请人的申请作出答复的,视为批准其申请。《行政许可法》第 50 条第 2 款规定:“行政机关应当根据被许可人的申请,在该行政许可有效期届满前作出是否准予延续的决定;逾期未作决定的,视为准予延续。”默示批准制度的宗旨在于促使行政许可机关及时作出答复,使申请人的法律地位早日得到确定,这也是有效遏制行政机关不作为的需要。无论是依职权的行政行为还是依申请的行政行为,均可能发生不作为的违法。在行政许可这种典型的依申请的行政行为中,行政机关对行政相对人的申请在法定期间内不予答复,即可构成不作为的违法,相对人可就此申请行政复议或提起行政诉讼。同时,如果行政机关逾期未对延续申请作出决定,则视为行政机关已经同意行政相对人的延续申请。

因此,对于行政许可延续的申请,应遵守期限的规定,在法定的期限内受理、审查、作出批准或不批准的决定。《行政许可法》第 4 章第 3 节用四个法条对期限的相关要求作了明确的规定。在排污许可管理制度中,根据《排污许可管理条例》第 12 条的规定,“对实行排污许可简化管理的排污单位,审批部门应当自受理申请之日起 20 日内作出审批决定”“对实行排污许可重点管理的排污单位,审批部门应当自受理申请之日起 30 日内作出审批决定;需要进行现场核查的,应当自受理申请之日起 45 日内作出审批决定”。

另外,需要注意的是,行政许可延续申请的实质性要件审查问题。如果相对人欠缺许可延续的实质性条件,行政机关没有在法定期限里作出决定,是否一定会得出“准予延续”的结果,这应从法律体系的角度来进行判断。从《行政许可法》第 50 条第 2 款的规定来看,只要行政机关没有在期限内作出决定,相对人则自动获得许可延续的法律效果。但如果相对人无论在什么情况下,都会获得延续许可的结果,则可能会导致公共利益的损害。因此,法院就可以进行衡量,即一方面,确认行政机关未能及时作出决定的行为构成程序违法;另一方面,也不能认为相对人因此就获得了原行政许可的延续。

在"仁怀市苍头坝页岩红砖厂、贵州省仁怀市人民政府资源行政管理:土地行政管理(土地)再审审查与审判监督行政裁定书"中,最高人民法院引用贵州省高级人民法院的观点认为:根据"行政机关应当根据被许可人的申请,在该行政许可有效期届满前作出是否准予延续的决定;逾期未作决定的,视为准予延续"的规定,仁怀市国土局未能在案涉采矿许可证到期之前作出是否准予延期的决定,确已构成程序违法。但该条规定是为了督促行政机关依法行政,及时行政,保护权利人的合法权利而设定。对于本来具备办理延期条件,而行政机关不能按期作出同意延期决定的,应视为准予延续。但是,对于因违反相关法律法规而本已不具备办理延期实质条件的行政许可延期申请,并不应因行政机关的逾期答复而自动获得续期,否则将与相关法律法规形成冲突,使相关公共利益处于风险之中。可以说,贵州省高级人民法院的判决,充分体现了利益衡量的精神。

本案中,L 市环境保护局对 C 公司进行行政处罚的理由是其存在未依法取得排污许可而进行违法排污的违法行为。C 公司并未提交其在许可有效期届满 30 日内向 L 市环境保护局申请过延续许可的相关证据,故不能根据《行政许可法》第 50 条的规定认定 C 公司已依法取得排污许可证。因此,L 市环境保护局对 C 公司进行行政处罚的决定合法。即使 C 公司有证据证明其向 L 市环境保护局提交了相关申请,而 L 市环境保护局没有在法定期限内作出决定,根据上述分析,C 公司也不必然自动获得排污许可延续的法律效果。

第八部分

国家赔偿篇

案例51

政府信息公开违法当事人有权申请精神损害赔偿

——杨某某诉W市生态环境局行政复议案[①]

【裁判要旨】

国家赔偿案件中的精神损害赔偿必须符合构成要件,即由侵害公民人身权的行为要件、损害事实的后果要件以及侵权行为与损害事实间的因果关系要件构成。其中对后果要件的扩大解释,应具有一定的限度,以符合国家赔偿制度的基本原理。

【基本案情】

2018年5月9日,杨某某不服W市X区安监环保局《关于2018年2月1日—4月30日作出的建设项目竣工环境保护验收审批决定的公告》,向W市生态环境局申请行政复议。W市生态环境局于2018年8月7日作出X环行复(2018)11号《行政复议决定书》,并于12月17日将该复议决定书在其门户网站上主动公开。杨某某认为,W市生态环境局在其网站公开《行政复议决定书》,公开了杨某某的居民身份证号码及具体居住地址,泄露了杨某某的信息,违反政府信息公开条例等保护个人信息的规定,且该信息被阅读70多次,给杨某某的安全造成严重威胁,造成精神损失,W市生态环境局应当赔偿。

2019年2月2日,杨某某向J省生态环境厅邮寄《行政复议申请书》,请求确认被申请人W市生态环境局公开其个人信息违法,并责令被申请人改正、

① 一审:江苏省南京市中级人民法院(2019)苏01行初301号行政判决书。

消除影响、赔偿精神损失费人民币 10 万元。

2019 年 2 月 12 日,J 省生态环境厅向杨某某作出《案件受理通知书》,并向杨某某邮寄送达。同日,J 省生态环境厅向 W 市生态环境局作出《答复通知书》,要求 W 市生态环境局自收到行政复议申请书副本之日起 10 日内,对行政复议申请提出书面答辩,并提交相应的证据、依据和其他有关材料。2019 年 2 月 21 日,W 市生态环境局向 J 省生态环境厅提交《行政复议答复书》及作出具体行政行为的相关材料及依据。2019 年 4 月 2 日,W 市生态环境局再次提交《杨某某复议补充答复》。

2019 年 5 月 6 日,J 省生态环境厅复议认为,W 市生态环境局在主动公开案涉《行政复议决定书》之前,未进行审慎审查,将记载有申请人个人信息的案涉《行政复议决定书》在政府网站上予以公开,不符合《政府信息公开条例》第 14 条和《居民身份证法》第 13 条第 2 款的规定。鉴于 W 市生态环境局在复议期间已主动纠正,不再责令重新作出具体行政行为。杨某某未向复议机关提交任何证明 W 市生态环境局公开其个人信息对其造成损害、严重后果的证明材料,且 W 市生态环境局已对网站上案涉《行政复议决定书》进行了技术处理,隐藏了杨某某的信息,起到了消除影响的实际效果,对杨某某主张赔偿精神损失费的申请不予支持。2019 年 5 月 7 日,J 省生态环境厅作出第 6 号复议决定书,确认 W 市生态环境局于 2018 年 12 月 17 日在其门户网站公开《行政复议决定书》行为违法,应予改正。鉴于 W 市生态环境局已纠正,不再责令重新作出具体行政行为。次日向杨某某邮寄送达。

杨某某不服 J 省生态环境厅的复议决定提起诉讼。法院认为,W 市生态环境局公开的第 11 号行政复议决定书中进行了技术处理,隐去了杨某某的信息,起到了消除影响的实际效果,并未对其造成严重损害后果,故判决驳回杨某某的诉讼请求。

【法理分析】

随着"国家责任学说"的兴起及公众权利意识的觉醒,世界各国普遍建立了精神损害赔偿的立法,并表现出从私法领域向公法领域扩张的趋势。2010 年 4 月,《国家赔偿法》首次修正时增设了第 35 条。该条规定,"有本法第三条或者第十七条规定情形之一，致人精神损害的，应当在侵权行为影响的范围内，为受害人消除影响，恢复名誉，赔礼道歉；造成严重后果的，应当支付相应的精神损害抚慰金”，在该法中首次确立了我国国家赔偿制度中的精神损害赔偿，拓展了国家赔偿的范围，标志着我国人权保障水平得到了新的发展。为更好地适用《国家赔偿法》第35条，2014年7月，最高人民法院制定了《关于人民法院赔偿委员会审理国家赔偿案件适用精神损害赔偿若干问题的意见》，产生了积极的社会效果。鉴于国家赔偿案件中的精神损害赔偿责任受到社会各界广泛关注，成为公众关心的热点问题，2021年3月，最高人民法院发布了《关于审理国家赔偿案件确定精神损害赔偿责任适用法律若干问题的解释》，为更好地发挥国家赔偿审判职能作用，落实“当赔则赔”原则奠定了良好的制度基础。

根据《国家赔偿法》的规定，国家赔偿案件中的精神损害赔偿责任包括消除影响、恢复名誉、赔礼道歉和精神损害抚慰金等多种形式，这些不同的形式满足了受害人多方面的需求，也具有一定的现实性。但申请精神损害赔偿也要满足一定的条件，以防止一些公民过度主张这一权利，防止国家机关承受过度的压力。根据《最高人民法院关于人民法院赔偿委员会审理国家赔偿案件适用精神损害赔偿若干问题的意见》，承担国家赔偿案件中的精神损害责任的具体条件是：应当以公民的人身权益遭受侵犯为前提条件。而责任构成要件是：侵权行为；致人精神损害；侵权行为与精神损害事实及后果之间存在因果关系。具体而言，在国家赔偿案件中申请精神损害赔偿，应满足前提要件、行为要件、后果要件方面的要求。

首先，从前提条件来看。国家赔偿制度中的精神损害赔偿，只限于公民人身权受到损害的情形。而人身权包括人格权和身份权。人格权是法律所确认的与作为民事主体必要条件的身体、人格相联系的权利，如公民的姓名权、生命健康权、名誉权、肖像权等。身份权是权利主体因一定的地位和资格而产生的权利，包括亲权、监护权、继承权、著作权等。从人身权的界定来看，被告行政机关未能严格依法行使职权，导致杨某某的身份信息泄露，确实侵犯了其人身权，杨某某以此为理由要求精神损害赔偿，满足精神损害赔偿的前提条件。

其次，从行为要件来看。精神损害赔偿案件中，不仅要满足侵犯人身权这一前提要件，还需要满足行为要件。公民要求精神损害赔偿的法律依据是《国家赔偿法》第35条的规定和相关的司法解释。根据《国家赔偿法》第35条的要求，有《国家赔偿法》第3条或者第17条规定情形之一，才可以申请精神损害赔偿。而本案属于行政赔偿，只适用《国家赔偿法》第 3 条的规定，即："行政机关及其工作人员在行使行政职权时有下列侵犯人身权情形之一的，受害人有取得赔偿的权利：（一）违法拘留或者违法采取限制公民人身自由的行政强制措施的；（二）非法拘禁或者以其他方法非法剥夺公民人身自由的；（三）以殴打、虐待等行为或者唆使、放纵他人以殴打、虐待等行为造成公民身体伤害或者死亡的；（四）违法使用武器、警械造成公民身体伤害或者死亡的；（五）造成公民身体伤害或者死亡的其他违法行为。"

从上述规定可以看出，这几种情形都涉及人身自由权、身体健康权与生命权，并不包括名誉权、肖像权等。即使涉及人身自由权、身体健康权与生命权，也针对的是限制人身自由、以暴力方式行使权力这样的行为。只有行使了这些违法行为，公民才可以要求精神损害赔偿。这是精神损害赔偿的行为要件。

最后，从后果要件来看。只有行政机关的行为造成严重后果的，才适用精神损害赔偿。也就是说，只有限制人身自由、以暴力方式行使权力的行为，导致公民的人身自由权、身体健康权与生命权受到严重伤害的，才能在提出国家赔偿请求时申请精神损害赔偿。虽然在《国家赔偿法》第 3 条中"（五）造成公民身体伤害或者死亡的其他违法行为"是一个兜底条款，但从体系解释的角度看，也要满足"身体伤害和死亡"和"造成严重后果的"这两方面的要件，才能申请精神损害赔偿。《最高人民法院关于审理国家赔偿案件确定精神损害赔偿责任适用法律若干问题的解释》第 7 条第 1 款规定："有下列情形之一的，可以认定为国家赔偿法第三十五条规定的'造成严重后果'：（一）无罪或者终止追究刑事责任的人被羁押六个月以上；（二）受害人经鉴定为轻伤以上或者残疾；（三）受害人经诊断、鉴定为精神障碍或者精神残疾，且与侵权行为存在关联；（四）受害人名誉、荣誉、家庭、职业、教育等方面遭受严重损害，且与侵权行为存在关联。"从这一解释可以看出，本案中的杨某某并不满足这一要件的要求。

具体到本案，杨某某是否有权利提出精神损害赔偿，也可以从以下三个方面来加以判断：

第一，从前提条件来看。依据《国家赔偿法》第 35 条的规定，只有当公民的人身自由权、身体健康权、生命权受到侵害时，公民方有权利提出精神损害赔偿。本案中，杨某某认为其隐私权受到侵害，提出精神损害赔偿。虽然我国《国家赔偿法》并没有规定隐私权受到侵犯可以要求申请精神损害赔偿，但根据《民法典》的规定，隐私权也属于人身权的范围，即《民法典》第 110 条第 1 款规定：自然人享有生命权、身体权、健康权、姓名权、肖像权、名誉权、荣誉权、隐私权、婚姻自主权等权利。从这一条款的规定来看，隐私权也属于人身权的范围。杨某某以此为据要求赔偿也属于《国家赔偿法》规定的精神损害赔偿范围。本案中，杨某某认为 W 市生态环境局在网站公开第 11 号行政复议决定书时，公开了杨某某的居民身份证号码及具体居住地址，属于泄露其个人信息，确实在一定程度上侵犯了其隐私权，这属于人身权被侵犯的情形。

第二，从行为要件来看。本案中，杨某某认为 W 市生态环境局违反《政府信息公开条例》等保护个人信息的规定，泄露了杨某某的信息，且该信息被阅读 70 多次，给杨某某的安全造成严重威胁，造成精神损失，W 市生态环境局应当赔偿。虽然 W 市生态环境局的行为是违法的，但根据《国家赔偿法》的规定，只有采取限制人身自由和暴力方式侵犯人身自由权、身体健康权、生命权的行为，才是《国家赔偿法》应给予精神损害赔偿的违法行为，而本案中并不属于这一情况。

第三，从后果要件来看。可以基于公民权利保护的理念来对国家赔偿法的精神损害赔偿范围作扩大解释，这也符合国家赔偿法的发展趋势。但这种解释应具有一定的限度。本案中，即使对案件范围和行为要件作扩大解释，仍然要受后果要件的限制。法院认为鉴于第三人（W 市生态环境局）在行政复议期间已对网站上公开的案涉第 11 号行政复议决定书进行了技术处理，隐蔽了杨某某的个人信息，该违法行为得到了纠正，而且对杨某某造成的损害也不严重。杨某某未提交充分证据证明其因第三人公开其居民身份证号码等个人信息而造成了精神损害，更没有证据证明对其造成《国家赔偿法》第 35 条规定的“严重后果”，故第三人不存在对杨某某消除影响的前提基础，杨某某提出赔偿精神损失费人民币 10 万元的复议请求也缺乏事实和法律依据。

案例 52

国家赔偿中"直接损失"的理解

——曾某富申请国家赔偿案[1]

【裁判要旨】

国家赔偿采用直接损失赔偿原则,间接损失不予赔偿。相对人申请国家赔偿应符合《国家赔偿法》规定的赔偿范围,且不属于因行政行为而造成的直接损失的相关费用不予赔偿。

【基本案情】

2018 年 9 月 27 日,T 市人民政府作出《行政复议决定书》,确认 2018 年 5 月 7 日原 T 市环保局收到《作出环保行政处理决定的申请书》后未在法定的办结期限内作出答复的行为违法。鉴于原 T 市环保局于 2018 年 8 月 17 日已向曾某富作出答复,决定不再责令原 T 市环保局重新作出答复。

2018 年 10 月 16 日,曾某富向原 T 市环保局寄交《行政赔偿申请书》,要求原 T 市环保局向其支付行政赔偿金 2 万元。原 T 市环保局于 2018 年 10 月 17 日收到后,于 10 月 22 日作出《国家赔偿受理通知书》并邮寄送达。原 T 市环保局于 2018 年 11 月 12 日作出《国家赔偿决定书》决定对曾某富的赔偿请求不予赔偿,并于 11 月 14 日邮寄送达曾某富。

一审法院认为,曾某富主张的损失不是原 T 市环保局作出行政行为产生

---

[1] 二审:四川省成都市中级人民法院(2019)川 01 行赔终 9 号行政赔偿判决书。
一审:四川省成都市高新技术产业开发区人民法院(2018)川 0191 行赔初 8 号行政赔偿判决书。

的直接损失而是诉讼成本，故判决不予赔偿。曾某富不服提起上诉。二审法院驳回上诉，维持原判。

【法理分析】

“直接损失”赔偿原则最初由1995年1月1日起施行的《国家赔偿法》确立。该法第28条规定：“侵犯公民、法人和其他组织的财产权造成损害的，按照下列规定处理：……（七）对财产权造成其他损害的，按照直接损失给予赔偿。”至2010年4月《国家赔偿法》修正时在其第36条第8项中予以延续。该条规定：“侵犯公民、法人和其他组织的财产权造成损害的，按照下列规定处理：……（八）对财产权造成其他损害的，按照直接损失给予赔偿。”何为直接损失，法律并未明确规定。一般认为，直接损失是已经发生的客观存在的现有财产的减损。《最高人民法院关于审理民事、行政诉讼中司法赔偿案件适用法律若干问题的解释》（以下简称《解释》）对直接损失的情形进行了列举。但这种对直接损失予以不完全列举的方法“无法穷尽纷繁芜杂的社会生活中的各种情形，将有关直接损失的理解留给法官在个案中揣摩”①。如何理解“直接损失”？四川省高级人民法院在判决“眉山东坡食品厂诉眉山市东坡区计划经济贸易局行政赔偿案”中指出：直接损失是指因遭受不法侵害而使现有财产必然减少或消灭，是既得利益的丧失或现有财产的减少。间接损失则是可得利益的丧失或未来财产的减损，是相对人未实际取得的期待利益，不能排除因意外情况的发生而导致无法实际取得的风险。根据我国《国家赔偿法》的规定，公民、法人和其他组织只有因违法行政行为给自己合法的财产权益造成直接损失的才能获得赔偿。直接损失与间接损失的界定主要是基于违法行政行为与损害后果之间是否存在因果关系。两者之间如存在必然联系，就应当认定为直接损失。这是对直接损失和间接损失的较为直观的表述。

我们认为，构成“直接损失”必须具备以下要件：一是损失的客观性。期待性利益非直接损失。如大连市中级人民法院在（2014）大法委赔再字第1号赔偿决定书中，就某针织服装有限公司申请国家赔偿案，认定某针织服装有限公司强迁前已停产，且早不参加年检，停产非强迁所致，经营损失不属于国家赔偿范围。二

---

① 管君：《论国家赔偿中的“直接损失”》，载《甘肃政法学院学报》2015年第1期。

是损失的必然性，即损失是不可避免发生的。同样在“眉山东坡食品厂诉眉山市东坡区计划经济贸易局行政赔偿案”中，法院同时指出，因行政机关的违法行政行为导致正在收取的租金被迫中断并转由他人收取而发生的损失，不是待租房屋的预期收益，该租金损失属于直接损失范畴，相对人有依法获得国家赔偿的权利。三是赔偿的补足性。《民法典》第 1184 条规定：“侵害他人财产的，财产损失按照损失发生时的市场价格或者其他合理方式计算。”故只有在赔偿能弥补他人实际损失时，才能算合理方式或相对衡平。

《国家赔偿法》对于利息属于直接损失还是间接损失问题，有个逐渐转变的过程。1995 年 1 月 1 日起施行的《国家赔偿法》并未明确规定，而在 2010 年 4 月修正时其第 36 条第 7 项增加规定：返还执行的罚款或者罚金、追缴或者没收的金钱，解除冻结的存款或者汇款的，应当支付银行同期存款利息。《解释》对此作出了具体规定，《国家赔偿法》第 36 条第 7 项规定的银行同期存款利息，以作出生效赔偿决定时中国人民银行公布的一年期人民币整存整取定期存款基准利率计算，不计算复利。应当返还的财产属于金融机构合法存款的，对存款合同存续期间的利息按照合同约定利率计算。应当返还的财产系现金的，比照《解释》第 15 条第 1 款规定支付利息。再如，最高人民法院（2018）最高法行再 163 号行政赔偿判决书在行政机关违法强制拆除房屋赔偿“直接损失”的范围认定上指出，前述“直接损失”的范围，除包括被拆建筑物重置成本损失外，还应当包括赔偿申请人应享有的农房拆迁安置补偿权益以及对动产造成的直接损失等。以上均是对“直接损失”的扩大解释。笔者认为，“直接损失”不仅包括既得财产利益的损失，还应当包括虽非既得但又必然可得的财产利益损失，才符合该法的立法精神。

关于不履行法定职责违法应予赔偿的范围问题，最高人民法院在“再审申请人仙居县常青山庄老年公寓诉被申请人浙江省仙居县人民政府土地行政赔偿案”中指出，因行政不作为所导致的应予赔偿的损失范围如何界定，因果关系如何认定，赔偿标准如何把握等问题，长期以来亦是行政审判实践中面临的难题。对此，2018 年 2 月 8 日起施行的《最高人民法院关于适用〈中华人民共和国行政诉讼法〉的解释》第 98 条专门作了“因行政机关不履行、拖延履行法定职责，致使公民、法人或者其他组织的合法权益遭受损害的，人民法院应当判决行政机关承担行政赔偿责任。在确定赔偿数额时，应当考虑该不履行、拖延履行法定职责的行为在损害发生过程和结果中所起的作用等因素”的原则性规定。国家赔偿制度设立的初衷在于弥补公民因国家行政权或者司法权的违法运用而遭受的损失,要最大限度地发挥《国家赔偿法》在维护和救济受到国家公权力不法侵害的行政相对人的合法权益方面的功能与作用。理解上述“直接损失”涉及利息计算问题时不宜仅限于《国家赔偿法》第 36 条第 7 项有关“返还执行的罚款或者罚金、追缴或者没收的金钱,解除冻结的存款或者汇款”,还有必要延及类似于本案因行政不作为而产生的以行政缴费形式所投资金的利息计算。对《国家赔偿法》有关“直接损失”的准确理解,有利于防止实践中不当限缩赔偿义务机关应当承担的国家赔偿责任,厘清不作为情形下的行政赔偿范围,以减少纠纷,统一裁判尺度,彰显“有权必有责,用权受监督,侵权要赔偿”的法治理念。

综上所述,曾某富主张原 T 市环保局未在法定的办结期限内作出答复的行为违法,应当由原 T 市环保局依法履行法定行政赔偿义务,曾某富提交的材料费、交通费票据并不能证明具体的赔偿请求和受损害的事实根据。同时曾某富主张的损失不是因为原 T 市环保局作出行政行为而产生的直接损失,而是曾某富在诉讼中承担的诉讼成本。在行政赔偿中,曾某富的合法权益损害的内容局限于实际损失,而不包括可得利益的损失,而且该行为与损害结果有直接的因果关系,也即行政行为违法必然会导致损害结果的发生。本案中,原 T 市环保局未对曾某富提交的《作出环保行政处理决定的申请书》在法定期限内作出答复,并没有直接侵犯曾某富的人身权利和财产权利,即便是原 T 市环保局在法定期限内作出了回复,曾某富不服也可以提起行政诉讼,在诉讼中也会产生餐饮费、材料费、交通费等,所以曾某富主张的相关费用不属于行政行为造成的直接损失。据此,一、二审法院均判决驳回曾某富的赔偿请求。

第九部分

强制执行篇

案例 53

注销公司逃避处罚如何确定被执行人

——Z 公司注销公司逃避处罚案①

【裁判要旨】

行政处罚决定作出后,以逃避处罚为目的注销公司的,如未经清算即办理注销登记,导致公司无法进行清算,行政机关可申请变更、追加清算义务人为被执行人,要求其承担连带清偿责任。是否经过清算及清算程序是否合法的事实应查清。

【基本案情】

Z 公司在未依法取得报批建设项目环境影响报告前已开工建设,被 S 生态环境局认定违反了《环境影响评价法》第 25 条的规定,并依据《建设项目环境保护管理条例》第 23 条第 1 款的规定,于 2019 年 5 月 24 日决定对 Z 公司处建设项目总投资额 1% 即 0.12 万元罚款;对 Z 公司未依法办理建设项目竣工环保验收手续前已投入生产的行为,责令限期 1 个月改正违法行为,并处 24.03 万元罚款,两项共计 24.15 万元罚款。S 生态环境局向 Z 公司告知了相关的权利义务,送达了该行政处罚决定书,行政处罚程序合法。Z 公司在法定期限内未申请行政复议或诉讼,处罚决定书发生法律效力。S 生态环境局向人民法院申请强制执行。

① 二审:海南省三亚市中级人民法院(2020)琼 02 行审复 2 号行政裁定书。
一审:海南省三亚市城郊人民法院(2020)琼 0271 行审 6 号行政裁定书。

2019年6月24日,为逃避处罚,Z公司在工商行政主管部门办理注销登记。

一审法院认为,Z公司已注销,不具备作为本案被申请人的主体资格,裁定驳回S生态环境局申请。S生态环境局不服提起上诉,二审法院认为,虽查明Z公司已注销,但未查明该公司是否依法进行清算,造成本案重要的基本事实不清,裁定发回重审。

【法理分析】

强制执行程序中,当事人的变更与追加要坚持法定原则,即非因法定事由,经法定程序,不得变更、追加当事人为被执行人。公司以逃避处罚为目的的在强制执行程序中注销,如何确定被执行主体,是行政机关需要厘清的重要问题。《民法典》第70条第1款规定:"法人解散的,除合并或者分立的情形外,清算义务人应当及时组成清算组进行清算。"《企业法人登记管理条例》第21条规定,"企业法人办理注销登记,应当提交法定代表人签署的申请注销登记报告、主管部门或者审批机关的批准文件、清理债务完结的证明或者清算组织负责清理债权债务的文件"。《公司法》第183~189条规定了公司注销的具体程序,清算完成后才能注销公司。2019年7月1日起施行的《国家税务总局关于深化"放管服"改革　更大力度推进优化税务注销办理程序工作的通知》,在落实《国家税务总局关于进一步优化办理企业税务注销程序的通知》要求的基础上,对企业注销流程再次简化,优化即时办结服务,采取"承诺制"容缺办理,即纳税人在办理税务注销时,若资料不齐,可在其作出承诺后,税务机关即时出具清税文书。企业注销流程简化为企业逃避义务提供了便利条件。

2015年2月4日起施行的《最高人民法院关于适用〈中华人民共和国民事诉讼法〉的解释》第64条规定:"企业法人解散的,依法清算并注销前,以该企业法人为当事人;未依法清算即被注销的,以该企业法人的股东、发起人或者出资人为当事人。"《最高人民法院关于适用〈中华人民共和国公司法〉若干问题的规定(二)》第18条规定:"有限责任公司的股东、股份有限公司的董事和控股股东未在法定期限内成立清算组开始清算,导致公司财产贬值、流失、毁损或者灭失,债权人主张其在造成损失范围内对公司债务承担赔偿责任的,人民法院应依法予以支持。

有限责任公司的股东、股份有限公司的董事和控股股东因怠于履行义务,导致公司主要财产、账册、重要文件等灭失,无法进行清算,债权人主张其对公司债务承担连带清偿责任的,人民法院应依法予以支持。上述情形系实际控制人原因造成,债权人主张实际控制人对公司债务承担相应民事责任的,人民法院应依法予以支持。"2016 年 12 月 1 日起施行,并于 2020 年 12 月 23 日修正的《最高人民法院关于民事执行中变更、追加当事人若干问题的规定》第 21 条规定:"作为被执行人的公司,未经清算即办理注销登记,导致公司无法进行清算,申请执行人申请变更、追加有限责任公司的股东、股份有限公司的董事和控股股东为被执行人,对公司债务承担连带清偿责任的,人民法院应予支持。"根据上述规定,以逃避处罚为目的注销公司,导致公司无法清算的,行政机关可变更、追加相关当事人为被执行人,具体为:有限责任公司可变更、追加股东为被执行人,股份有限公司可变更、追加董事和控股股东为被执行人,上述人员与公司共同承担连带清偿责任。本案中,Z 公司注销的事实存在,但是否进行过清算及清算程序是否合法,均需查明。在没有查清事实的前提下作出不准予执行的裁定显然不妥。

在执行程序中企业注销应根据不同情形确定被执行人及责任承担,《最高人民法院关于民事执行中变更、追加当事人若干问题的规定》第 11 ~25 条作了明确规定,具体为:(1)企业因合并而终止的,可申请变更合并后存续或新设的法人、非法人组织为被执行人。(2)企业分立的,可申请变更、追加分立后新设的法人或非法人组织为被执行人,在分立前与申请执行人就债务清偿达成的书面协议另有约定的除外。(3)被执行人为个人独资企业,可申请变更、追加其出资人为被执行人。(4)被执行人为合伙企业,可申请变更、追加普通合伙人为被执行人。被执行人为有限合伙企业,可申请变更、追加未按期足额缴纳出资的有限合伙人为被执行人,在未足额缴纳出资的范围内承担责任。(5)被执行人为法人分支机构的,可申请变更、追加该法人为被执行人。法人直接管理的责任财产仍不能清偿债务的,人民法院可以直接执行该法人其他分支机构的财产。(6)被执行人为独资企业、合伙企业、法人分支机构以外的非法人组织的,可申请变更、追加依法对该非法人组织的债务承担责任的主体为被执行人。(7)被执行人为营利法人,可申请变更、追加未缴纳或未足额缴纳出资的股东、出资人或依公司法规定对该出资承担连带责任的发起人为被执行人,在尚未缴纳出资的范围内依法承担责任。(8)被执行人为营利法人,财产不足以清偿生效法律文书确定的债务,可申请变更、追加抽逃出资的股东、出资人为被执行人，在抽逃出资的范围内承担责任。(9)被执行人的公司财产不足以清偿生效法律文书确定的债务，其股东未依法履行出资义务即转让股权，可申请变更、追加该原股东或依公司法规定对该出资承担连带责任的发起人为被执行人，在未依法出资的范围内承担责任。(10)被执行人为一人有限责任公司的，财产不足以清偿生效法律文书确定的债务，股东不能证明公司财产独立于自己的财产，可申请变更、追加该股东为被执行人，对公司债务承担连带责任。(11)被执行人为法人或非法人组织，被注销或出现被吊销营业执照、被撤销、被责令关闭、歇业等解散事由后，其股东、出资人或主管部门无偿接受其财产，致使该被执行人无遗留财产或遗留财产不足以清偿债务，可申请变更、追加该股东、出资人或主管部门为被执行人，在接受的财产范围内承担责任。(12)被执行人为法人或非法人组织，未经依法清算即办理注销登记，在登记机关办理注销登记时，第三人书面承诺对被执行人的债务承担清偿责任，可申请变更、追加该第三人为被执行人，在承诺范围内承担清偿责任。(13)第三人向执行法院书面承诺自愿代被执行人履行生效法律文书确定的债务，可申请变更、追加该第三人为被执行人，在承诺范围内承担责任。(14)被执行人为法人或非法人组织，财产依行政命令被无偿调拨、划转给第三人，致使该被执行人财产不足以清偿生效法律文书确定的债务，可申请变更、追加该第三人为被执行人，在接受的财产范围内承担责任。(15)执行当事人的姓名或名称发生变更的，人民法院可以直接将姓名或名称变更后的主体作为执行当事人，并在法律文书中注明变更前的姓名或名称。

案例 54

派出分局作出的处罚决定不具有强制执行力

——不准予强制执行 T 市环境保护局 F 区分局行政处罚案[①]

【裁判要旨】

《行政处罚法》及相关环境法律法规均未规定 T 市环境保护局派出分局具有环境行政处罚权，故派出分局在没有法律授权情况下作出的行政处罚决定无效。人民法院对该行政处罚决定不应准予强制执行。

【基本案情】

T 市环境保护局 F 区分局（系申请执行人 T 市环境保护局的派出分局）以 B 钢铁公司未取得排污许可证排放大气污染物，违反《河北省大气污染防治条例》第 17 条第 1 款的规定，于 2017 年 10 月 5 日向其送达了《行政处罚事先告知书》《行政处罚听证告知书》，B 钢铁公司未提出陈述申辩意见及听证申请。2017 年 10 月 18 日，F 区分局作出 F 环罚字（2017）136 号《行政处罚决定书》，对 B 钢铁公司处以罚款 285，000 元。限 B 钢铁公司于收到处罚决定书之日起 15 日内缴至指定银行和账号，逾期不缴纳罚款的，该局可以每日按罚款数额的 3% 加处罚款，当日将该处罚决定书送达 B 钢铁公司。B 钢铁公司在法定期限内未申请行政复议，亦未提起行政诉讼，又不履行行政处罚决定。

2018 年 5 月 27 日，T 市环境保护局向被执行人留置送达履行催告书，被执行人仍未履行义务。后 T 市环境保护局向人民法院申请强制执行其派出分局作出的 F 环罚字（2017）136 号行政处罚决定。

---

① 一审：河北省唐山市丰南区人民法院（2018）冀 0207 行审 48 号行政裁定书。

另查明,T市环保机构监测监察执法垂直管理制度改革工作领导小组办公室于2017年9月18日下发T环垂领办〔2017〕1号《关于市环境保护局派出分局更换印章的通知》。该通知内容涉及将F区在内的九个县区调整为市环境保护局的派出分局,并于2017年10月1日起启用新印章,各县(市、区)环境保护部门上划人员工资保险等拟于2018年1月调整到市级负责,印章更换后,属地组织、人力资源和社会保障、财政部门要继续负责按原渠道做好改革过渡期间工资调整、职称评聘、退休、保险和经费保障等相关工作,确保平稳过渡。2017年12月27日T市环境保护局同F区分局签署行政执法和《行政处罚委托书》,委托范围:(1)对辖区内排污企业事业单位和其他生产经营者的现场检查;(2)依法应当由我局实施的行政处罚;(3)其他交办的执法事项。该委托书自印发之日起生效。

法院裁定不准予强制执行F环罚字(2017)136号行政处罚决定。

【法理分析】

行政处罚决定作出后,当事人在法定期限内不申请行政复议或者提起行政诉讼,又不履行的,具有行政强制执行权的行政机关作出强制执行决定前,应当事先催告当事人履行义务。当事人收到催告书后有权进行陈述和申辩。行政机关应当充分听取当事人的意见,对当事人提出的事实、理由和证据,应当进行记录、复核。当事人提出的事实、理由或者证据成立的,行政机关应当采纳。没有行政强制执行权的行政机关可以自当事人申请行政复议或者提起行政诉讼的法定期限届满之日起3个月内,依法申请人民法院强制执行。人民法院对行政机关强制执行的申请进行书面审查,认为符合申请条件且行政决定具备法定执行效力的,应当自受理之日起7日内作出执行裁定。《行政强制法》第58条第1款规定:“人民法院发现有下列情形之一的,在作出裁定前可以听取被执行人和行政机关的意见:(一)明显缺乏事实根据的;(二)明显缺乏法律、法规依据的;(三)其他明显违法并损害被执行人合法权益的。”第2款规定:“人民法院应当自受理之日起三十日内作出是否执行的裁定。裁定不予执行的,应当说明理由,并在五日内将不予执行的裁定送达行政机关。”《最高人民法院关于适用〈中华人民共和国行政诉讼法〉的解释》第161条第1款规定:“被申请执行的行政行为有下列情形之一的,人民法院应当裁定不准予执行:(一)实施主体不具有行政主体资格的;(二)明显缺乏事实根据的;(三)明显缺乏法律、法规依据的;(四)其他明显违法并损害被执行人合法权益的情形。"相较于《行政强制法》,《最高人民法院关于适用〈中华人民共和国行政诉讼法〉的解释》则进一步细化了裁定不准予执行的情形。在权利救济上,《行政强制法》《最高人民法院关于适用〈中华人民共和国行政诉讼法〉的解释》均明确规定,行政机关对不准予执行的裁定有异议,在15日内向上一级人民法院申请复议的,上一级人民法院应当在收到复议申请之日起30日内作出裁定。

2016年9月,中共中央办公厅、国务院办公厅下发《关于省以下环境保护机构监测监察执法垂直管理制度改革试点工作的指导意见》。该指导意见中规定,"省级环保部门对全省(自治区、直辖市)环境保护工作实施统一监督管理,在全省(自治区、直辖市)范围内统一规划建设环境监测网络,对省级环境保护许可事项等进行执法,对市县两级环境执法机构给予指导,对跨市相关纠纷及重大案件进行调查处理。市级环保部门对全市区域范围内环境保护工作实施统一监督管理,负责属地环境执法,强化综合统筹协调。县级环保部门强化现场环境执法,现有环境保护许可等职能上交市级环保部门,在市级环保部门授权范围内承担部分环境保护许可具体工作";该指导意见还规定,市级环保部门对全市区域范围内环境保护工作实施统一监督管理,负责属地环境执法,强化综合统筹协调。县级环保部门强化现场环境执法,现有环境保护许可等职能上交市级环保部门,在市级环保部门授权范围内承担部分环境保护许可具体工作。县级环保局调整为市级环保局的派出分局,由市级环保局直接管理,领导班子成员由市级环保局任免。开发区(高新区)等的环境保护管理体制改革方案由试点省份确定。根据上述指导意见,T市环境保护局F区分局为派出分局,《行政处罚法》及相关环境法律、法规、规章均未规定该派出分局具有环境行政处罚权,故T市环境保护局F区分局在没有法律授权的情形下作出的行政处罚决定因实施主体不具有行政主体资格而无效,人民法院裁定不准予强制执行。

案例 55

送达程序不合法不准予强制执行

——S 县环保局非诉不予执行案[①]

【裁判要旨】

在无法证明行政机关有效送达的情况下，其行政行为对相对人不发生法律效力，人民法院不应准予强制执行。

【基本案情】

2016 年 12 月 28 日，S 县环保局对被执行人 W 造纸厂（以下简称被执行人）进行现场检查，发现该厂没有正常使用废水处理设施，致使污水处理池纸浆液溢出池外，排向外环境。2017 年 1 月 4 日，S 县环保局向被执行人的工作人员蓝某鑫（实际经营者的兄弟，不同住），送达了行政处罚告知书和行政处罚听证告知书，被执行人在规定期限内没有提出申辩和听证要求。2017 年 1 月 16 日，S 县环保局对被执行人作出罚款 50,000 元的行政处罚决定书。2017 年 1 月 23 日，S 县环保局将该行政处罚决定书送达蓝某鑫。被执行人在法定期限内没有申请行政复议或者提起行政诉讼，也没有履行行政处罚决定。2017 年 8 月 23 日，S 县环保局向被执行人邮寄了督促履行催告书。

S 县环保局向人民法院申请强制执行。被执行人答辩称其未收到行政处罚告知书、行政处罚听证告知书、行政处罚决定书，蓝某鑫并非其工作人员。蓝某鑫本人认可收到相关文书但称未转交给被执行人。法院认为，S 县环保局

---

① 二审：广东省汕尾市中级人民法院（2017）粤 15 行审复 15 号行政裁定书。
一审：广东省汕尾市城区人民法院（2017）粤 1502 行审 46 号行政裁定书。

的送达程序违反了《民事诉讼法》第85条和《行政处罚法》第40条①的规定，致使行政行为对被执行人不发生法律效力，故S县环保局申请强制执行的处罚事项依法不准予执行。

【法理分析】

非诉执行也称非诉行政执行，是人民法院根据行政机关的申请，对未经诉讼的行政行为受理、审查至执行的活动。非诉执行制度是实现行政管理职能和效率的重要途径和方式，也是维护行政相对人合法权益的重要保障。它的理论依据来源于《行政诉讼法》第87条的规定，该条规定公民、法人或者其他组织对行政行为在法定期限内不提起诉讼又不履行的，行政机关可以申请人民法院强制执行，或者依法强制执行。根据该条规定，我国行政强制执行贯彻行政机关向人民法院申请强制执行为主，行政机关自行强制执行补充（需要法律明确授权）的原则。司法实务中，因送达问题而导致人民法院裁定不准予强制执行的案件偶有发生。

《行政处罚法》第61条规定："行政处罚决定书应当在宣告后当场交付当事人；当事人不在场的，行政机关应当在七日内依照《中华人民共和国民事诉讼法》的有关规定，将行政处罚决定书送达当事人。当事人同意并签订确认书的，行政机关可以采用传真、电子邮件等方式，将行政处罚决定书等送达当事人。"1991年4月9日起施行的《民事诉讼法》规定了六种送达方式，即直接送达、留置送达、委托送达、邮寄送达、转交送达、公告送达。2017年7月1日起施行的《民事诉讼法》增加了电子送达方式，同时将委托送达与邮寄送达合并为委托及邮寄送达，仍为六种。这六种送达顺序代表着立法者对送达方式优先性选择的倾向性意见，在民事诉讼实务中应按照次序选择。在采用直接送达时，必须准确理解直接送达的内涵。《民事诉讼法》第85条规定："送达诉讼文书，应当直接送交受送达人。受送达人是公民的，本人不在则交他的同住成年家属签收；受送达人是法人或者其他组织的，应当由法人的法定代表人、其他组织的主要负责人或者该法人、组织负责收件的人签收；受送达人有诉讼代理人的，可以送交其代理人签收；受送达人已向

① 此处的《行政处罚法》是全国人大常委会于2017年9月1日修正的版本，该法已于2021年1月22日修订，自2021年7月15日起施行。——编者注

人民法院指定代收人的,送交代收人签收。受送达人的同住成年家属,法人或者其他组织的负责收件的人,诉讼代理人或者代收人在送达回证上签收的日期为送达日期。”故直接送达须注意:一是送达给公民的,本人不在则要交给他的同住成年家属签收,非同住的不能签收且签收时只能签署代收人的姓名并注明双方关系;二是送达给单位的,要送达给其负责收件的人、代理人或指定的人并注明与单位关系及代收原因。本案中,S县环保局在送达相关处罚文书时,并未送达被执行人本人(《民法典》第54条规定,“自然人从事工商业经营,经依法登记,为个体工商户。个体工商户可以起字号”,故个体工商户在行政执法领域应被视为个人),鉴于签收相关处罚文书的主体是被执行人实际经营者非同住的成年家属蓝某鑫,且蓝某鑫否认其将相关材料转交给被执行人的实际经营者,S县环保局又没有其他证据佐证被执行人收到相关行政处罚文书,故送达程序不合法,行政行为对被执行人不发生法律效力,即便被执行人收到督促履行催告书时没有对行政处罚决定书等文书提出异议,也不能成为S县环保局可以不按照法律规定程序送达的理由。人民法院终审裁定对S县环保局强制执行的申请不予执行。

案例 56

行政强制执行前应履行催告程序

——Y 农业公司厂房被强拆案①

【裁判要旨】

行政强制执行必须按照法定程序进行。代履行作为行政强制执行的一种方式,在作出前、作出后及正式履行前均需履行催告程序。未依法履行催告程序即实施强制执行代履行的,程序违法。

【基本案情】

2011 年 5 月,李某波等人与某自然村签订土地租赁合同。2011 年 8 月,李某波开始在租用的土地上违法建设养鸡场,至 2012 年下半年,建成部分鸡舍开始进行蛋鸡养殖。此后边经营边建设,至 2018 年建设鸡舍四栋,存栏蛋鸡约 3 万只。

2014 年 1 月 7 日,李某波注册 Y 农业公司,担任法定代表人,经营蛋鸡养殖及销售。2017 年 10 月 20 日,Y 农业公司法定代表人变更为欧某阳(李某波妻子)。自公司成立至 2018 年,Y 农业公司仅办理了工商营业执照和动物防疫证,未报批环境影响评价文件,未办理临时用地审批手续、水土保持方案等审批手续,也未取得用地审批备案和乡村建设规划许可证。无排污许可证,雨污不分流,饲料堆场未密闭储存、鸡粪露天堆放,无任何防渗和防恶臭措施,自建简陋污染防治设施(一个简易沉淀池,两个沼气池,一台干湿分离机,不能满

---

① 二审:湖南省高级人民法院(2020)湘行赔终 66 号行政判决书。
一审:湖南省永州市中级人民法院(2019)湘 11 行初 200 号行政判决书。

足污染防治需要)。为逃避监管,Y农业公司将养殖污水、废渣通过无防渗漏措施的沟渠、渗坑、暗管,直接外排到养鸡场附近的空坪山地上及农田中,严重影响地表和地下水。

2017年5月25日,Y市生态环境局D分局(以下简称D分局)对Y农业公司下达了行政处罚决定:责令停止排污……2018年2月,Y农业公司再次在原址扩大养殖,对环境造成更严重的污染。

2018年3月29日,D分局再次向Y农业公司送达了责令改正违法行为决定书,责令立即停止违法行为,停止非法排污,恢复原状。但Y农业公司继续非法排污,造成周边环境严重污染。

2018年4月12日,D分局再次下达责令停止排污决定书,责令Y农业公司于4月17日停止排污。Y农业公司仍继续排放污染物。

2018年5月10日,D分局分别向D县国土城建城管综合执法大队和D县畜牧水产局作出《关于请求协助执行Y农业公司行政代履行相关事项的函》,请求协助执行。

2018年5月13日,D分局在其他相关部门的协助下,对Y农业公司的鸡舍厂房采取了强制拆除措施。鸡舍厂房内的活体鸡和鸡蛋已由Y农业公司的工作人员运走。

Y农业公司不服,以D县人民政府、D分局、D县畜牧水产事务中心、D县城市管理和综合执法局为被告,向Y市中级人民法院(以下简称Y中院)提起行政诉讼,要求确认强拆行为违法并赔偿损失。Y中院驳回Y农业公司的诉讼请求。Y农业公司不服,上诉至H省高级人民法院(以下简称H高院)。H高院以D县人民政府、D县畜牧水产事务中心、D县城市管理和综合执法局不是本案的适格被告为由,驳回Y农业公司对D县人民政府、D县畜牧水产事务中心、D县城市管理和综合执法局的起诉;以D分局行政强制拆除行为违法为由撤销(2019)湘11行初123号行政判决,确认D分局拆除Y农业公司涉诉养殖场房屋的行为违法(D分局代履行前未履行催告程序,违反法定程序),就Y农业公司所诉赔偿请求发回Y中院重新审理。

【法理分析】

行政强制包括行政强制措施和行政强制执行。行政强制执行是指行政机关或者行政机关申请人民法院,对不履行行政决定的公民、法人或者其他组织,依法强制履行义务的行为。

行政机关依法作出的行政决定,具有法律效力,当事人对行政决定确定的义务应当履行。当事人在行政机关决定的期限内不履行义务的,具有行政强制执行权的行政机关可以强制执行,也可以代履行。

行政机关应当按照《行政强制法》规定的程序进行行政强制执行。行政强制执行程序由先行催告、作出行政强制执行决定、行政强制执行等若干具体环节组成,催告程序是行政强制执行程序启动的前置程序。当事人不履行行政决定确定的义务,行政机关欲强制执行或代履行,须先催告当事人履行,经催告仍不履行的,方可进入行政强制执行。

《行政强制法》规定的行政强制执行的方式包括:加处罚款或者滞纳金,划拨存款、汇款,拍卖或者依法处理查封、扣押的场所、设施或者财物,排除妨碍、恢复原状,代履行,其他强制执行方式。该法第50条规定:"行政机关依法作出要求当事人履行排除妨碍、恢复原状等义务的行政决定,当事人逾期不履行,经催告仍不履行,其后果已经或者将危害交通安全、造成环境污染或者破坏自然资源的,行政机关可以代履行,或者委托没有利害关系的第三人代履行。"根据上述法律规定,代履行作为行政强制执行的一种方式,主要适用于交通安全、环境污染防治和自然资源保护三个领域。代履行制度的确立为没有行政强制执行权的行政机关进行了赋权,是对行政强制执行设定权的突破。

《行政强制法》第51条规定了代履行的程序。根据该条法律规定,行政机关代履行应遵循一定的程序实施。首先,须制作和送达代履行决定书。其次,代履行3日前,书面催告当事人履行,当事人履行的,停止代履行。需要特别说明的是,代履行决定作出前和代履行决定作出后、正式履行3日前均需履行催告程序,即行政机关存在两次催告。最后,代履行时,作出决定的行政机关应当派员到场监督,代履行完毕,行政机关到场监督的工作人员、代履行人和当事人或者见证人应当在执行文书上签名或者盖章。本案中,Y农业公司拒不履行行政决定,继续排放污染物,造成周边环境严重污染,D分局依法可进行代履行。但代履行应遵循一定的程序实施,代履行前,依法应送达代履行决定书,代履行决定书应载明代履行的理由和依据、方式和时间、标的、费用及代履行人，且应于代履行3日前催告当事人履行，当事人履行的，停止代履行。D分局虽多次责令Y农业公司停止排污，但其在代履行前未送达代履行决定书，亦未依法进行书面催告。故D分局的涉诉行政强制拆除行为因违反法定程序被确认为违法。

第十部分

信息公开篇

案例 57

滥用知情权申请政府信息公开缺乏正当性不予立案

——杨某柱申请政府信息公开案[①]

【裁判要旨】

依法获取政府信息是公民的权利,行政机关应履行政府信息公开的职责,保障公民知情权。对于公民明显超过合理限度提出信息公开申请、继而大量提起行政诉讼的行为,实质上是滥用行政诉权的行为,即使符合法律规定的立案条件,也因不属于法律保护范围,人民法院应当不予立案。

【基本案情】

2019 年 8 月 20 日,杨某柱向原 G 县环境保护局(机构改革后,更名为 L 市 G 生态环境局,以下简称 G 生态环境局)申请公开信息,9 月 12 日,G 生态环境局作出政府信息公开申请答复书。杨某柱以政府信息公开申请答复书未公开申请全部内容为由,向 L 市生态环境局申请行政复议,L 市生态环境局依其申请作出行政复议决定书,维持了 G 生态环境局的答复。杨某柱认为 G 生态环境局是 L 市生态环境局的派出机构,无权以自己名义进行政府信息公开,L 市生态环境局也无权对 G 生态环境局的行为进行复议,就此向人民法院起诉,请求确认 L 市生态环境局作出的行政复议决定书无效。L 市生态环境局辩称,行政机构改革前,G 生态环境局作为独立的机关,有权以自己的名义作出信息公开答复。杨某柱向市生态环境局申请行政复议,即认定其有权办理

① 一审:江苏省灌南县人民法院(2019)苏 0724 行初 27 号之一行政裁定书。

行政复议事项。另外,杨某柱长期反复提起诉讼,涉嫌滥用诉权,占用司法资源,扰乱诉讼秩序。

法院认为,杨某柱几年内针对众多行政机关,提出政府信息公开申请,继而申请行政复议、提起行政诉讼的行为,背离了获取政府信息的目的,构成了对行政机关和司法机关日常工作不当干扰。杨某柱提出的政府信息公开申请和提起的诉讼缺乏正当性,遂裁定驳回起诉。

【法理分析】

本案涉及政府信息公开制度下公民知情权保障的合理限度问题。知情权指的是公民知悉和获取信息的权利和自由,尤其是公民依法享有知悉、获取国家政治事务及其活动信息的自由与权利。一般来说,知情权是指公法中的知情自由和权利,政府信息公开制度是其制度上的保障。知情权是公民行使民主权利的基础。只有在全面了解国家和政府公务活动的基础上,公民才能更好地参与到政治实践当中去,更好地行使自身的各项权利,从而增强民主管理意识。政府信息公开是保障公民实现知情权的有效途径。政府信息公开既包括政府主动公开政务信息,也包括公民依照法定的程序和方式提出申请来公开政府信息。我国在立法和司法层面为公民实现知情权提供依据,通过制定法律规范和发布司法案例形式规范并指导知情权的保障工作。目前,我国关于政府信息公开制度规定主要法律依据是 2008 年 5 月 1 日起施行的《政府信息公开条例》,该条例实施后产生了良好的效果。为了适应社会新的发展,促进政府信息公开工作,2019 年 4 月 3 日,对该条例进行了全面重大修订,涉及政府信息公开的原则、主体、内容、方式、监督和保障等多个方面。修订后的条例,有利于全面规范政府信息公开工作,提高政府信息公开工作的质量。

《政府信息公开条例》第 1 条规定:“为了保障公民、法人和其他组织依法获取政府信息,提高政府工作的透明度,建设法治政府,充分发挥政府信息对人民群众生产、生活和经济社会活动的服务作用,制定本条例。”从该条可以看出,我国政府信息公开制度的落脚点在于保障公民知情权,着眼于权利救济,满足人民群众的社会活动需要。尤其是《政府信息公开条例》第 51 条规定:“公民、法人或者其他组织认为行政机关在政府信息公开工作中侵犯其合法权益的,可以向上一级行政机关或者政府信息公开工作主管部门投诉、举报,也可以依法申请行政复议或者提起行政诉讼。”该条为政府信息公开工作中公民知情权被侵犯提供多元化的救济途径。政府信息公开以“公开为原则,不公开为例外”,既没有规定公民承担信息公开的费用,也没有限制公民申请的次数。值得注意的是,2019 年《政府信息公开条例》修订时,删除了申请政府信息公开所要求的“自身生产、生活、科研等特殊需要”(以下简称“三需要”),进一步减少了公民申请政府信息公开的限制。根据司法部就《政府信息公开条例》修订答记者问时的介绍,删除“三需要”主要考虑两点:“一是进一步保障公民、法人或者其他组织依法获取政府信息的权利;二是在条例的实施过程中,对于‘自身生产、生活、科研等特殊需要’如何把握,有关方面存在不同的理解,容易引发争议。”所以,删除“三需要”本意是减轻公民的负担,最大限度发挥引导公民进行政治参与的功能。然而,这也在一定程度上为一部分公民“申请滥用”提供便利条件,导致信息公开领域公民滥用知情权的现象频发。

知情权为一项法定的权利,公民应当依法行使该权利,即在现行法律框架内以符合法律规定的条件、程序和方式申请政府信息公开。行政机关也应当依照法律规定积极履职,及时、准确地予以信息公开。社会资源的有限性决定了权利的行使是要在一定限度内的,超越了行使权利的合理限度就是对权利的滥用。具体到本案,杨某柱于 2015 年 1 月至 2020 年 6 月在 J 省三级法院提起的行政诉讼案件达 500 多件,其中涉及政府信息公开诉讼的案件不少于 100 件,被诉行政机关涉及的国家部委、省、市(区)、县各级政府及政府部门不少于 70 个。该公民向 70 余个行政机关申请政府信息公开的行为,并不是通过获悉信息来服务自身生产生活,违背了《政府信息公开条例》的立法原意且明显不具有善意,构成了知情权的滥用。

超越权利的行为不应被法律保护。社会资源是有限的,滥用知情权的同时就意味着对别人的权利行使造成妨害。公民应当遵照立法目的,理性行使知情权,否则也无法再受到法律的有效保护。司法实践中存在大量恶意提起行政诉讼的情况,即行政诉讼领域的“滥诉”现象。最高人民法院为具体指导法院的司法裁判工作,通过出台《最高人民法院关于进一步保护和规范当事人依法行使行政诉权的若干意见》的形式,归纳整理常见的恶意诉讼情形,规范公民、法人以及其他社会组织合理行使行政诉权,以防止不合理地增加审判机关的负担。《最高人民法院关于进一步保护和规范当事人依法行使行政诉权的若干意见》第 15 条明确指出,“滥用诉权、恶意诉讼消耗行政资源,挤占司法资源,影响公民、法人和其他组织诉权的正常行使,损害司法权威,阻碍法治进步……对于极个别当事人不以保护合法权益为目的,长期、反复提起大量诉讼,滋扰行政机关,扰乱诉讼秩序的,人民法院依法不予立案”。该条规定主要是针对公民频繁提起行政诉讼的情形,国家司法机关的设置是为了保护公民、法人或者其他组织的合法权益,诉讼所要维护的应当是具有保护价值的权益。对于杨某柱频繁多次向行政机关申请信息公开,又以公开的信息不能满足申请要求、不符合法律规定,行政机关未依法履行职权为由,向上一级行政机关提起行政复议,继而不服行政复议决定提起行政诉讼的诉讼行为,法院决定不予立案,主要有以下原因:首先,G 生态环境局在收到杨某柱的政府信息公开申请后,履行行政管理的职能,实际上已经依法履行了政府信息公开的职责。其次,L 市生态环境局作为 G 生态环境局的上一级主管机关,有权对 G 生态环境局出具的政府信息公开申请答复书予以行政复议,进行审查。最后,杨某柱多次以相似的理由向人民法院提起诉讼,其提出的诉讼要求保护的权益并不具有实质上的保护价值。另外,依照《最高人民法院关于进一步保护和规范当事人依法行使行政诉权的若干意见》第 15 条的规定,该公民于数年内上百次重复上述的行为,不仅严重干扰行政机关、司法机关的日常工作,造成了行政资源、司法资源的严重浪费,而且损害了其他有正当信息需求的申请人获取政府信息的权利,不应当为法律所保护。

综上所述,公民知情权得以保障是由于政府信息公开制度的实施,而公民知情权需求的日益扩大,也在不断促进政府信息公开制度的完善和发展。在政府依职权公开信息不足的情况下,依申请提出政府信息公开仍是保障公民知情权的重要表现。由于当前我国政府信息公开制度定位偏向救济公民知情权,对于政府信息公开的申请方面未设定相应限制,公民无须进行成本考量。因此,公民在申请政府信息公开时不考虑信息公开的社会服务价值,也不考虑行政机关的工作成本问题,进而造成了大量的知情权滥用行为。公民滥用知情权并非政府信息公开制度的追求,不为法律所容许,进而提起的知情权保障之诉缺乏权利救济的正当性,人民法院应当不予受理。

案例 58

政府信息公开的范围及形式

——申某平诉 B 分局行政行为违法案[①]

【裁判要旨】

行政机关在收到政府信息公开申请后，应当根据不同的申请类型分别作出处理决定，并在法定期限内以便于知悉的形式答复申请人。

【基本案情】

2019 年 3 月 16 日，申某平向 A 市生态环境局 B 分局（以下简称 B 分局）邮寄了政府信息公开申请表，申请公开 A 市环保问责制度的实施情况等内容。2019 年 3 月 19 日，B 分局收到申某平的政府信息公开申请表后，逾期 15 天未作出处理决定。申某平于 2019 年 4 月 11 日向人民法院提起诉讼，请求确认 B 分局逾期未答复的行为违法。

B 分局辩称，申某平曾向 A 市生态环境局申请信息公开，后于 2019 年 3 月 15 日向其电话咨询，3 月 16 日的再次申请属于重复申请信息公开。申某平申请信息公开的内容为 A 市 B 区环保问责制度的实施情况，其中对 A 村支书李某英和副主任彭某彬是否有环保问责计划，不属于其信息公开范围。同时该内容与申某平个人的生产、生活、科研没有相关性，不属于政府信息公开的范围。此外，申请公开的政府信息涉及第三方权益的，行政机关征求第三方意见所需时间不计算在法定期限内。申某平申请信息公开的快件是邮寄给 B 分局中具体工作人员个人的信件，该工作人员不负责行政信息公开事项，申某平

① 一审：河南省安阳市龙安区人民法院（2019）豫 0506 行初 34 号行政判决书。

申请信息公开的主体错误,其不构成逾期未作出政府信息公开的行为。

法院认为,B分局在收到申某平的申请后,没有在法定期限内作出答复,行为违法。鉴于案件审理期间已作出答复,故责令其重新作出答复已没有意义,遂依法确认B分局行政行为违法。

【法理分析】

政府信息是政府在实现行政管理职能过程中,主动收集或由行政相对人提供的,通过一定载体记录、保存的相关信息。政府信息公开是指行政主体依据法定职权或者应行政相对人请求,向行政相对人或者社会公众公开展示政府所掌握的信息,并允许查阅、摘抄和复制的活动。政府信息公开,要求将政务内容、权力运作过程等向公众公开。这就保障了人民群众的知情权,增强了权力行使的透明度,把权力行使过程置于人民群众的监督之下,使人民群众能够充分了解政府的计划、工作程序、办事结果以及政府内部的工作纪律,为人民群众进行有效监督提供了制度保证。

我国于2008年5月1日起施行《政府信息公开条例》(以下简称旧条例),2019年4月3日对之进行了全面修订。相较于旧条例,修订后的《政府信息公开条例》(以下简称新条例)对信息公开范围及形式进行了重要的调整:一是对依据职权主动公开范围的调整。一方面,将法定公开内容明确为履职依据、机关简介、规划信息、统计信息、行政许可、处罚/强制、预算/决算、收费项目、政府采购、重大项目、三类重大民生信息、招考录用和其他法定信息等15类,其中10类是所有行政机关的共性内容,5类是作为一级政府的共性内容;另一方面,法定公开内容进一步具体化和共性化,相较于旧条例的原则性列举,更有利于将主动公开要求真正落到实处,让主动公开制度的实效得到更好保障。二是申请政府信息公开方式的调整。新条例规定,申请政府信息公开的方式要体现高效便民原则。要求行政机关在政务服务场所设置政府信息查阅场所,建立完善政府信息公开申请渠道,为公民、法人和其他组织获取政府信息提供便利;政府信息公开申请内容不明确的,行政机关应当给予指导和释明。尤其是新条例第36条,针对不同的申请情形,明确了行政主体的处理路径,切实保障了申请人的权益。

就法理而言,本案涉及的是行政机关面对申请信息公开时,如何作出实体决定与程序决定。实际上，新条例明确了行政机关针对申请信息公开有五种实体处理决定和五种程序处理决定（见下表），决定了行政机关在面对申请信息公开时，依据不同类型作出不同的处理决定。

序号	决定类型	决定方式	对应条文
1	实体处理决定	予以公开决定	已公开的告知获取方式、途径［第36条第1项］
			未公开的直接向申请人提供［第36条第2项］
			将来公开的告知获取时间、方式、途径［第36条第2项］
		不予公开决定	信息被确定为国家秘密；信息被法律、行政法规禁止公开；信息公开有危及“三安全一稳定”的可能［第14条］
			涉及第三方合法权益的信息［第15条］
			内部事务信息；过程性信息；行政执法案卷信息［第16条］
			行政查询［第36条第7项］
		部分公开，部分不公开决定	［第37条］
		无法提供决定	本机关不掌握被申请信息［第36条第4项、第5项］
			需要对信息加工分析［第38条］
			补正后仍无法明确申请内容［事实判断］
		不予处理决定	信访、投诉、举报类申请［第39条第1款］
			重复申请［第36条第6项］
			申请提供公开出版物［第39条第2款］
			无正当理由的数量、频次明显不合理申请［第35条］
			申请确认、出具已获取的信息［事实判断］
2	程序处理决定	补正告知［第30条］	
		征求第三方意见［第32条］	
		公开后告知第三方［第32条］	
		延期公开［第33条］	
		征求其他机关意见［第34条］	

因此，本案可以从以下四个方面分析：

一是申某平是否有权利申请相关政府信息的公开。无论新、旧条例均规定，除行政机关主动公开的政府信息外，公民、法人或者其他组织可以向地方各级人民政府、对外以自己名义履行行政管理职能的县级以上人民政府部门（含派出机构、内设机构）申请获取相关政府信息。旧条例第13条将申请公开限定于“公民、法人或者其他组织还可以根据自身生产、生活、科研等特殊需要，向国务院部门、地方各级人民政府及县级以上地方人民政府部门申请获取相关政府信息”，新条例则予以删除。本案中，B分局辩称“申请人申请公开的信息与其生产、生活、科研没有相关性”，不属行政信息公开范围。实际上，无论新、旧条例均规定“环境保护、公共卫生、安全生产、食品药品、产品质量的监督检查情况”属于政府信息的主动公开范围。因此，B分局的抗辩不成立。

二是申请公开的政府信息是否属于禁止公开的范围。无论新、旧条例均将“国家秘密、商业秘密、个人隐私等”排除于申请公开的范围，对申某平申请公开A市环保问责制度实施等内容，B分局辩称“根据《环境信息公开办法（试行）》第十一条的规定，我局与A村两委及村干部没有隶属关系，所以以上两条均不属于我单位信息公开范围”。

三是申请公开的信息是否关系到第三方权益。B分局辩称其之所以超期处理申某平的申请，原因在于“申请公开的政府信息涉及第三方权益的，行政机关征求第三方意见所需时间不计算在规定的期限内”。事实上，无论新、旧条例均规定“环境保护、公共卫生、安全生产、食品药品、产品质量的监督检查情况”属于政府信息的主动公开范围，A村支书李某英和副主任彭某彬是否有环保问责计划不属于个人隐私，不会对其权益产生实质性影响。且B分局并未提供相关证据证明“其征求第三方意见所需时间”，根据旧条例第24条的规定，“行政机关收到政府信息公开申请，能够当场答复的，应当当场予以答复。行政机关不能当场答复的，应当自收到申请之日起15个工作日内予以答复；如需延长答复期限的，应当经政府信息公开工作机构负责人同意，并告知申请人，延长答复的期限最长不得超过15个工作日”，B分局的答复逾期。

四是申请人的申请是否有效。B分局辩称“申某平的邮寄对象错误”，理由在于《B区政府信息公开指南》明确了政府信息公开申请途径与方式，而申某平的申请方式不符合B区政府的相关规定。司法实践中，申请人向行政机关不具有处理政府信息公开申请的职能部门或者除行政首长以外的其他工作人员，寄送政府信息公开申请的,不能视为提出了政府信息公开申请。但如果上述部门和人员转交给了本部门,转交之时视为行政机关收到政府信息公开申请之时,应向申请人说明情况。此种转交义务是基于行政机关内部工作流程及分工,不属于新条例所规定的法定义务,转交不应导致行政机关信息公开义务的豁免。本案中,B 分局并未向申请人阐释其转交义务,对申请人不发生效力,因此抗辩不成立。

案例 59

行政机关应告知申请人获取政府信息的方式和途径

——李某宝申请政府信息公开案[①]

【裁判要旨】

申请人向行政机关申请公开已经依职权主动公开的事项时,行政机关应告知申请人获取政府信息的方式和途径,便于申请人获得相应的政府信息。

【基本案情】

2018 年 10 月 24 日,李某宝向原 F 区环保局(因机构调整,F 区环保局相关职能现由 B 市 F 区生态环境局承担)申请公开关于 2016 年清洁燃煤(煤球、煤块、蜂窝煤)政府采购价格的标底价格的相关文件和细则的信息。原 F 区环保局于 2018 年 11 月 9 日作出《申请政府信息公开答复告知书》(以下简称《告知书》),主要内容为:经查,您(单位)申请获取的政府信息属于公开范围。根据《政府信息公开条例》第 21 条第 1 项的规定及您(单位)的申请,我们向您提供《2016 年 F 区优质煤采购项目中标公告》《2016 年 F 区优质煤采购项目招标文件》,通过邮寄方式提供该政府信息。

李某宝认为,原 F 区环保局作出的《告知书》不符合其申请所需的内容,故向人民法院提起诉讼,请求撤销《告知书》,责令原 F 区环保局重新作出答复。一、二审法院均认为,原 F 区环保局作出的《告知书》并无不当,驳回了李某宝的诉请。

---

① 二审:北京市第二中级人民法院(2019)京 02 行终 1093 号行政判决书。
一审:北京市丰台区人民法院(2019)京 0106 行初 262 号行政判决书。

【法理分析】

政府信息的公开有两种方式：一是主动公开。行政主体依据《政府信息公开条例》的规定，主动将其掌握的政府信息，通过法定方式向社会公开。二是依申请公开。依申请公开是对主动公开的有力补充。实务中，一些行政机关已经依职权主动公开的事项，申请人并不知晓或者并不满足于已经公开的内容，仍然会向行政机关申请公开。此时，行政机关是否有义务向申请人公开，以及如何向申请人告知获取政府信息的途径和方式，就关系到政府信息公开的实效性。

实务中，政府依职权主动公开了大量的政府信息。虽然这些信息会以法定的方式公开，但由于公开方式较多，根据《政府信息公开条例》第 23 条的规定，政府信息可以通过政府公报、政府网站或者其他互联网政务媒体、新闻发布会以及报刊、广播、电视等途径予以公开，这给公众查阅带来了困难。虽然《政府信息公开条例》第 24 条规定了政府应利用统一的政府信息公开平台集中发布主动公开的政府信息，政府信息公开平台应当具备信息检索、查阅、下载等功能，但实际上一般公众仍然很难便捷地进行检索与查询。如果政府以已经公开为理由对申请人的申请予以拒绝，则很难实现政府信息公开制度保障公民知情权的目的。因此，基于现代服务政府理念和保障公民知情权的目的，即使是已经依职权公开的事项，如果申请人提出政府信息公开申请，政府仍应告知获取政府信息公开的途径与方式。在一些特殊情况下，即使政府告知了申请人获取依职权公开的政府信息的途径与方式，申请人也会认为已经公开的政府信息与自己的申请要求不一致，政府怠于履行职责。此时，如何判断政府是否履行了政府信息公开的职责，是一个值得重视的问题。

依据《政府信息公开条例》第 36 条第 1 项的规定，所申请公开信息已经主动公开的，行政主体应告知申请人获取该政府信息的方式、途径。因此，无论是属于主动公开范围且已经主动公开，还是属于依申请公开范围且尚未公开，行政机关的答复都是以保证申请人能够获取申请的政府信息为目的。最高人民法院在“张某平、洛阳市涧西区人民政府再审行政判决书”中确立了“确实可见”与“转瞬即逝”两种情形的处理方式。所谓“确实可见”，指的是《最高人民法院关于审理政府信息公开行政案件若干问题的规定》第 2 条第 2 项规定的在“政府公报、报纸、杂志、书籍等公开出版物”公开的政府信息，由于这类信息属于在公开出版物刊载出版，申请人能够较为便捷地获取。对于这类政府信息，行政机关没有向特定申请人提供该政府信息的义务，只需告知其获取信息的方式和途径，即出版物的名称、出版时间等，就属于已经履行了相应的信息公开职责。如果申请人以行政机关没有提供具体的政府信息为由向法院起诉，人民法院不予受理。而“转瞬即逝”指的是在政府网站、信息公告栏、电子信息屏上主动公开的信息，这类信息往往存在数量较多、更新较快、检索也较为困难等特征。对于这类政府信息，政府在向申请人回复时，则应提供更加具体的获取途径与方式，如确切的网址或者链接、电子文档。如果申请人有正当理由需要这类已经主动公开但事后无法查阅的政府信息，行政机关可以在收取必要的成本费用之后再行提供。另外，如果相对人认为政府已经公开的信息，与自己希望了解的信息范围不一致，申请公开更加具体的政府信息，则应按照《政府信息公开条例》来判断是否属于不予公开的申请，然后再看主动公开的政府信息与申请人的申请范围是否一致。

所以，认定行政机关是否已经履行了法定职责，不应仅以是否告知为标准，还应当看申请人是否可以通过行政机关告知的方式和途径切实获取相关信息，政府主动公开的信息与申请人申请范围是否一致等方面问题。

本案中，李某宝认为原F区环保局存在拒不履行政府信息公开法定职责的违法行为。对此，可以从以下三个方面进行分析：一是原F区环保局政府信息公开是否超过法定期限。超过法定期限，属于不履行法定职责的一种情形。李某宝于2018年10月24日提出申请，依据《政府信息公开条例》的规定，行政机关不能当场答复的，应当自收到申请之日起15个工作日（2019年修订后改为20个工作日）内予以答复，据此计算原F区环保局的答复时间并未超过15个工作日，没有超过法定期限。二是行政机关保证申请人获取信息的方式和途径是否合法。对于主动公开的政府信息，如果申请人提出申请公开，行政机关也应告知其获取政府信息的途径与方式。具体的要求，根据“张某平、洛阳市涧西区人民政府再审行政判决书”所阐述的基本原理，对“确实可见”与“转瞬即逝”两种情形有不同的告知要求。本案中，李某宝的申请信息是在政府网站、信息公告栏、电子信息屏上主动公开的，属于“转瞬即逝”的信息。因此，行政机关应向李某宝告知政府信息的具体获取方式，如网址、链接或者是直接的电子文件。而原F区环保局已经向李某宝提供了相关的文件，在告知获取政府信息的途径与方式上也符合法律要求，履行了法定职责。三是行政机关公开的政府信息范围与李某宝的申请范围是否一致。本案中，李某宝申请公开的事项是“关于2016年清洁燃煤（煤球、煤块、蜂窝煤）政府采购价格的标底价格的相关文件和细则”,而原F区环保局向其公开的是《2016年F区优质煤采购项目中标公告》《2016年F区优质煤采购项目招标文件》。根据法院的审查,原F区环保局公开的内容涵盖了李某宝本次所申请公开的事项,也履行了其法定职责。

综上所述,在已依职权主动公开政府信息的前提下,如果申请人提出政府信息公开申请,行政机关仍然具有相应的职责来保障申请人的知情权,即在法定期限内,按照申请人的申请范围,告知申请人获取政府信息的途径与方式。本案中,原F区环保局的信息公开行为,符合《政府信息公开条例》的要求和最高人民法院司法解释及相关判决对政府信息公开的要求,正确履行了法定职责。